· 现代供应链管理与创新丛书 ·

王国文 ◎ 著

区块供应链

流程架构体系与产业应用实践

人民邮电出版社

北　京

图书在版编目（CIP）数据

区块供应链：流程架构体系与产业应用实践 / 王国
文著. -- 北京 ：人民邮电出版社，2022.8
（现代供应链管理与创新丛书）
ISBN 978-7-115-59151-7

Ⅰ．①区… Ⅱ．①王… Ⅲ．①区块链技术－应用－供
应链管理－研究 Ⅳ．①F252.1-39

中国版本图书馆CIP数据核字(2022)第062471号

♦ 著　　　　王国文
　　责任编辑　马　霞
　　责任印制　周昇亮

♦ 人民邮电出版社出版发行　　北京市丰台区成寿寺路 11 号
　　邮编　100164　　电子邮件　315@ptpress.com.cn
　　网址　https://www.ptpress.com.cn
　　河北京平诚乾印刷有限公司印刷

♦ 开本：700×1000　1/16
　　印张：23.5　　　　　　　　2022 年 8 月第 1 版
　　字数：338 千字　　　　　　2022 年 8 月河北第 1 次印刷

定价：108.00 元

读者服务热线：**(010)81055296**　印装质量热线：**(010)81055316**
反盗版热线：**(010)81055315**
广告经营许可证：京东市监广登字 20170147 号

现代供应链管理与创新丛书

编 委 会

丛书主编：**丁俊发**

中国知名流通经济学家

资深物流与供应链专家

原国家内贸部党组成员、总经济师

丛书副主编：**吴清一**

中国知名物流专家

人工智能物流产业联盟首席顾问

戴定一

中国物流与采购联合会专家委员会主任

中国物流学会专家委员会主任

何明珂

北京物资学院副院长、教授、博导

教育部高等学校物流管理与工程类专业教学指导委员会

副主任委员

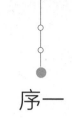

以技术应用加大技术供给，提高数字经济效率

"一部波澜壮阔的人类文明发展史，也是一部辉煌灿烂的科技创新进步史。"毫无疑问，未来重大的方向就是数字化转型，即利用数字技术促进数字化多场景多维度应用。在今后的长期发展中，无论如何，人们都要通过数字技术的应用来提高生产力。

为什么数字经济、数字技术是生产力？因为它涉及经济理论的基本内涵。数字经济之所以成为一种经济，是因为数字技术提高了效率，降低了成本，提高了净利润，创造了价值。

数字经济包含供给侧与需求侧。供给侧最基本的条件是技术进步，如算法、算力、数据传输、数据分析、5G 等。需求侧最终体现是各行各业对上述技术的应用。众所周知，新冠肺炎疫情推动了数字技术的应用，但数字技术应用不足，特别是工业领域的数字化还不够发达，不够迅速，导致现在一些数字生产力有闲置问题，有利用不足问题，这也特别需要各行各业去努力创造新的应用方式，为各种需求提供各种有效应用场景来促进应用。

《区块供应链：流程架构体系与产业应用实践》一书基于供应链的视角，系统阐述了区块链技术在供应链全流程应用的架构体系，深入分析了区块链在农业－食品、医疗健康、汽车、航空、运输物流、供应链金融等六大领域的技术应用场景，为推进技术应用给出了系统的指引，从理论和实践两个方面，实现了技术应用研究的突破，这恰恰补齐了技术应用供给不足的短板。

作为区块链技术产业应用的集大成之作，本书创造性地提出了区块供应链的概念体系，创新性地提出了发展供应链经济的全新命题。作为经济活动的一部分，从物流到供应链的演进，供应链"嵌入"所有产业领域和所有商业过程。同时，随着技术进步，供应链对经济社会和人类活动所有方面产生着重要的影响。面对逆全球化的挑战，特别是新冠疫情大流行对产业链供应链格局的重大影响和冲击，供应链在微观经济层面和宏观经济层面所产生的作用和影响更加突出。随着人类对供应链活动所产生的依赖性的提高，可以说我们已经进入到了供应链经济的时代。

经济增长需要新动能、新动力，需要提高质量。无论如何，新技术的应用能提高生产力，是促进发展、提升增长速度的一个途径，所以我们一定要重视新技术的发现与应用。面向未来，经济增长需要打造更全面的生产力，更完整的生产链，也就需要更全面地应用数字经济、数字技术来使整体经济质量得以提升，整个经济体系得到发展。本书将研究之深度与行业应用之广度结合，系统性阐述了基于区块链的供应链理论框架，为技术应用和行业发展提供了前瞻性的指引，可以作为后续区块链技术应用标准的"指南"，值得学术界和企业家们阅读参考。

樊纲

2021 年 12 月 29 日于深圳

以数字化推进物流与供应链创新发展

在数字化时代，数字化对经济发展影响的速度之快、范围之广、渗透之深都是颠覆性的。数字经济的发展正在成为重组全球要素资源、重塑全球经济结构、改变全球竞争格局的关键力量。

未来数字经济发展包括 3 个方向：一是促进数字技术和实体经济的深度融合；二是赋能传统产业转型升级；三是催生新的产业、新的业态、新的模式。这为数字经济在物流与供应链领域的创新提供了一个顶层指导。

推动数字经济包括 4 个维度。除了我们比较熟悉的数字产业化和产业数字化以外，还有数字化的治理和数字的价值化。第一个维度是数字产业化。数字产业化就是指信息通信业，也就是说能够促使数字的形成、数字的积累、数据的存储、数据的交换、数据的处理等技术形成的产业，包括通信设备的制造、电信业、软件开发、互联网等。第二个维度是产业数字化。产业数字化是数字经济发展的主阵地，是数字化和各行各业的融合，是我们未来物流与供应链要推动的数字化进程的一个根本所在。第三个维度是数字化的治理。数字化的治理实际上是分成两个方面，一方面是数字经济发展过程中对数字本身的治理，另一方面，也更关键的是通过数字化对全球、社会、经济甚至家庭的一种治理。第四个维度是数字的价值化。数字的价值化包括 3 点：一是数字资源化，数据要形成资源；二是数字资源变成数字资产；三是要形成资本，也就是数据资本化、证券化。上述 4 个维度同样适用于物流和供应链的数字化。对物流与供应链的发展来讲，数字经济提出了巨大的挑战，也孕育着巨大的机会。

物流与供应链数字化的本质是价值重构。物流和供应链的数字化是先进的科学技术和现代的组织方式的融合。它所要推动的是重构组织模式，包括物流组织模式，以及供应链的组织模式，从而不断地提高物流与供应链的网络化、智慧化、服务化水平。这包括以下 6 个方面的主要工作。

第一，通过推进物流与供应链的数字化来把握全球发展动力转换的新格局。在新冠肺炎疫情之前，全球经济发展的动力主要是两个方面：一个是制造业，另一个是服务业。现在来看，全球经济发展的动力未来也是两个方面：一个是科技创新，第二个是基础设施建设。仅有为基础设施建设提供原材料的产能优势，但没有产业优势是不行的，要把产能优势变为产业优势，供应链的数字化、物流的数字化必不可少。

第二，从物流领域来讲，通过物流与供应链的数字化来重构生产组织方式，延伸产业链条，实现产业之间的生产要素和生产条件的优化配置、有序协同、提高效率、降低成本。通过数字化赋能，来实现组织结构的重构，来实现产业间的资源整合、流程优化和组织协同，这样才能够把物流成本降低到一个最为合理的水平。

第三，通过物流与供应链的数字化重新定义商业模式。数字化的本质是服务。通过产业服务化来重新定义商业模式。数字化的商业模式是"买服务送产品"。

第四，通过物流和供应链来实现企业生态化的价值。未来从企业的角度来讲，在数字化的环境下，企业的价值不仅仅体现在效益好和效率高，更重要的是要体现企业在整个产业链上的价值定位。

第五，通过物流与供应链数字化来推进数字化的治理，构建全球竞争的新优势。数字化是链接的、共生的、共享的。在链接、共生、共享的过程中，物流是重要的组成部分。

第六，是物流数字化价值的本身，即实现物流与供应链数字化有利于促进数字价值化进程。

推进物流与供应链数字化创新要把握好数字化的内涵。物流与供应链数字化的内涵主要包括 7 个方面：一是装备数字化；二是运营智能化；三是流程可视化；四是服务敏捷化；五是产业生态化；六是提升数字化的运营能力，即要掌握算法、算力等；七是打好数字化基础，即数字标准、数字人才和数字化的理论建设。

从行业发展的角度，要推进物流与供应链的数字化进程，需要牢固树立数字化思维，把握基本方向、重点和路径，发挥平台优势，加强标准化工作。首先，要牢固树立数字化思维。我将数字化思维归纳为 4 个词：链接、共生、当下、创新。我们自己要树立这样的思维，要把这样的数字化思维推广到物流领域、供应链领域。其次，我们在做数字化工作时，一定要把握住物流和供应链数字化的基本方向，即着力于推动基于产业互联网为载体的产业融合，要把握住数字化推进的重点，要把握住推进物流和供应链数字化的基本路径。再次，要发挥我们平台的优势，来引导物流和供应链领域的数字化进程。最后，要夯实基础，即我们要加强标准化的工作。

重视区块链技术的行业应用也是行业协会推进物流与供应链数字化创新的重要工作。中国物流与采购联合会（简称"中物联"）在 2016 年就成立了区块链应用分会和专家委员会。在过去的 5 年中，从知识普及起步，从小规模的研讨会，到大规模案例搜集整理分析、召开大规模行业应用大会，再到起草部分应用标准，区块链技术应用已经成为推动物流与供应链数字化创新的重点工作之一、主要方向之一、主要路径之一。

作为物流与供应链理论专家代表人物和第一届中物联区块链专家委员会主任，王国文博士从认识供应链管理的价值出发，以严谨的理论逻辑深入阐明了区块链技术在物流与供应链主要流程和主要领域的应用，也汲取了中国物流与供应链领域区块链应用的经典案例，体现了颠覆性技术与行业应用紧密结合的前沿眼光与视野，为推进区块链在物流与供应链领域中的应用提供了系统的指南。本书是物流与供应链方面理论与实践研究的重大突破，对推进物流与供应链数字化进程、对指导区块链行业标准的制定具有重要的参考价值。我们希望这本书能成为物流与供应链学术界、产业界推进数字化进程、推进区块链技术应用的案头必备，让我们一起为推动行业进步共同努力。

蔡进

中国物流与采购联合会副会长

2022 年 1 月 31 日于北京

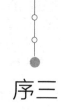

序三

拥抱数字化转型，深化区块链行业认知

在 2017 年的博鳌亚洲论坛上，我曾讲到，科技金融本质上是提高效率的，未来的科技金融是有丰富想象力的。大数据、云计算、人工智能，一直到区块链，将给信息社会的底层建设带来一个质的改变。虽然当时的场景说的是金融科技，而区块链技术应用也处于起步阶段，但从数字化和数字经济对所有行业的影响和冲击的角度，在今天看来，区块链仍然是颠覆性的。我们对技术应用的潜力的理解，在于对技术本身更加深入的认知。而在区块链技术如何颠覆供应链管理、如何影响供应链经济，特别是企业如何拥抱数字化转型、如何实现自身的数字化革命，本书的系统框架和行业应用颇具启发性。

让我印象深刻的是航运业的数字化转型和区块链的应用，因为招商银行的主要股东都与航运有关。航运业是一个十分古老和传统的行业，但依旧受到数字化浪潮的冲击。数字化提升了行业透明度，让以船东主导的行业变成了货主端拥有了越来越多的话语权。航运公司的数字化转型和区块链应用，不仅使数字化成为企业强有力的战略支柱，实现从航运到一站式综合物流服务的整体战略转型，从而持续为主业实现价值创造，更让数字化成为航运公司抓住货主的利器。由主要航运公司牵头成立的基于区块链的全球贸易数字化平台，通过数字化一站式服务平台，大幅度提升了货主使用全球集装箱物流服务的便利性，用区块链技术，实现各方信息全程透明，显著提升流转效率，同时限制了篡改 / 欺诈现象的发生。这类航运数字化平台通过区块链技术建立加密的分布式账本，将商业发票、装箱单、提单、清关材料等货运过程中所需的文件，转化成结构化的格式程序，将文件和所有的更新写入、生成新的区块，实时分发给所有参与者，并根据权限设置向不同参与方开放数据。这一机制中，所有更改均被记载并分发，保证了可追溯性；跨参与方的运作流程都被固化在账本中，保证了商业逻辑不可篡改；结构化数据替代传统纸质文件操作，提高了效率；统一平台也省去了货主与物流服务商建立传统点对点式信息系统对接的金钱与时间成本。因此，主要航运公司的数字化转型，改变了全球航运生态，有效助力企业的整体战略，提升了企业的发展上限。

让我们从航运业再回到开头的主题金融科技领域。在某种程度上说，金融机构本身就是高质量的数据公司，金融机构对区块链技术的先知先觉，不仅仅是因为基于算法和算力的工作量证明会以虚拟"货币"的形式表现出来，更多的是技术本身与金融领域有着天然的结合优势。区块链与金融科技的结合，最主要的优势有 5 点。第一是降低交易成本。基于去中心化的本质，金融行业用户采用区块链线上交易，其手续费可以仅仅是现有金融中介机构或者法律中介机构的一个零头。第二是加快交易处理速度。区块链技术的应用消除了类似于清算机构等第三方中介存在的必要，实现了银行与其他合作伙伴之间准确的数据对接。第三是交易的"地理自由"。区块链上的交易不受地理位置的限定。基于系统的虚拟性质，一个人将数据发给邻居和发给地球另外一边的某个人并无区别，特别是在跨境数据流动、跨境结算方面具有天然的优势。第四是不可逆性或者不可篡改性有效降低交易风险。这种特性对降低支付交易中收款人的风险最为理想，让商家可以确认在提供了货物或者服务之后，买方不能够不付钱。第五是交易的隐私保护。在区块链上交换信息与支付现金是一样的，没有必要披露任何个人的信息，包括姓名、地址、卡号、信用记录等。区块链技术既保护了用户隐私，又极大地降低了信息被盗的风险。因此，区块链技术已经在金融业得到了广泛应用。除了银行的支付、结算等日常业务之外，还有证券交易、贷款和信用管理、贸易融资、企业间会计和财务整合、企业间应收款和应付款管理、订单到现金及采购到支付的整合、收入周期管理、流动资本和现金周期管理、资本计划与绩效管理、保险理赔管理、欺诈和风险探测等。

由此我们看到区块链在金融领域应用与供应链管理流程的完美结合，这就是基于区块链的供应链金融。银行也是一个传统行业，但区块链技术、金融科技应用同样产生了颠覆性的影响。基于区块链的供应链金融，将改进传统的基于单证的交易 [信用证（Letter of Credit，L/C）、提单和保理]，以加密签名的电子发票代替烦琐、劳动密集型的单证处理流程，将单证和交易过程盖上 "时间戳"，按时间顺序记录在链上（区块）。此外，存储的 "区块" 一旦被记录就不可更改，但可以随着新的经过身份验证和授权的信息分配给存储在分布式账本中的交易而增加。基于区块链技术的供应链金融可通过以下方式增加供应链内的财务和信息流，降低供应链风险（伪造发票和双重支付）、减少了解客户 (Know Your Customer，KYC) 成本和反洗钱（Anti-Money Laundering，AML) 合规成本，并通过同步订单执行周期等操作，改善供应链中所有利益相关者之间的协作。

不论是航运业还是供应链金融服务，都只是区块链在供应链流程中典型的应用场景之一。从 5 年前我在博鳌亚洲论坛上对区块链技术应用的预测，到本书中分析的农业 – 食品、医疗健康、汽车、航空、运输物流等所有应用，我们不仅看到了颠覆性技术应用的典型案例，更看到了区块链在所有产业领域全面应用的未来，也就是说，基于区块链的供应链经济将成为经济主流业态。在这个过程中，微观层面的供应链经济，不管是生产制造企业还是电商流通企业，竞争的 "后台" 还是供应链过程。而就提高供应链竞争力本身而言，区块链技术所起的作用仍然是颠覆性的，这个主题贯穿了本书的每一章、每一节。

拥抱技术变革，推进数字化转型，已经成为企业家们必须面对的现实课题，也是保持企业可持续竞争力的关键所在。我希望本书能从区块链技术应用的视角，提升企业家们对区块链技术应用的行业认知，成为企业家们拥抱未来、拥抱变革的有价值的读本。

马蔚华

招商银行原行长

社会价值投资联盟理事长

盟浪可持续数字科技（深圳）有限责任公司董事长

2021 年 12 月 31 日于深圳

推荐语

这是一本令人兴奋激动的专著。王国文教授长期以来从事物流和供应链的学术和应用研究，是一位富有国际视野又脚踏实地且论著颇丰的学者。这本书，既具国际性，又结合中国实际，既具学术性，又不失普及性和可读性，既具长远性，又兼顾现实应用。这是一本数字时代面向未来方向的区块链＋供应链的优秀著作。

黄有方

教育部高等学校物流管理与工程类教学指导委员会主任委员、

上海海事大学原校长

区块链＋供应链有 3 个层次的功能：一是作为分布式数据库，区块链具有不可篡改、不可删除的技术特点，为供应链做存证与溯源；二是区块链结合物联网与 AI 等，可以创造"数字化场景金融"，实现"银行服务到处都有，就是不在银行"；三是基于区块链的可信数字底座，搭建虚拟的"元宇宙供应链"。读完本书后，遐想联翩！特此推荐！

肖风

万向控股副董事长、万向区块链董事长

供应链是既年轻又有历史渊源的行业。供应链管理不是简单的战术问题，而是战略问题。这是一本有技术含量、有战略高度的著作。

胡政

招商局集团原董事副总裁

王国文同志在国家高端智库工作多年，在物流发展战略和企业供应链领域有丰富的研究成果，对供应链数字化建设也有顶级的思考和展望。为何要引入区块链去构建供应链，作者有着深刻系统的理解和把握。本书的鲜明特色就是站在供应链角度剖析了各产业环节如何做流程架构、如何结合区块链。全书通过六大典型产业示例，细致深刻地阐述了如何将数字技术做精做透，深入浅出地分析了在供应链业务实现高质量数字化发展和跨越的过程中，面对多主体商业协作中的方方面面，如何利用区块链解决主体间信任问题、商业效率问题和信息安全挑战等。与以往的专业技术图书不同，《区块供应链：流程架构体系与产业应用实践》从供应链和区块链结合的角度，为产业相关人员既提供了实操指南，也提供了知识辨析，这是本书的突破。

刘以雷

中国通证数字经济研究中心理事长

基于区块链的供应链，走在技术与产业应用相结合的前沿，启迪智慧，指导实践。

邱枫

一汽物流集团董事长

后疫情时代，全球越来越意识到供应链在经济社会发展中的重要性，当区块链遇到供应链，技术和应用将碰撞出最绚烂的火花。本书兼具技术洞察与行业视角，带我们穿越到区块链 + 供应链新价值时代，一览人类文明加速发展的新未来！

李力

腾讯云区块链总经理

发展数字经济是产业数字化转型的战略选择，区块链是数字化供应链健康发展的核心基础。基于区块链的供应链能为顶层设计、产业应用提供新的思路和启发。

曲强

华为云区块链实验室主任、中国科学院研究员、博士生导师

王国文博士将领先的物流与供应链管理技术和资源引入中国，与中国物流实践相结合，在物流产业政策、区域物流规划、物流企业发展战略和企业供应链重组领域取得了丰硕的成果。本书将区块链在供应链领域的技术应用与行业发展相结合，深入浅出地对"区块链 + 供应链"的概念做出阐释与融合，为区块链技术在物流供应链领域的创新应用带来了更多前沿性的思考和启发。

程岩

京东物流副总裁

《区块供应链：流程架构体系与产业应用实践》展示了将区块链机制与供应链管理精髓深度融合的创新性思维。阅读本书，将给予你涉足供应链管理前沿的美好体验。

蒋家东

中国航空综合技术研究所总工程师

区块链是近年最具颠覆性的技术之一，它的应用场景广阔，能有效解决当前复杂的商业社会的信任和效率问题。在供应链管理方面，区块链的功能尤为突出：这种崭新技术可针对目前供应链发展的痛点，包括企业间的信息孤岛、商品溯源、供应链中小企业的融资信用等难题，提出切实可行的解决方案，推动数字化供应链的进一步发展。王博士在物流和供应链管理方面有着多年的丰

富经验。在本书中，王博士深入解释、分析区块链在供应链领域可发挥的作用，介绍该技术在不同场景和行业的应用情况，并给出大量案例，让读者能全面认识区块链在物流供应链行业可扮演的重要角色。本书对企业管理者、科技人员、行业研究人员和学术探索者有着巨大的参考价值。

陈飞

顺丰控股董事与副总经理、顺丰同城董事会主席

供应链作为区块链最重要的应用场景之一，在区块链技术应用中起着举足轻重的作用。《区块供应链：流程架构体系与产业应用实践》一书详细阐述了区块链在供应链全流程体系中的应用价值，对供应链的区块链创新提出了完整的理论框架，是供应链数字化创新的关键性与指导性图书。

潘海宏

中国物流与采购联合会区块链应用分会执行秘书长

前言

当人类文明进入数字化时代，数字化正在加速改变人类文明的进程。

2014 年，我收到了一本南方航空公司赠送给金卡会员的书，书名是《第二次机器革命》，它由处于数字技术时代前沿的思想家埃里克·布莱恩约弗森和安德鲁·麦卡菲所著。几年以后，当我在落基山研究所见到为此书作序的托马斯·弗里德曼本人的时候，我再次感悟到数字化对人类文明进程的影响和冲击。

在序言中，弗里德曼提到里面他最喜欢的一个故事，当荷兰国际象棋大师扬·海恩·多纳尔被问到与一台计算机（像 IBM 的"深蓝"）对弈前如何准备时，他回答道："我会带一把锤子。"数字化进程对世界的影响如此之大，想要把软件和自动化领域的最新技术进步击碎的人，并非仅有多纳尔一个。想象一下自动驾驶汽车、多用途机器人、语言识别系统、3D 打印机、每秒可以读 100万本书的超级计算机，这些都只不过是第二次机器革命时代来临的"热身运动"。

大家可能都知道摩尔定律和棋盘另一半的故事，但是在第二次机器革命时代，当你走进棋盘的另一半时，你的思维将变得无比开阔：当极富创造天分的技术专家与摩尔定律的指数增长完美结合起来的时候，即使最棘手的问题也可以迎刃而解。指数级增长、数字化和组合式创新将会比工业革命以来的任何推动力都要强大，它们将永久地改变这个物质世界的运转方式。这就是改变人类文明指数曲线的数字革命。

数字化是人类文明加速发展的一个新的阶段，是机器智能在越来越多领域取代人的基础。区块链去中心化的安全和信任机制颠覆了互联网运行的基本哲学，开启加密经济新时代，重新架构经济与世界。区块链与供应链的融合，将使最具颠覆性的技术在最具发展潜力的领域创造不可限量的商业奇迹。

2019 年 1 月 11 日，我所在的高端智库、综合开发研究院邀请到美国著名经济学家、未来学家、数字时代的三大思想家之一乔治·吉尔德，请他介绍他的著作《后谷歌时代》。值得关注的是这本书的副标题——大数据的没落与区块链经济的崛起。吉尔德观点鲜明地指出，今日的中心化互联网必将为以区块链为代表的去中心化的互联网所迭代。

吉尔德对当前的大数据、区块链、人工智能、虚拟现实等科技与社会、经济、金融、人文以及人类竞争、价值创造等进行了深入的思考，他对区块链技术的影响的判断是惊人的。谷歌用其强大的"搜索和排序"能力吸引了整个世界。功能强大的搜索引擎，看似免费的小应用，诸如视频、地图、电子邮箱等，让众多的用户欲罢不能。但一个没有价格竞争的体系必将扼杀创业精神，并最终将互联网变成广告的荒原。缺乏信任与安全是谷歌致命的弱点，且当前的计算机和网络体系无法解决这一危机。

如果价值和安全不是信息技术体系结构的组成部分，那么这个体系结构必将被替换。基于广告收入和公民隐私安全利用的自由经济将让位给基于隐私和安全的系统，"密算体系"——区块链及其衍生产品的新架构——才是人类的未来所在。区块链架构将缔造安全、有价值的全新互联网。因此，按照吉尔德的观点，区块链开启了加密经济新时代，将重新架构经济与世界。

而从区块链应用的进程来看，从概念到开源平台，从比特币到以太坊，从金融科技到供应链各个领域的应用，尽管存在诸多问题和挑战，但区块链正在随着认知的进步，从虚拟走向现实，区块链将对现有的经济社会产生巨大的影响，有望重塑人类互联网活动形态。

让我们回到本书的主要关键词"供应链"。供应链从 21 世纪初成为主流趋势。在越来越多的"天灾人祸"、新冠病毒大流行的冲击之下，供应链更加凸显了其价值和在人类活动中扮演的重要角色。从物流到供应链，从全球进入供应链时代到中国进入供应链时代，从企业供应链到国家供应链战略，供应链在经济社会发展中的作用从来没有如此重要。面对颠覆性技术、新冠肺炎疫情的影响和冲击以及复杂多变的世界经济社会格局，供应链管理更是有着难以比拟的价值和优势，充满巨大的潜力和发展空间——因此，要重新认识供应链管理。

当区块链遇到供应链，颠覆性技术就有了广阔的应用场景和空间。区块链既能有效解决供应链在发展中的局限和痛点，包括解决企业交互成本高、信息孤岛、商品信息的真实性无法得到保障、中小企业融资难、信用主体的征信评级的挑战等问题；又能全面提升供应链的安全性与效率，包括强化的信任机制减少供应链诚信损失、商品跟踪溯源提高安全可靠性、流程优化与无纸化提高交易效率、供应链协同和促进物流与供应链金融发展等。区块供应链时代已经来临，并将对供应链发展产生深刻的影响。

本书的名字已经体现出书中的主要内容——关注区块链技术在供应链管理领域的应用，将颠覆性技术与最具潜力的产业领域的结合作为核心。本书的逻辑是从概念到流程到产业应用，共分12章。

上篇为概念与流程架构篇，包括重新认识供应链管理、区块链的概念与内涵、区块供应链、区块链在供应链管理流程中的应用这4章。其中第1章回顾了供应链管理在全球和中国的发展历程，阐述了供应链管理的巨大发展潜力。第2章介绍了区块链的历史、概念与原理，梳理了区块链核心技术与系统，对区块链技术的应用与实践进行了分析。第3章提出区块供应链概念，分析了供应链面临的挑战和区块链有效应对供应链核心挑战的优势。第4章为区块链在供应链管理流程中的应用，基于流程标准，讨论了区块链在计划、采购、制造、支付和回收5个基本流程中的总体应用和关键环节应用，旨在提供一个通用指南，为不同行业的区块链全流程应用提供解决方案。

中篇为产业应用篇，包括区块链在农业－食品供应链、医疗健康供应链、汽车产业供应链、航空产业供应链、运输物流业、供应链金融这6个重点领域的典型应用分析。其中，第5章为区块链＋农业－食品供应链。农业－食品供应链关系人类的生存和生活质量，具有极其重要的价值。区块链的加入，可以更加精准地解决农产品及食品溯源问题，保障食品的安全和质量，也能够更好地改善农产品及食品的生产和流通效率，解决信息不透明等问题，更能够改变农业－食品供应链的未来，为用户和上下游企业提供更好的服务。本章从各类农产品食品溯源、农产品生产和流通角度讨论了区块链的应用原理，介绍了典型案例。第6章为区块链＋医疗健康供应链。新冠肺炎疫情防控再次让人们认识到医疗健康产业的重要性，健康产业已经成为全球最大和增长最快的产业之一。区块链技术能够有效应对医疗健康供应链对安全和效率的挑战，针对医疗健康供应链的痛点给出解决方案。本章对区块链在药品防伪溯源、疫苗接种全过程供应链管理、以病人为中心的电子健康档案系统、医联体等重点环节和典型应用场景做出详细的分析介绍。第7章为区块链＋汽车产业供应链，从汽车产业供应链出发，探讨了区块链对汽车产业供应链的颠覆性变革，从数据安全、租车与共享车辆、车辆交易与支付结算、汽车保险、汽车金融、整车物流的角度全面展示区块链在汽车产业供应链上发挥出的巨大价值。第8章为区块链＋航空产业供应链。本章介绍了航空市场的巨大发展潜力；分析了管理复杂航空产业供应链的挑战，探讨区块链如何应对挑战和提供解决方案；并对区块链技术如何应用于航空零部件溯源，MRO管理，航空联盟收入结算，以及积分奖励与行李、货物跟踪等具体场景做了分析介绍。第9章为区块链＋运输物流业。运输物流包括海陆空等不同运输方式，也包括包装、仓储、库存管理、流通加工、配送等环节。本章阐述了区块链技术如何有效应对运输物流业的诸多挑战，从区块链如何解决运输物流业的主要痛点出发，分别探讨了区块链技术在公路运输、仓储管理、包裹运输、港口航运等领域的解决方案，分析了区块链技术应用于运输物流业的发展潜力与巨大价值。第10章为区块链＋供应链金融。本章基于国际商会供应链金融概念标准体系，从区块链是如何改变供应链金融的入手，重点介绍了区块链存证与征信、区块链＋供应链金融整体解决方案等典型案例和具体应用。

下篇为挑战与展望篇，对区块链应用于供应链管理中的问题、解决方案以及未来趋势进行分析和畅想，让我们对未来区块链应用于供应链管理中的问题和机遇有所了解和准备。其中，第 11 章为区块链技术应用的挑战。区块链技术虽然有着独特的价值和优势，对供应链管理也发挥出巨大的作用，但是区块链技术应用也有其问题与短板，主要面临着开发与实施、法律与监管、安全隐私、标准与应用等方面的挑战。本章从技术和应用两个角度，分析区块链应用的制约因素，也针对具体挑战探讨了相应对策。第 12 章为数字化时代与区块供应链的未来。数字化是人类文明加速发展的必然结果，基于隐私和安全的"密算体系"——区块链及其衍生产品的新架构才是人类发展的未来。随着供应链向智慧化的演进，供应链经济的新时代已经来临。

读者可以遵循章节顺序阅读本书，也可以根据自己的兴趣和行业需求"模块化"阅读。本书的出发点主要针对行业应用，给技术人员说明应用的空间和场景，给产业人员说明技术如何导入，也给对区块链、供应链感兴趣的读者做了一般性的介绍。本书也可以作为供应链专业、区块链专业的必修课或者选修课教材。

需要特别说明的是，当前我们对区块链技术及其赋能供应链管理的认知是阶段性的。随着技术的快速演进和流程应用的深化，我们还需要对区块链、供应链的发展及未来展开更进一步的深入研究，丰富和完善研究成果，欢迎学术界和产业界更多的合作伙伴提出宝贵的意见和建议，批评指正。本书引用的案例或指明的任何企业，均不代表任何商业取向。

王国文

目录

中篇　产业应用

第 5 章　区块链 + 农业 - 食品供应链 ············· 125

下篇 挑战与展望

第 11 章 区块链技术应用的挑战 ·········· 303

上篇

概念与流程架构

第 **1** 章

重新认识供应链管理

从物流到供应链，从全球进入供应链时代到中国进入供应链时代，从企业供应链管理到国家供应链战略，供应链在经济社会发展中的作用从来没有如此重要。面对颠覆性技术、新冠肺炎疫情的影响和冲击以及复杂多变的世界经济社会格局，供应链管理更是有着难以比拟的价值和优势，充满巨大的潜力和发展空间。因此，我们要重新认识供应链管理。

供应链管理与人类活动一样古老，而今又将新的科技融入其中。巨大的产业潜力和价值创造能力将供应链管理推到了世界经济与人类文明的舞台中央，这就需要我们重新认识供应链管理。

虽然各行各业越来越注意到供应链管理的潜能和价值，但是不少从业者经验不足，缺乏全局管控思维，使得供应链管理实施起来障碍重重。**本章的重点有两个：一是阐述供应链管理的价值；二是分析供应链管理在发展过程中的障碍。**

与会计师、律师、销售员、投资人等职业的具体工作不同，供应链管理涉及企业购买生产所需的各种原材料和生产要素，将其转化成满足客户需求的产品或服务形态，并以正确的状态、恰当的时间交付到客户生产或生活的地方，这一系列复杂的过程很难具体表述。供应链作为企业价值创造和交付的过程，是主要的成本和开支环节，也占据了企业的主要资产（不管是生产还是运输），因此，具备良好的供应链集成管理能力是企业成功的关键。

1.1　古老行业的新生

在竞争越来越激烈的情况下，各行各业越发注重降低相关成本，希望达到成本、质量、价格、物流以及顾客满意度的最佳平衡，实现供应链的可持续发展。但是市场环境的变化、技术更新换代速度的加快使各行业中的企业面临严峻的战略问题，仅靠内部资源和关系难以形成可持续的竞争优势，各企业要想在竞争中崭露头角，并不断扩大竞争优势，就必须提升快速整合供应链的能力。

1.1.1 全球的供应链时代

虽然供应链管理这个概念出现的时间不长，直到 20 世纪 90 年代之后才逐渐被广泛接受和使用，但供应链活动却跟人类文明一样古老。

在古埃及、古希腊、美索不达米亚、古印度和古代中国，随着分工和交换的发展，大约在公元前 1 000 年前，贸易和运输等供应链活动就已经发展起来了。其中，具有典型意义的，就是丝绸之路和海上丝绸之路。

丝绸之路起源于西汉（公元前 202 年—公元 8 年），汉武帝派张骞出使西域开辟的以首都长安（今西安）为起点，经甘肃、新疆，到中亚、西亚、南亚，连接地中海、欧洲各国的陆上通道。丝绸之路始于西汉，繁荣于隋唐，结束于 12 世纪。它南路到达印度，北路到达中亚各国，西路到达地中海与北非。1877 年，德国地质地理学家李希霍芬在其著作《中国——亲身旅行的成果和以之为依据的研究》一书中，把"从公元前 114 年至公元 127 年间，中国与中亚、中国与印度间以丝绸贸易为媒介的这条西域交通道路"命名为"丝绸之路"，这一名词很快被学术界和大众接受，并流传开来。

海上丝绸之路是古代中国与外国交通贸易和文化交往的海上通道。该路主要以南海为中心，所以又称南海丝绸之路。海上丝绸之路始于秦汉，兴于隋唐，盛于宋元，明初达到顶峰，明朝中叶因海禁而衰落。提起海上丝绸之路，人们自然会想起郑和下西洋，现在广东省阳江市的南海一号博物馆完整记录了当时船舶航运和货物贸易往来的盛况。

从中国出发的丝绸之路和海上丝绸之路横贯亚欧大陆，联通主要地域，对推动世界经济的发展起到了巨大的作用。当然，丝绸之路上的商品除了丝绸，还有中国出口的瓷器、茶叶，以及进口的宝石、黄金和象牙等。丝绸之路上的商品从原产地到目的地，往往经过多次贸易和交换，也有加工和增值，贸易和运输实现了不同地域之间的比较优势，进一步促进了分工和专业化进程。

现代供应链概念的形成是技术变革与管理技术在物流领域快速融合推动行业从量变到质变的必然结果。在第二次世界大战中，军队后勤保障的需要提高了运输、仓储和配送补给的效率，后勤保障的概念延伸到了商业领域。1963年，美国主要运输企业发起成立了美国国家实物配送管理委员会（National Council of Physical Distribution Management，NCPDM），反映了运输向仓储配送领域精细化服务延伸发展的现实。1985年，美国国家实物配送管理委员会更名为物流管理协会（Council of Logistics Management，CLM），主要反映了运输、仓储、配送等活动与企业内部采购、制造、销售、客户服务的进一步整合。21世纪初，从运输、配送到物流的拓展，使企业内部和企业之间采购、制造、交付和客户服务等流程在企业内部进一步整合，在企业之间进一步联动，从物流到供应链管理成为符合逻辑的演进。2005年，物流管理协会更名为供应链管理专业协会（Council of Supply Chain Management Professionals，CSCMP），标志着全球物流进入供应链时代。协会名称的变化如图1-1所示。

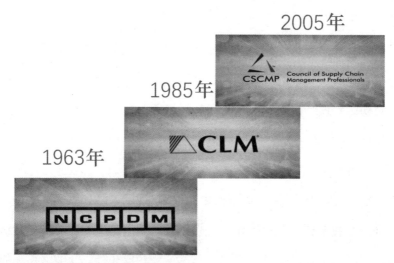

（资料来源：作者根据CSCMP相关资料整理。）

图1-1　协会名称的变化

从配送到物流、从物流到供应链，产业经历了从量变到质变的过程，在两个二十年的时间里，行业的本质发生了巨大变化。从物流到供应链管理，是产业发展合乎逻辑的演进。

回顾 21 世纪以来从物流到供应链管理发展的轨迹，可以明确看出技术创新和管理创新是推动行业变革的主要原因。CLM 2000 年的年会主题是"重新定义物流 .com"，强调的是电子商务革命对物流行业的颠覆性影响；2001 年的年会主题是"产业变革中的战略伙伴关系"，强调的是制造业和物流业之间不可分割的战略联系；2002 年的年会主题是"规则在改变"，精益、六西格玛等管理技术进入物流领域；2004 年的年会主题是"远见·速度·价值"，预示着行业加快发展，射频识别（Radio Frequency Indentification，RFID）技术开始进入物流领域。2005 年，CLM 宣布更名为 CSCMP。2005 年 CSCMP 的首次年会，主题定义为"追赶供应链浪潮"，大会全面探讨了运输、仓储、配送、零售等传统物流业在供应链体系中新的内涵，从此开启了全球物流的供应链时代。2006 年，CSCMP 推出了《供应链管理流程标准》，为行业发展制定了通用指南，建立了供应链绩效考核指标体系，使企业更加重视流程驱动的绩效。在之后的几年中，云供应链、物联网供应链、低碳绿色供应链、认知型供应链，到今天的区块供应链，相继成为全球供应链主题，颠覆性技术推动供应链加快发展，推动了供应链行业变革，供应链也为颠覆性技术提供了应用场景和广阔的发展空间。

1.1.2　重新认识供应链管理的价值

现代意义上的供应链包括各种组织、人员、信息和资源，将产品和服务从起始点提供到消费点，也包括从客户端退回的产品以及回收循环利用的原材料。这里所说的产品既包括有形的产品，也包括以数字化形态交付的产品和服务。

从字面意义上看，供应链往往给人一种可以严密模型化和解释的"线性"系统的印象。供应链分解的流程也给人一种线性的印象，但实际上，供应链的定义更类似网络结构甚至是一个生态系统。

典型供应链的构成要素如图1-2所示。供应链通常包括供应商、制造商、配送中心、零售商，向上游延伸到原材料和零部件，向下游延伸到客户的客户直至终端消费者。此外，还包括货物、资金和信息在网络上所有主体之间的流动。这种复杂的网络结构相互交织、相互连接，让整个系统完全透明或者充分被理解是一件困难的事。

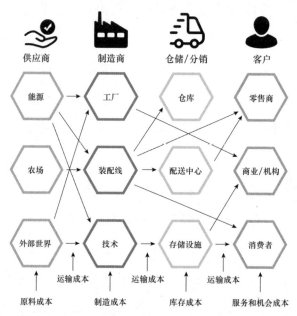

（资料来源：美国供应链管理专业协会，《注册供应链管理师（SCPro Level 1）》线上教材，2021年7月。）

图1-2　典型供应链的构成要素

按照美国供应链管理专业协会的定义，供应链管理（Supply Chain Management，SCM）是联系企业内部和企业之间主要功能和基本商业过程，将其转化成有机的、高效的商业模式的管理集成。它驱动企业内部和企业之间的营销、销售、产品设计、财务和信息技术等过程和活动的协调一致。也就是说，供应链管理最大的特点就是涉及企业之间的、跨企业的物流活动和商业活动。

供应链管理基本价值创造主要通过在恰当的时间和地点提供恰当的产品来实现——比竞争对手提供更好的产品或者在更恰当的时间和地点提供产品和服务可以创造更多价值。比竞争对手出现在更合适的时间和地点，可以获取更高的交换价值（溢价）。消费者在家门口的便利店购买零食和饮料比去超市买要贵，就是因为时间和地点的便利性。

当然，优化的供应链战略可以在更合适的时间和地点提供价格更低、质量更好的产品。最佳的供应链管理可以同时做到成本更低、价值更高，甚至改变行业竞争的规则。以亚马逊为例，其线上的零售商不仅能提供物美价廉的产品，也能提供在时间、地点方面更加便利的增值服务，消费者几天甚至几小时就可以在家门口拿到网购的东西。亚马逊一直在优化消费者每次交易的体验，以让其得到最佳的交易价值、时间价值、地点价值组合。

供应链管理的价值不仅在于以最佳的产品形态、时间和地点提供最好的产品和服务，更表现在企业的财务绩效指标上，主要包括增加营业收入、降低销售成本和提高资产利用率三个方面。

供应链管理通过提高产品和服务的形态价值、时间价值、地点价值，提高产品价格从而增加企业的营业收入。杰出的供应链管理还可以通过提供更大 的时间价值、地点价值、产品和服务的形态价值以更有竞争力的价格提供产品和服务，同时获取利润，从而发掘更多客户需求，扩大总体营业收入规模。

供应链管理可以通过降低供应链总成本而提高利润率，如通过降低原材料采购成本、制造成本、物流成本、分销成本来降低销售成本。降低的成本可以直接转化为企业利润。

供应链管理可以提高资产利用率，也就是说用更少的资产产生更多的利润，减少投入运营的资金。提高资产利用率主要包括两个方面：一是减少供应链运行中的库存，可以直接降低支持同等销售水平的流动资产；二是提高固定资产的产出率，比如提升工厂的制造能力，或者用较少的自营货车运送更多的产品。

以上三个方面的供应链管理价值，最终可以体现在企业的经济附加值（Economic Value Added，EVA）上。因此，供应链管理从增加营业收入、降低销售成本、提高资产利用率等方面，提高了供应链所有环节的绩效，最终提高了企业经济附加值，如图 1-3 所示。

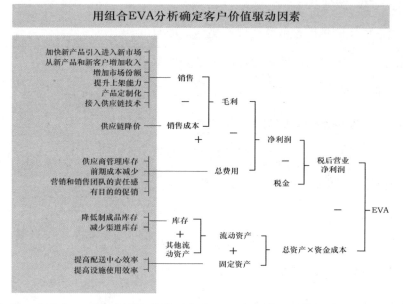

（资料来源：王国文，《供应链绩效管理实战：从流程管理到指标检验》，人民邮电出版社，2021 年 9 月。转引自 Douglas Lambert and Terrance L. Pohlen，"Supply Chain Metrics"，International Journal of Logistics Management，Vol. 12，No.1（2001），pp 1-20。）

图 1-3　供应链管理流程驱动的经济附加值

综上所述，供应链管理就是充分优化并发挥出各个环节的价值。供应链在不同产业领域的应用必然引出产业供应链的概念。实际上，产业链、供应链、价值链是从不同的维度表述的产业组织方式、管理方式和价值创造过程。产业供应链就是利用供应链优化的分析方法考察产业链。产业链中每个产业类型（大量企业构成）都可看作供应链中的单个企业，通过改善产业链上、下游供应链关系，整合和优化供应链中的信息流、物流、资金流，提高供应产业、制造产业、零售产业、服务产业等的业务效率，以获得产业的整体竞争优势。

随着互联网、现代物流以及供应链管理的迅速发展，产业供应链也从传统模式演化为现代化的数字产业链，电商、物流、采购、快递等业态融合交叉不断创新发展。产业供应链拥有广泛的产业集群支撑，兼有海量的市场容量，若能在升级与创新上实现突破，将技术和标准扩散和互联互通，将会建立更强大的现代化产业链。任何供应链的本质都是将原材料从供应商交付给制造商，最终将产品交付给消费者来完成整个流程。理论上结构虽不复杂，但实际上维护供应链是一项乏味、艰巨且复杂的任务。

1.2 中国的供应链时代

供应链在中国的发展，也经历了从运输、配送到物流管理再到供应链管理的发展阶段。中国物流业起源于计划经济时期的物资调拨储运体系，发展于改革开放的三个阶段，在 21 世纪第二个十年进入供应链管理发展阶段。

1.2.1 市场经济与中国的物流业

现代物流业在中国的发展源于计划经济时期的物资调拨储运体系。中华人民共和国在建立初期，开始社会主义改造和大规模经济建设，初步建立了以铁路和水运为骨干，包括铁路、公路、沿海和内河水运、管道运输在内的运输体系。对所有物资的管控，也严格按照计划经济体制，实施以城市为中心的物资储运与调拨机制。当时国家指令计划中的物资有 1 200 多种，统一计划、统一生产、统一分配、统一安排物流活动，物资部门管调拨，运输部门管送达。计划经济时期的物资调拨具有短缺经济时期的典型特色，它保证了关键物资的保障和供给，也存在着信息不对称所导致的产品库存积压，还存在由于管制所带来的一些问题。

计划经济时期的物资管理体制，不仅是统一计划的，还存在城市与农村、内贸与外贸、生产资料与生活资料分割管理的问题。当时的商业部负责生活资料，物资部负责生产资料，外贸部负责进出口贸易，供销合作社负责农业生产资料和农副产品。货物的运输按照交通运输方式分别由交通部（公路、港口、水运）、铁道部、邮电部、民航总局管理。物资调拨分国家指令性计划与地方指令性计划，设一级物资储备站和二级物资储备站，所有的生产、生活资料都有价格管制，均为政府定价，价格并不反映产品的供求关系和实际价值。

计划经济时期的物资管理和执行的主体也都是国有的，内外贸运输、仓储、装卸、包装、货运代理等主体都是国有的，按照计划经济的任务执行计划。而工业企业、商业企业，都是采用"大而全、小而全"的经济模式，每个企业都有自己的仓库、车队，所有的物流业务不外包，没有办法形成第三方服务市场。

在计划经济时期，中国物流业发展遇到前所未有的困境（丁俊发，2018），而此时发达国家则开始了从实体配送向物流管理的全方位拓展。中国物流业的发展落在了发达国家的后面。

1978年的十一届三中全会开启了中国全方位的改革开放，中国物流业也迎来了起步、发展、转型升级的阶段。

著名流通经济专家丁俊发将改革开放以来中国物流业的发展分为三个阶段，即 **1978—2001 年探索起步阶段，2002—2012 年快速发展阶段，2013—2020 年转型升级阶段**。

在第一个阶段，1978 年 11 月国家物资总局组团考察日本，1979 年又到日本参加第二届国际物流会议，自此物流概念进入中国，中国开始了针对物流的学习、借鉴、起步进程。1984 年 8 月，中国物流研究会成立，参与单位包括国家计委、商业部、轻工业部、物资总局、冶金工业部、煤炭部、对外贸易部、解放军总后勤部以及研究部门、高校和企业。也是从 1984 年开始，北京物资学院、北京商学院（现北京工商大学）、北京铁道学院（现北京交通大学）设置物流本科与研究生专业。1988 年全国人大决定恢复物资部，1990 年 7 月中国物流研究会与中国物资经济学会合并为中国物资流通学会，1995 年改为中国物资流通协会，直到 2001 年成立中国物流与采购联合会。

在这段时间里，有关部委和协会开展重点调研，先后完成了物流社会化、合理化研究，口岸物流、煤炭物流研究，大中型物流企业深化改革与物流发展远景研究，创办了《中国物流》《物流技术》杂志，翻译引入物流专业图书和教材。

随着人们对物流的认识逐渐深入，物流也进入国家规划范畴，"九五"和"十五"规划明确提出要积极发展配送中心，着重发展商贸流通、交通运输、市政服务等行业，推进连锁经营、物流配送、多式联运、网上销售等组织形式和服务方式，提高服务质量和经济效益。

与此同时，物资流通改革试点工作开始起步，重点是实施物资配送，降低生产企业库存，加快资金周转，提升社会生产总体效益。在今天看来，这些措施都抓住了现代供应链绩效提升的核心环节。2001年国家经贸委联合六部委出台了《关于加快我国现代物流发展的若干意见》，开始全国范围内的物流布局与运作；2002年的《政府工作报告》提出"逐步推行连锁经营、物流配送、代理制、电子商务等组织形式和服务方式"；2003年十六届三中全会通过的《中共中央关于完善社会主义市场经济体制若干问题的决定》，把物流纳入全国市场，把电子商务、连锁经营、物流配送并列为现代流通三大方式，物流配送成了当时物流业的代名词。与此同时，上海、天津、深圳等城市开始把物流列入支柱产业或新兴产业，推出专项规划，建设物流园区，国内和外资物流企业拓展市场，物流业的发展开始起步。

值得一提的是，2001年12月中国加入世界贸易组织（World Trade Organization，WTO），提高市场开放层级，各领域加快与国际接轨，成为物流业发展的助推器。

2002—2012年为中国物流业的快速发展阶段。中国加入WTO后迎来了改革开放的新阶段，中国经济进一步与国际接轨，在2010年已经成为全球第二大经济体，物流业也得到了长足的发展，主要表现在四个方面。

第一，政府持续出台一系列重大政策规划，加大了推动物流业发展的力度。物流业发展得到党中央、国务院和主要部委的重视，物流业上升为国家战略。具体内容如表1-1所示。

表 1-1　国家出台的促进物流业发展的政策

时间	事项
2004 年 8 月	经中华人民共和国国务院（以下简称国务院）批准，中华人民共和国国家发改委（以下简称"国家发改委"）印发了《关于促进我国现代物流业发展的意见》
2005 年 2 月	由国家发改委牵头召开现代物流工作部际联席会议，协调推进全国物流业发展
2006 年 3 月全国人大四次会议	在通过的"十一五"规划中，将"大力发展现代物流业"单列一节，物流业作为国民经济中的一个产业得到确认，列入国家规划
2007 年的《政府工作报告》	将现代物流列为现代服务业的第一位
2009 年的《政府工作报告》	开始提"现代物流"
2008 年金融危机爆发后	党中央、国务院提出十大振兴规划，物流业列入十大规划中，也是唯一一个被列入十大振兴规划的现代服务产业
2009 年《物流业调整和振兴规划》（以下简称《规划》）	明确指出，"物流业是融合运输业、仓储业、货代业和信息业等的复合型服务产业，是国民经济的重要组成部分，涉及领域广，吸纳就业人数多，促进生产、拉动消费作用大，在促进产业结构调整、转变经济发展方式和增强国民经济竞争力等方面发挥着巨大作用"。《规划》提出了 10 项主要任务、9 大工程与 9 项保障措施，要求到 2011 年"初步建立起布局合理、技术先进、节能环保、便捷高效、安全有序并有一定国际竞争力的现代物流服务体系"。这一文件对中国物流业发展起到了历史性的促进作用
2011 年 3 月全国人大通过的"十二五"规划	"大力发展现代物流业"同样作为单独一节列入规划
2011 年 8 月	国务院办公厅根据各地出现的问题，颁布了《关于促进物流业健康发展政策措施的意见》，对物流业做出了全方位的指导，包括落实物流各领域的专项规划

第二，现代物流业快速发展。根据国家统计局发布的数据，2002—2012 年全国社会物流总额增长了 6.6 倍，从 23.3 万亿元增长到 177.3 万亿元，物流业增加值增长了 4 倍，从 0.7 万亿元到 3.5 万亿元，物流业增长的速度超过了国内生产总值（Gross Domestic Product，GDP）增长的速度。这段时期中国处于工业化后期，城市化进程加快，进出口贸易加速，物流需求量大增，物流业总体进入快速发展时期。

第三，出现了一大批行业领军企业，呈现出国有、外资、民营"三足鼎立"的格局。国有交通运输与储运企业向物流业转型，中国加入 WTO 的承诺加大了外资物流企业市场准入的力度，市场经济发育给民营物流业提供了肥沃的土壤。经过激烈竞争与兼并重组，形成了行业领军企业。

第四，中国物流服务系统基本完善。一是物流基础设施逐步完善，包括交通运输基础设施、物流技术装备设施、物流信息设施等；二是物流服务链条有效延伸，覆盖包装、运输、搬运、装卸、仓储、货代、流通加工、配送、信息处理等功能，工业物流、农产品物流、商业物流实现了产业领域的专业化发展，物流市场化程度得到了较大的提高。

第三个阶段是 2013—2020 年，这个阶段是中国物流业的转型升级阶段。2012年 11 月党的十八大召开，标志着国家进入社会主义建设新时期。在"创新、协调、绿色、开放、共享"五大发展理念指导下，供给侧结构性改革加强，中国经济从高速增长进入高质量发展阶段。围绕新时期中国特色社会主义建设的主要矛盾，物流业的发展从满足经济社会快速发展需求与物流服务供给不足的主要矛盾，转化为满足经济高质量发展对物流效率的需求与物流发展不充分、不协调、不平衡、不可持续的矛盾。

在这个时期，政府持续加大对物流业发展的推动力度，出台了物流业发展中长期规划，把物流业进一步提升为基础性、战略性产业，推进"物联网＋高效物流"，提出进一步推进物流业降本增效、促进实体经济发展的意见。物流业在满足国民经济发展需求、稳定发展的基础上，出现了转型升级与高质量发展的新趋势，主要体现为物流经营从粗放到集约，物流技术应用加快，物流业结构进一步完善，物流人才培养能力显著增强，物流企业开始平台化发展、向供应链管理转型升级。

1.2.2　供应链在中国的发展

从全球物流进入供应链时代，到中国物流进入供应链时代，都是产业发展在一定阶段符合逻辑的演进。2017年10月国务院办公厅印发《关于积极推进供应链创新与应用的指导意见》，对供应链创新发展进行了全面部署，标志着中国进入供应链时代。在中国正式将供应链上升为国家战略之前，一些先知先觉的物流企业早已经将供应链服务作为转型升级的方向，供应链已经开始在中国发展了。

深圳作为中国改革开放特区，也是供应链在中国最早的发源地。供应链作为一个行业纳入企业的名称、被工商管理局（现在的市场监督管理局）接受，当时也经历了一番周折。第一家以供应链命名的公司于2002年3月19日在深圳工商管理局注册成立，当时主要为日资企业爱普生的工厂提供物流业务。

2005年6月8日至6月10日，王国文博士发起、美国供应链管理专业协会在中国与深圳市人民政府、中国（深圳）综合开发研究院共同举办中国（深圳）供应链管理国际论坛，主题为"链态中国——物流与供应链管理新前沿"，供应链管理由此进入主流视野。这是美国供应链管理专业协会首次在中国举办的大型活动，得到了来自15个国家、81个圆桌的10 000多名会员的关注。来自世界各国的顶尖物流学者和物流企业家聚会深圳，发布全球物流发展的最新趋势，介绍供应链管理的最新技术，分析物流实战案例，共同探讨中国物流和供应链管理的前沿问题。中国的物流专业人员首次获得与国际知名学者和物流专家面对面交流的机会，分享物流研究的最新成果，建立全球物流合作和直接性的交流。《深圳特区报》做了5个专版报道，有效扩大了大会的影响，之后全球供应链高峰论坛陆续在上海、天津、重庆、北京、成都、青岛召开，有效推动了供应链在中国的传播和发展。

从中国本土供应链企业发展的角度来看，继2002年在深圳出现第一家供应链公司之后，给公众和业界留下深刻印象的事件当属2007年第一家以供应链命名的公共公司——深圳市怡亚通供应链股份有限公司（以下简称"怡亚通"）公开上市。怡亚通在首次公开上市招股说明书中详细阐述了供应链、供应链管理、JIT、VMI、RMA、BPO等相关概念，如表1-2所示。

表 1-2 怡亚通招股说明书的概念解释

项目	概念解释
物流	物流即为满足消费者需求而进行的对原材料、中间库存、最终产品及相关信息从起始点到消费地的有效流动，以及为实现这一流动而进行的计划、管理和控制过程
供应链	供应链即生产及流通过程中，涉及将产品或服务提供给最终用户的活动的上游与下游企业所形成的网链结构。具体而言，供应链是围绕核心企业，通过对信息流、物流、资金流的控制，从采购原材料开始，制成中间产品以及最终产品，最后由销售网络把产品送到消费者手中，从而将供应链、制造商、分销商、零售商直到最终用户连成一个整体的功能网链结构模式
供应链管理	供应链管理是为了满足客户的需求，用系统的观点对供应链中的物流、信息流和资金流进行设计、规划、控制和优化，即行使通常管理的职能，进行计划、组织、协调与控制，以寻求建立供、产、销以及客户间的企业战略合作伙伴关系，并保证这些供应链成员取得相应的绩效和利益的整个管理过程
供应链管理服务	供应链管理服务是指针对供应链管理的方式、方法及手段
外包	外包是指企业将生产或经营过程中的某一个或几个环节交给其他（专门）公司完成
第三方物流	Third Party Logistics（3PL），指生产经营企业为集中精力搞好主业，把原来属于自己处理的物流活动，以合同方式委托给专业物流服务企业，同时通过信息系统与物流服务企业保持密切联系，以达到对物流全程的管理和控制的一种物流运作与管理方式
VMI	Vendor Managed Inventory，即供应商管理库存，是由供应商按照预期需求以及事先达成的最高和最低库存水平，代表买方组织对库存进行监督、规划和管理
JIT	Just in Time，即准时生产，其核心思想是"在需要的时候，按需要的量生产所需的产品"，即通过生产计划和控制及库存管理，追求一种无库存或库存达到最低水平的生产系统
ERP	Enterprise Resource Planning，即企业资源计划。它是一个以管理会计为核心的信息系统，识别和规划企业资源，从而获得客户订单，完成加工和交付，最后得到客户付款
B2B	Business to Business，即商家（泛指企业）对商家的电子商务
RMA	Return Material Authorization，即退货授权，指当客户提出产品出现品质问题需要退回时，公司对客户提供的资料进行分析，认为确属公司责任而同意退货的情况下，授权客户将不良品退回
BPO	Business Process Outsourcing，即业务流程外包，是指企业将自己基于信息技术的业务系统委托给专业服务公司，由其按照服务水平协定的要求进行管理、运营和维护
OEM	Original Equipment Manufacturer，即原始设备制造商，指由委托方设计或指定规格，由被委托方生产产品，俗称"代工"

（资料来源：怡亚通供应链股份有限公司招股说明书，2007 年。）

怡亚通招股说明书中所解释的业务内涵和表1-2中说明的概念，具有供应链尚未被理解的行业发展初期的典型的时代特征，从某种程度上将其归类为业务流程外包的性质。"本公司作为专业的一站式供应链管理服务商，所从事的主要业务是为企业（客户）提供除其核心业务（产品研发、制作及销售）外其余供应链管理环节的服务，即企业将供应链管理服务环节外包给本公司，本公司根据需要为企业提供包括代理采购、产品营销支持、进出口通关、供应链管理库存、国际物流中心、流通物流加工、供应链结算配套服务、供应链信息系统等一系列、全方位的服务。"

值得注意的是，供应链当时作为新的商业模式，有较大的不确定性，因此也成为该招股书的风险提示中的重要内容。"其商业模式是通过提供整个供应链管理整合服务来收取服务费，这种商业模式在国外已形成产业，但在国内刚兴起，属于全新的商业模式。由于国内客户对全新的商业模式熟悉与理解尚需一定过程，国内商务环境和服务基础设施的不足，实施该新商业模式存在一定风险。本公司力图通过先为熟悉该商业模式的外国企业（主要是世界500强企业）和国内著名外向型企业提供服务，逐渐培育国内企业的'以外促内'战略，降低新商业模式可能带来的风险，在中国稳步推广该新商业模式。"

不论怡亚通招股说明书对供应链和相关概念的阐述是否标准和规范，也不论其业务模式是否涵盖了供应链的全部内涵，怡亚通的上市确实推动了后续供应链公司的涌现，如深圳市飞马国际供应链股份有限公司在2008年上市，后续又有一批供应链企业在深圳成立、上市，国内各类企业开展供应链业务、向供应链转型升级的大幕就此拉开。

1.2.3 供应链作为国家战略

从供应链在中国的初步发展到上升为国家战略，均离不开政府的政策引导和大力推动，使行业发展从自发到建立体系、建立标杆，再到服务于国家战略的更高层级。

供应链在国家级文件中首次出现，是在2016年的《政府工作报告》中，报告中首次提及"重塑产业链、供应链、价值链"。2017年8月,商务部办公厅和财政部办公厅又发布《关于开展供应链体系建设工作的通知》,提出在全国十七个重点城市开展供应链体系建设。2017年10月,供应链被列入国家战略,在十九大召开前夕,国务院办公厅正式发布了首个供应链政策文件——《关于积极推进供应链创新与应用的指导意见》(以下简称《指导意见》)。《指导意见》明确指出,加快供应链创新与应用是推进供给侧结构性改革的重要抓手。现代供应链即通过结构性改革等新举措来推动供应链的创新与应用,从而促进培育国家经济发展的新增长点、形成新动能。到2020年,形成一批适合国情的供应链发展新技术和新模式,基本形成覆盖重点产业的智慧供应链体系,培育100家左右的全球供应链领先企业,成为全球供应链创新与应用的重要中心。

之后的2017年10月,十九大报告提出"推动互联网、大数据、人工智能和实体经济深度融合,在中高端消费、创新引领、绿色低碳、共享经济、现代供应链、人力资本服务等领域培育新增长点、形成新动能"。报告首次提到现代供应链,将中国物流供应链发展提到新高度。供应链创新与应用上升为国家战略,必将在当下以及未来的很长一段时间内,成为实体产业发展的一大关键词。

2018年4月,中华人民共和国商务部(以下简称"商务部")等八部门联合发布《关于开展供应链创新与应用试点的通知》。文件要求,落实国务院关于推进供应链创新与应用的决策部署,以供给侧结构性改革为主线,完善产业供应链体系。表1-3汇总了政府在不同时期对供应链管理进行政策支持的要点。

表1-3 供应链国家政策支持要点

时间	会议与文件	关键内容	意义
2016年3月5日	第十二届全国人大第四次会议《政府工作报告》	重塑产业链、供应链、价值链,改造传统动能	"供应链"首次出现在政府工作报告中
2017年8月11日	商务部办公厅和财政部办公厅《关于开展供应链体系建设工作的通知》	在天津、上海、重庆、深圳等首批重点城市开展供应链体系建设	在首批重点城市开展供应链体系建设

续表

时间	会议与文件	关键内容	意义
2017 年 10 月 13 日	国务院办公厅《关于积极推进供应链创新与应用的指导意见》	到 2020 年，形成供应链新技术和新模式，培育 100 家左右的全球供应链领先企业	供应链创新上升为国家战略
2017 年 10 月 18 日	十九大报告	推动互联网、大数据、人工智能和实体经济深度融合，在中高端消费、创新引领、绿色低碳、共享经济、现代供应链、人力资本服务等领域培育新增长点、形成新动能	供应链发展提升到新高度
2018 年 4 月	商务部等八部门《关于开展供应链创新与应用试点的通知》	落实国务院关于推进供应链创新与应用的决策部署，以供给侧结构性改革为主线	在全国范围落地、开展试点

（资料来源：根据公开信息整理。）

除了政府支持外，供应链在市场领域也呈现出积极健康发展的态势。从某种程度上说，市场是追求效率和利益的产物。供应链管理所具备的强竞争力一方面能够更好地为顾客提供产品和服务，另一方面也能激活并繁荣市场经济，市场对供应链管理也非常包容。

随着全球产业供应链以及分工越来越细，产业供应链很大程度上主导了整个经济体的发展，影响整个经济体的效率，各企业间的供应链差异影响着企业的竞争力。

供应链管理在蕴含巨大的规模和潜力的同时，也面临巨大挑战。现阶段的产业供应链中，由于有多方主体的参与，还有海量的信息流共享，其中就涉及敏感信息以及信息安全的问题。通常掌握话语权的强势企业会构建一个中心化的物流资源共享平台，供产业链上下游企业进行信息流的对接和线下运营的合作。然而这样的平台的安全性、完备性完全依赖于核心企业，创建者不仅需要花费巨大的成本，同时还承担了风险。

除此之外，从供应链上下游来看，物流、信息流、资金流都存在难以解决的问题。产品堆积造成呆滞或库存不足造成断线，信息异步和不对称造成企业间沟通成本增加，资产周转周期长造成大量的资金占用，也会限制供应链发展的步伐。从整体上看，虽然供应链和供应链管理的发展势头良好，但是也面临着一些困难。因此，各行各业在认识到供应链的潜力的同时，也不能回避供应链发展过程中所呈现出的不适应性，只有综合看待才能更好地与供应链相适应、共存、发展。

1.3　时代变革与供应链的使命

随着时代的变革和发展，新时代下供应链也有着不一样的使命，充分彰显出其独特且难以取代的价值和优势。

1.3.1　后疫情时代供应链的新使命

过去 5 年全球供应链讨论的热点问题之一，就是供应链风险管理。这其中有台风、地震、海啸等自然灾害，也有环保政策、贸易摩擦、工人罢工等非自然灾害，而影响最大的当属新冠病毒大流行。新冠肺炎疫情的全球大爆发给人类社会带来了前所未有的冲击和挑战，维持人类活动运行的供应链体系经受了严重的冲击，也得到了一次彻底的变革。在本书即将成稿的 2021 年下半年，虽然欧美等主要发达国家以及中国基本完成了主要人群的疫苗接种，但变异毒株在南亚、东南亚等地的反复出现，正在考验着疫苗接种对群体免疫的效果。

2020 年 3 月 17 日，《纽约时报》专栏作者及《世界是平的》的作者托马斯·弗里德曼（Thomas Friedman）发表了专栏文章，标题是《新冠肺炎是新的历史分期的起点》。就像当初提出平面世界的曲线思维一样，弗里德曼针对疫情影响再次给出了预测，他认为，新冠肺炎疫情将成为"公元前和公元后"那样的历史分期的起点，即疫情大流行将世界分为两个部分，一个是疫情前的世界，另一个是疫情后的世界。作者用指数的概念来理解病毒的扩散危险性，但同样期待指数力量带来的治疗的可能性。此外，作者借用了紧密型社会（Tight Society）和松散型社会（Loose Society）的文化差异来理解不同国家抗击疫情所采取的方式，并简述了这种文化差异形成的背景和原因，以阐述新冠病毒大流行对人类文明的深层次影响。

从供应链的角度，全球供应链经历了疫情初期边境关闭、经济停顿的阻断，然后是空运和海运运费的暴涨，直至疫情衰退阶段报复性需求带来的需求反弹与运力恢复之间的"剪刀差"导致的国际海运价格达到历史新高，供应链运作的基本原则和中心发生了重大的改变。供应链运作基本原则的改变如图 1-4 所示。

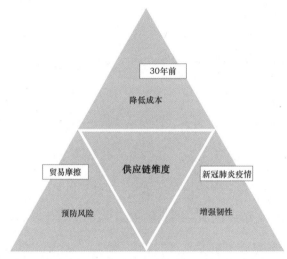

（资料来源：王国文，《全球供应链挑战与数智融合发展的未来》，2021 跨国公司国际采购与供应链高峰论坛，2020 年 12 月 11 日，上海。）

图 1-4 供应链运作基本原则的改变

从物流与供应链诞生起，过去 30～50 年，经历了技术变革与商业模式变革，经历了从配送到物流、从物流到供应链的从量变到质变的转变，供应链运作的基本原则，或者说主要目的，就是以最低的成本提供最好的客户服务。准时生产、零库存、单一来源采购、提高完美订单履约率、流程标准驱动绩效，都围绕着这样一个核心原则。

然而，"以流量和流速代替储存"的追求供应链极致效率的哲学，在天灾人祸面前变得脆弱不堪。灾难造成供应链中断和灾后恢复重建带来了巨大的挑战。地缘政治因素也给供应链带来了国际性、更加广泛的影响，于是物流与供应链领域开始探讨分散生产与制造，增加库存积累，应对供应链断裂，2019年年底至2020年年初美国商业库存规模显著扩大。于是供应链运作的中心从成本维度到安全维度，总供应链成本不是唯一考量因素，供应链安全成为与成本同样重要的因素。

在新冠肺炎疫情暴发后，区域间、国际旅行受到很大的影响，应急物资的生产和供应成为当务之急，生活物资的供给保证了封控状态下生活得以继续，生产活动也受到了严重的限制，全球供应链遭遇了重大危机，这时候供应链韧性（Resilience）的权重增加了。2020年6月23日，美国供应链管理专业协会发布的第31次《美国物流年报》主题就是"韧性的检验"（Resilience Tested）。

在新冠肺炎疫情全球暴发，国际海运、空运运费由于运力紧张而大幅上涨，消费在疫苗接种后报复性反弹的情况下，2021年发生的两个事件再次给脆弱的全球供应链带来严重影响。其中影响最大的是苏伊士运河的阻断事件。2021年3月23日，埃及标准时间上午7时40分，400米长的长荣海运货柜船长赐轮在埃及苏伊士运河搁浅。至3月29日恢复通航，该事件导致苏伊士运河中断通航7天，造成了400多艘船只堵在运河两端，亚洲－欧洲海运大动脉直接中断，给国际贸易和海运带来了巨大损失，订单交付延期或者取消，后续的涟漪效应持续一两个月还没有完全消除。2021年5月21日，深圳盐田港区在例行检测中发现有集装箱作业人员新冠病毒核酸检测结果呈阳性，立即实行了封闭防疫措施，导致在之后的一个月里，作为全球基本港的盐田港集装箱处理能力大幅度降低，最严重的时期采取了限制接受出口重箱的措施，给欧美航线带来了连锁滞期反应，直至6月24日才宣布恢复正常运营。

从安全维度到供应链韧性建设是疫情危机给全球供应链带来的一个重大转变。韧性包括预警能力（抗打击能力）与恢复能力两个方面，韧性是应对供应链断裂、保持赢利的根本。

供应链韧性曲线如图 1-5 所示。情景一是在突发事件发生后，供应链运作水平接近零，供应链完全断裂；情景二是突发事件发生后，供应链运作受到严重影响，但没有完全断裂，具有一定的韧性；情景三是突发事件发生后，供应链保持了连续性，没有受到任何影响。

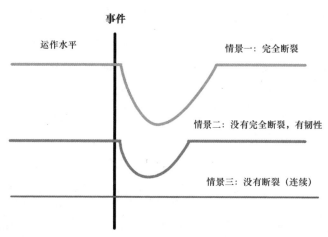

（资料来源：CSCMP，《注册供应链管理师（SCPro Level I）》，模组 17：供应链风险管理，2020 年。）

图 1-5 供应链韧性曲线

供应链韧性建设的核心，是利用好预警能力与恢复能力两个杠杆。这涉及供应链内部能力建设。供应链内部能力建设也加速了大数据、人工智能、区块链等颠覆性技术在供应链上应用的进程。数字化技术应用使供应链透明化；人工智能（Artificial Intelligence，AI）、机器学习、增强现实（Augmented Reality，AR）、虚拟现实（Virrtual Reality，VR）技术的应用，让供应链更加智能化；低碳技术应用，让供应链更加低碳化；区块链技术的应用，让供应链编码化，提高了供应链的可信度、可视度，提高了多种主体之间的复杂交易的效率。关于颠覆性技术与供应链的未来，我们将在后面章节深入探讨。

1.3.2 全球供应链产业发展潜力

从物流到供应链发展的过程，也是供应链管理走向经济活动中心、释放巨大发展潜力的过程。

由于不同国家和国际组织对供应链管理的内涵与外延定义不同,供应链管理的市场规模与发展潜力并没有统一的统计口径,但从美国、欧盟和中国的情况来看,供应链管理的发展潜力,可以从物流市场规模和供应链管理、供应链服务相关领域的经济规模以及拉动就业等方面得到主要的验证。

从中国的情况来看,2018 年 1 月,供应链管理服务被纳入国民经济行业分类统计指标,按照修订的 GB/T 4754—2017 标准首次界定:商务服务业 -7224- 供应链管理服务"是基于现代信息技术对供应链中的物流、商流、信息流和资金流进行设计、规划、控制和优化,将单一、分散的订单管理、采购执行、报关退税、物流管理、资金融通、数据管理、贸易商务、结算等进行一体化整合的服务"。美国供应链管理专业协会每年发布的《美国物流年报》,也将物流拓展到供应链领域,但统计的指标主要是社会物流成本。

从物流产业的规模和影响力来说,根据中国物流与采购联合会和国家统计局发布的报告,2020 年中国社会物流总额为 300.1 万亿元,这个数值可以理解为包含货值的供应链管理市场的总规模。2020 年社会物流总费用与 GDP 的比率为 14.7%,按全国 GDP 101.6 万亿元计算,物流总费用为 14.9 万亿元,这个数值可以理解为物流市场的规模。2020 年中国物流业总收入 10.5 万亿元,这个数值可以理解为物流产业的规模。从就业规模的角度来看,2019 年年末,中国物流岗位(既包括物流相关行业法人单位和从事物流活动的个体工商户从业人员,也包括工业、批发和零售业等行业法人单位的物流岗位从业人员)从业人员数为 5 191 万人,仅快递物流行业在"十三五"时期新增吸纳就业人数就超过 100 万人,年均增长 10%,增速均快于行业平均水平。

根据前瞻产业研究院发布的《2018—2023 年中国供应链管理服务行业市场前瞻与商业模式分析报告》,中国超过 90% 的外资企业有物流及供应链外包需求,也有越来越多的企业开始向物流及供应链外包发展。2017 年,中国物流及供应链市场规模约为 265 万亿元；未来 5 年中国物流及供应链服务市场价值复合增长率将保持在 10% 左右，到 2023 年，市场价值有望达到 378 万亿元。同时供应链行业也是世界上拥有最多员工的行业之一。前瞻产业研究院也预测了供应链细分市场的规模，相关报告显示，受益于应收账款、存货量以及融资租赁市场的不断发展，供应链金融在中国发展较为迅速。

2015—2018 年，供应链金融市场规模每年以约 14% 的速度在增长，2019 年中国供应链金融市场规模达到 22 万亿元，较 2018 年增长 22%。2015—2019 年中国供应链金融市场规模如图 1-6 所示。

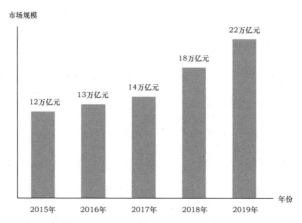

（资料来源：前瞻产业研究院，《2021 年中国供应链管理服务产业全景图谱》。）

图 1-6　2015—2019 年中国供应链金融市场规模

从美国的情况看，根据供应链管理专业协会 2021 年 6 月发布的第 32 次《美国物流年报》，2020 年美国物流成本占美国 GDP 的比率为 7.4%，而 2020 年美国经济总量为 20.94 万亿美元（1 美元约为 6.7 元人民币），因为疫情萎缩了 3.5%，物流业随之萎缩 4.0%，总量为 1.56 万亿美元（从这个意义上看，中国物流业收入规模已经与美国物流业相当）。这里有必要说明一下，美国物流成本占 GDP 的比重是按照运输成本、库存成本、行政管理费用等行业收支的实际数据来加总的，其中运输、仓储部分主要是行业收入数据，行政费用部分应属开支数据，所以美国社会物流成本主要由物流业增加值构成，也可以代表行业能力和规模。

2020 年美国物流成本结构如表 1-4 所示。

表 1-4　2020 年美国物流成本结构（单位：十亿美元）

分类	细分项	2020 年	与 2019 年同比	5 年复合增长率
运输成本	①卡车运输（总）	684.7	−0.6%	3.0%
	卡车运输（整车运输）	307.6	−1.6%	2.5%
	卡车运输（零担运输）	69.6	−5.0%	4.2%
	卡车运输（自营或专属外包车队运输）	307.5	1.5%	3.3%
	②包裹配送	118.6	24.3%	12.2%
	③铁路运输（总）	74.3	−11.0%	−2.0%
	铁路运输（整车载货）	47.7	−15.0%	−5.1%
	铁路运输（多式联运）	26.6	−2.8%	5.8%
	④航空运输（含国内、进口、出口、货运及快递）	96.5	9.0%	5.5%
	⑤水路运输（含国内、进口及出口）	26.1	−28.6%	−4.5%
	⑥管道运输	58.8	1.7%	6.1%
	小计（①＋②＋③＋④＋⑤＋⑥）	1 059.0	0.8%	3.5%
库存持有成本	存储	146.5	1.4%	4.1%
	财务成本（WACC× 企业存货总额）	120.6	−29.0%	−5.3%
	其他（过期库存、库存缩减、保险及其他）	114.5	−15.0%	−0.8%
	小计	381.6	−15.0%	−0.8%
其他成本	承运人的支持活动	58.8	−11.7%	3.5%
	托运人的管理成本	58.1	3.1%	5.1%
	小计	116.9	−4.9%	4.3%
美国商业物流 成本合计		1 557.47	−4.0%	2.4%

（资料来源：CSCMP，第 32 次《美国物流年报》，2021 年 6 月 24 日，芝加哥。）

　　从全球物流与供应链市场规模来看，由于没有规范系统的国际统计指标体系，我们可以从物流市场规模来相对分析供应链的市场潜力。主要发达国家社会物流成本占 GPD 的比重在 8% ～ 9%，发展中国家在 10% ～ 15%。综合世界银行发布的各国名义 GDP 的数据和搜集查找分散在不同报告中的个别 GDP 情况，部分国家人均 GDP 与物流成本占 GDP 的比例[1]如图 1-7 所示。

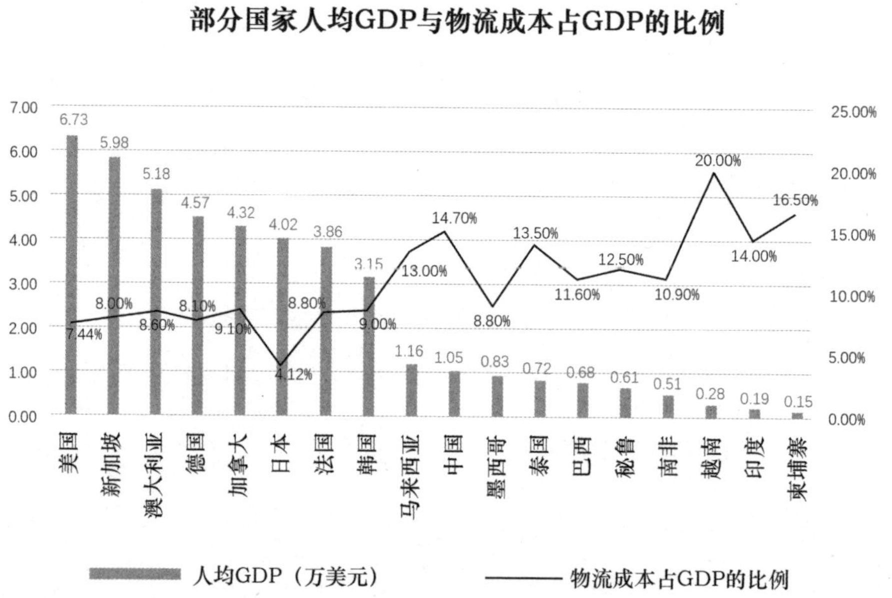

部分国家人均GDP与物流成本占GDP的比例

（资料来源：各国人均 GDP 数据来自世界银行网站，为 2020 年数据；物流成本分别来自个别物流报告和研究资料数据，2020 或 2019 年。）

图 1-7　部分国家人均 GDP 与物流成本占 GDP 的比例

根据业内权威咨询公司阿姆斯特朗公司（Armstrong and Associates）对全球物流市场所做的估算（2021 年），2020 年全球 GDP 为 86.65 万亿美元，物流成本占 GDP 的平均比例为 10.7%，市场容量为 9.3 万亿美元，约合人民币 59.45 万亿元。

因此，综合美国、中国及全球物流市场规模的情况，供应链作为物流的延展和更多增值服务内容的产业，其市场容量具有相当大的发展空间。

1　采用人均GDP与物流成本占GDP的比例，意在突出两组数值之间的"剪刀差"。如果说人均GDP代表一个国家或者经济体的发达水平，物流成本占GDP的比例，也称为经济的物流指数，或者物流效率，则可以发现二者之间的反向比例关系。有一点需要说明的是，物流成本占GDP的比例并不是越低越好，这里有一个合理的水平，鉴于本书的主题，在此不做深入讨论。

第 2 章

区块链的概念与内涵

作为比特币底层技术的区块链技术，Gartner 将其列为未来十大技术发展趋势之一。区块链成为人们争相研究和应用的热点。区块链技术更被认为是颠覆互联网的技术。本章介绍了区块链的历史、概念和原理，梳理了区块链核心技术与系统，对区块链技术应用进展进行分析。

区块链被认为是将颠覆互联网的技术，它将变革传统的生产关系、优化生产力，是 21 世纪伟大的技术革新，亦是未来网络信息和数据资产交换和流通的必要基础设施。区块链之所以具有"超能力"，背后核心的原因是区块链降低了信用问题产生的"摩擦成本"，也就是经济学所说的"交易成本"。解决由缺乏信任机制而产生的交易成本问题，是区块链应用于供应链管理的核心。在此之前，我们需要学习和认知区块链如何解决供应链中固有的跨地域、跨机构和跨系统的信任问题。

理解区块链的价值离不开对区块链的历史、原理、核心技术、特征与应用的了解，因此本章为了快速使读者对区块链的核心有所了解，将上述内容分为三个部分展开介绍：**一是区块链的历史、概念与原理；二是区块链的核心技术与系统；三是区块链技术应用进展。**

2.1 区块链的历史、概念与原理

要想了解什么是区块链，得先从区块链的历史、概念与原理开始了解。

2.1.1 区块链的历史

比特币（Bitcoin）在经济全球化的时代勾画了一幅"货币全球化"的蓝图，其核心思想是实现"货币流通"和支付的去中心化。2008 年，美国发生次贷危机，引发了全球性的金融危机，导致各国法定货币大幅贬值。同年，一位化名中本聪（Satoshi Nakamoto）的比特币开发者发表了具有划时代意义的比特币白皮书《比特币：一种点对点的电子现金系统》（*Bitcoin: A Peer-to-Peer Electronic Cash*

System）。2009 年 1 月，中本聪发布了第一个版本的开源客户端，并用此挖出了创世区块及第一笔 50 个比特币，宣告比特币网络正式上线。2010 年 5 月，美国佛罗里达州的一位程序员用 10 000 比特币购买了价值 25 美元的披萨优惠券，比特币开始进入市场流通，"加密数字货币"的概念逐渐被人们认知。

以太坊（Ethereum）在"加密数字货币"的基础上全面实现智能合约技术。2013 年年底，俄罗斯的维塔利克·布特林（Vitalik Buterin）发布了以太坊白皮书《以太坊：下一代智能合约和去中心化应用平台》（*A Next-Generation Smart Contract and Decentralized Application Platform*），将智能合约引入区块链，打开了区块链在虚拟"货币"领域以外的应用。2015 年 7 月，以太坊发布第一个正式版本，标志着以太坊区块链的正式运行。在诞生之初，以太坊团队就规划了 3～5 年的发展路径，分四个阶段完成，最终以太坊会实现工作量证明（Proof of Work，PoW）共识到权益证明（Proof of Stake，PoS）共识的转变。作为一个基于区块链的分布式应用开发平台，以太坊推动了区块链技术在其他领域的应用。

2015 年 12 月，Linux 基金会启动了超级账本（Hyperledger）项目，这是一个开源的分布式账本平台。与其他区块链平台不同，超级账本的各个子项目都是服务于企业的，仅是提供一个基于区块链的分布式账本平台，并不发"币"。其最初的设计原则是建立一个注重隐私保护的全球可部署、可扩展的强大区块链技术平台，目标是开发一个"开源的分布式账本框架，构建强大的行业特定应用、平台和硬件系统，以支持商业级交易"。

最开始支持该项目的主要行业参与者包括 IBM、英特尔和 SAP Ariba 等，随着时间的推移，加入超级账本的公司越来越多，涉及从金融、供应链到医疗教育等多个行业。此外，该项目下的 Hyperledger Fabric 子项目作为联盟链的代表，也是首个开源的联盟链项目，是目前应用最为广泛的区块链平台之一，超级账本的诞生为区块链技术融入社会各行各业起到了重要作用。

直到 2015 年，区块链技术的关注者大部分都是比特币爱好者，2016 年区块链技术上升到技术成熟度曲线的顶端，备受关注。比特币之后还诞生了许多的"加密数字货币"，截至 2019 年 7 月，市场上已有超过 2 600 种"加密货币"流通。在全球性的货币金融历史上，除贵金属硬通货、国际性的法定货币之外，"数字货币"是第三种"货币"类型，相较于前两者，"数字货币"最突出的特点就是其去中心化的特性。"数字货币"无疑是区块链技术发展史上浓墨重彩的一笔，不过它也带来了自由主义和社会秩序的博弈，直到目前全世界都在积极探索"数字货币"的法理，未来尚未分晓。

2017 年年底，比特币的价格急剧下跌，"数字货币"的热潮退去，区块链技术完全的自身价值和技术特性开始体现。2018 年以来，区块链技术进入泡沫破灭的低谷期，业界逐渐从炒作概念转向技术迭代和应用实践，市场从浮躁转向务实，这是任何一项新兴技术发展的必经之路。根据《2021 年中国产业区块链生态图谱》，入选区块链生态图谱的企业较上一年度增长 43%。

2.1.2　区块链的基本概念

区块链的技术思路可以追溯到 1999 年，斯图尔特·哈伯（Stuart Haber）和斯科特·斯托内塔（W.Scott Stornetta）首次提出基于哈希算法的"块链"技术，从而构建出一个难以被篡改的文件时间戳系统。不过，直到 2008 年 11 月 1 日，中本聪发布了比特币白皮书《比特币：一种点对点的电子现金系统》，块链技术才为世人所熟知，并逐步发展成为"区块链"这一新概念以泛指块链数据结构的分布式账本技术。

通常来说，区块链分为三类：公有链、私有链和联盟链。

公有链也称"公链"，它是指全世界任何人都可读取、发送交易且交易能获得有效确认的，也可以参与其中共识过程的区块链。例如比特币、以太坊就是典型的公有链。公有链是世界上最早的区块链，也是目前应用范围最大的区块链，公有链一般会通过"代币"（Token）机制来鼓励参与者竞争记账，以确保数据的安全性。

私有链也称为"私链"，指的是某个区块链的写入权限仅掌握在某个人或某个组织的手中，数据的访问以及编写等有着十分严格的权限。从本质上而言，相较于完全公开、不受控制，并通过加密经济来保证网络安全的系统，私有链也可以创造出访问权限控制更为严格，修改甚至是读取权限仅限于少数用户的系统，同时这种系统仍保留着区块链真实性和部分去中心化的特性。

联盟链介于公有链与私有链之间，是多个组织或机构参与的区块链。即联盟链是由多个私有链组成的集群，是由多个机构共同参与管理的区块链，每个组织或机构管理一个或多个节点，其数据只允许系统内不同的机构进行读写和发送。从某种程度上说，联盟链也属于私有链的范畴，只是私有化程度不同而已。

在了解了各类区块链的概念后，我们再来了解一下区块链的四个特点。

（1）分布式账本

区块链网络的核心是一个分布式账本，在这个账本中记录了网络中发生的所有交易信息。

分布式账本通常被定义为去中心化，这是因为在整个网络中，每个参与者都保存着一个分布式账本的副本，所有参与者通过协作共同维护着账本，如图2-1所示。去中心化与协作这两个特点在现实世界的商业货物交易和商务服务中展现出显著的优点。

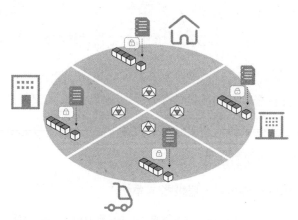

（资料来源：Hyperledger 中文文档，作者 Wei Li。）

图2-1 分布式账本

除了去中心化与协作，区块链的另一个显著特点是信息只能以"附加"的方式记录在区块链中，同时使用加密技术保障了交易一旦被添加进账本中，就无法被篡改。区块链的这种不可篡改性使得信息来源的确认变得异常容易，这是由于参与者可以肯定信息一旦被写入区块链中就几乎不可被篡改。这也是区块链常常被称为证明的系统的原因。

（2）智能合约

为了持续进行信息更新，以及对账本进行管理（写入交易，进行查询等），区块链网络引入了智能合约来实现对账本的访问和控制，如图 2-2 所示。

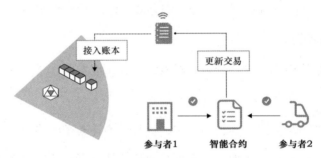

（资料来源：Hyperledger 中文文档，作者 Wei Li。）

图 2-2　智能合约

智能合约不仅可用于在区块链网络中打包信息，也可以被用于自动地执行由参与者定义的特定交易操作。例如，买卖双方可以定义一个智能合约，以保证当卖方发货的商品运送到达时，买方支付的货款会自动转账给卖方。

（3）共识

保持网络中所有账本交易的同步流程，就是共识。共识保证了账本只会在交易双方都确认后才进行更新。同时在账本更新时，交易双方能够在账本中的相同位置，更新一个相同的交易信息，如图 2-3 所示。

（4）Hyperledger Fabric（超级账本系统）

Hyperledger项目是由Linux基金会牵头，包括IBM、英特尔等公司共同成立的，是首个面向企业级应用的分布式账本平台，是企业区块链的开放式全球生态系统

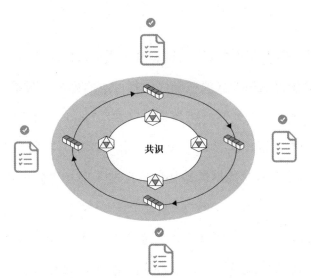

（资料来源：Hyperledger 中文文档，作者 Wei Li。）

图 2-3 共识

技术，是开发人员的一个协作平台。世界上一些大公司都在使用基于 Hyperledger 的网络，包括超过一半的福布斯区块链 50 强公司，部分收入或估值在 10 亿美元的公司也在采用超级账本开源软件平台。

Hyperledger Fabric 是该项目的一个子项目，旨在作为开发具有模块化架构的应用程序或解决方案的基础。它设计的初衷就是针对企业级应用的，针对市面上流行的其他分布式账本系统或者区块链平台，允许诸如共识和会员服务之类的组件即插即用。其模块化和多功能设计可满足广泛的行业应用。

Hyperledger Fabric 拥有很多特点和应用场景。作为联盟链里使用最多的区块链平台之一，Hyperledger Fabric 的出现无疑为区块链的发展带来浓墨重彩的一笔，Hyperledger Fabric 之于区块链就像 Hadoop 之于大数据，可见 Hyperledger Fabric 的重要性。

超级账本技术分为多个类别，主要包括：**分布式账本技术**（Distributed Ledger Technology，DLT）或平台作为基础跨一系列行业和用例的区块链网络；**代码库**，它是经过测试和验证的代码库，可以轻松部署以解决核心需求；**工具**——Hyperledger 的工具提高了企业区块链部署的便利性，使企业更加容易应对相互操作性、安全性、高性能等方面的复杂挑战；**实验室**——Hyperledger 实验室承担技术培育职能，正在培育数十种技术，一个代码库可以成为一个超级账本实验室，目标是鼓励更多开发人员参与社区并开发新技术。

2.1.3 区块链的原理

根据全国标准信息公共服务平台发布的《区块链和分布式记账技术术语》，区块链是指使用密码技术将共识确认过的区块按顺序追加形成的分布式账本。可以将区块链（blockchain）理解为，是一种将数据以区块（block）为单位组织和存储，且按时序逐块首尾拼接相连形成链式（chain）结构，同时经密码学等技术保证不可篡改、不可伪造及数据传输访问安全的去中心化分布式账本。

那么，这里的账本是什么呢？其实与现实中的账本概念并无二致，这里的账本就是按照一定格式来组织记录交易流水信息的"日志"。而交易信息，便是数据。在"数字货币"应用场景下，交易内容就是各种各样的转账信息；在数据存证应用场景下，交易内容就是文件（图片、文档等）信息或文件摘要；在农产品溯源应用场景下，交易内容就是农产品供应链中各个环节所处的责任方、时间位置等信息。区块链的本质，可以理解成是一种特殊的数据库系统。由图 2-4 可知，传统中心化记账存在中心化风险，当中心节点出现故障、宕机或被恶意篡改账本时，存在安全性风险；而区块链的分布式记账不依赖中心节点，由区块链网络中的各个"对等"节点通过共识达成一致，共同维护一份可信账本。

要探寻区块链的本质，什么是区块、什么是链，首先需要了解区块链的数据结构，即这些交易以怎样的结构保存在账本中。区块是链式结构的主要单元，聚合了所有交易相关信息，主要包含区块头和区块主体两部分。区块头主要由父区块哈希值（Previous Hash）、时间戳（Timestamp）、默克尔树根（Merkle Tree Root）等信息构成；区块主体一般包含一串交易的列表。每个区块中的区块头所保存的父区块哈希值，便唯一地指定了该区块的父区块，在区块间构成了连接关系，从而组成了区块链的基本数据结构。

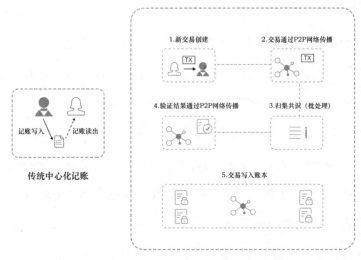

传统中心化记账

记账写入　记账读出

1.新交易创建　2.交易通过P2P网络传播

4.验证结果通过P2P网络传播　3.归集共识（批处理）

5.交易写入账本

区块链的分布式记账

（资料来源：曲强等，中科院深圳先进技术研究院，2021。）

图2-4　传统中心化记账与区块链的分布式记账

2.2　区块链的核心技术与系统

理解区块链的核心技术与系统离不开对区块链共识机制、网络架构和网络节点、跨链技术与监管安全技术的理解。

2.2.1　共识机制

区块链通过全民记账来解决信任问题，所有节点都可以通过参与记账过程来修改账本，如何保证在复杂的去中心化网络环境中所有节点的数据保持一致，或者说各个节点以谁的记录为准来达到所有节点最终都持有一份相同且正确的数据账本？利用区块链构建基于互联网的去中心化账本，需要解决的首要问题是如何实现不同账本节点上的账本数据的一致性和正确性，共识机制便是解决这一问题的关键。

分布式一致性问题由来已久，传统分布式系统的一致性算法是一个从20世纪70年代就开始研究的经典问题，区块链中的共识机制也衍生于传统分布式系统，以保障整个区块链系统的正确性和安全性。当前区块链系统的共识算法有很多种，根据容错能力不同，即在考虑节点故障不响应的情况下，再考虑节点是否会伪造信息进行恶意响应，共识算法主要可以归类为拜占庭容错（Byzantine Fault Tolerance，BFT）类以及故障容错（Crash Fault Tolerance，CFT）类。

拜占庭容错技术是一类分布式计算领域的容错技术。假设对现实世界进行模型化，出于程序或硬件错误、网络拥塞或中断以及遭到恶意攻击等原因，计算机和网络可能出现不可预料的行为。拜占庭容错技术则是用来处理这些异常行为，并满足所要解决的问题的规范要求。

拜占庭容错技术来源于拜占庭将军问题。拜占庭将军问题是莱斯利·兰伯特（Leslie Lamport）（2013 年的图灵奖得主）用来描述分布式系统一致性（Distributed Consensus）问题而在论文中抽象出来的著名的例子。

拜占庭帝国想要进攻一个强大的敌人，为此派出了 10 支军队包围这个敌人。这个敌人虽不及拜占庭帝国强大，但也足以抵御 5 支常规拜占庭军队的同时袭击。这 10 支军队在分开的包围状态下同时发起攻击。任——支军队单独进攻都毫无胜算，除非有至少 6 支军队（一半以上）同时袭击才能攻下敌国。他们分散在敌国的四周，依靠通信兵骑马相互通信来协商进攻意向及进攻时间。困扰这些将军的问题是，他们不确定他们中是否有叛徒，叛徒可能擅自变更进攻意向或者进攻时间。在这种状态下，拜占庭将军如何才能保证至少有 6 支军队在同一时间一起发起进攻，从而赢取战斗？

区块链网络的记账共识和拜占庭将军的问题是相似的，参与共识记账的每一个节点相当于将军，节点之间的消息传递相当于通信兵相互通信，某些节点可能出于各种原因而导致将错误的信息传递给其他节点。通常这些发生故障的节点被称为拜占庭节点，而正常的节点即为非拜占庭节点。BFT 类算法希望所有节点协同工作，通过协商的方式来产生能被所有非拜占庭节点认可的一致性结果。

PoW 类共识协议主要包括比特币系统所采用的 PoW 共识及莱特币等类似项

目的变种 PoW，即一般俗称的"挖矿"算法。这类算法的核心在于所有节点通过解决一类"难题"来竞争记账权，一旦有节点解决"难题"，便得到此次记账权，获得将交易打包出块的权利。对于下一次的记账权争夺，将再次赋予新的"难题"，所有节点再次争夺记账权。

比特币系统所设置的难题为，找出一个随机数计算区块头的哈希值，使得哈希值落在设定的值区间。这个难题没有逆推公式，只能通过不断地重复尝试才能得出答案，并且答案很容易被验证。率先找出符合要求随机数的节点便可打包交易完成出块，该节点将新的区块接至上一区块，并可获得打包奖励，同时可以通过调整"难题"难度来控制出块的速度。所有"矿工"节点通过计算"难题"产生自己的区块并追加至现有的区块链，全网中最长的链被认为是合法且正确的，这就保障了在全网中大部分节点诚实的情况下区块链系统不被恶意节点控制。这是因为诚实节点算力超过全网算力的 50% 的时候，下一个区块很大概率由诚实节点产生，并在产生区块后很快通知全网节点，并开始下一轮"难题"的计算。这样一来，恶意节点很难完全掌握区块的后续生成情况。况且，假设恶意节点不惜成本拥有超过全网算力的 50% 的算力，那么该区块链系统的利益便也成为恶意节点的利益，所以更应该维护整个区块链系统。从某种程度上来讲，PoW 是唯一真正实际实现了去中心化的共识算法。但是由于"挖矿"所需的巨大能源耗费，也会带来很大能源负担。截至 2021 年，全世界比特币矿机年耗电量大约是 121.36 太瓦·时（TWh，1 太瓦·时为 10 亿千瓦·时），这个数字超过了阿根廷、荷兰等国家的年耗电量。

CFT 是非拜占庭问题的容错技术。常见的 CFT 类共识有：Paxos、Raft、Kafka 算法等。Paxos 问题是指分布式的系统中存在故障（crash fault），但不存在恶意（corrupt）节点的场景（即可能消息丢失或重复，但无错误消息）下的共识达成问题，是分布式共识领域最为常见的问题。Paxos 问题最早因莱斯利·兰伯特用 Paxon 岛的故事模型来进行描述而得以命名。解决 Paxos 问题的算法主要有 Paxos 系列算法和 Raft 算法，Paxos 算法和 Raft 算法都属于强一致性算法。

2.2.2　网络架构

传统的网络架构大部分是客户端/服务端（Client/Server，C/S）架构，即通过一个中心化的服务端节点，对多个申请服务的客户端进行应答和服务。C/S架构也称为主从式架构，其中服务端是整个网络服务的核心，客户端之间通信需要依赖服务端的协助。例如，当前流行的即时通信（Instant Message，IM）应用大多采用C/S架构：手机端App仅被作为一个客户端使用，它们之间相互收发消息需要依赖中心服务器。也就是说，在手机客户端之间进行消息收发时，手机客户端会先将消息发给中心服务器，再由中心服务器转发给接收方手机客户端。

区块链使用对等计算机网络（Peer-to-Peer Networking，P2P网络），是一种消除了中心化的服务节点，将所有的网络参与者视为对等者（Peer），并在他们之间进行任务和工作负载分配。P2P网络打破了传统的C/S模式，去除了中心服务器，是一种依靠用户群共同维护的网络结构。由于节点间的数据传输不再依赖于中心服务节点，所以P2P网络具有极强的可靠性，任何单一或者少量节点故障都不会影响整个网络正常运转。同时，P2P网络的网络容量没有上限，因为随着节点数量的增加，整个网络的资源也在同步增加。由于每个节点可以从任意（有能力）的节点处得到服务，同时由于P2P网络中暗含的激励机制也会尽量向其他节点提供服务，因此，实际上P2P网络中节点数目越多，P2P网络提供的服务质量就越高。

虽然C/S架构应用非常成熟，但是这种存在中心服务节点的特性，显然不符合区块链去中心化的需求。同时，在区块链系统中，要求所有节点共同维护账本数据，即每笔交易都需要发送给网络中的所有节点。如果按照传统的C/S这种依赖中心服务节点的架构，中心服务节点需要将大量交易信息转发给所有节点，这几乎是不可能完成的任务。P2P网络的这些设计思想则同区块链的理念完美契合。在区块链中，所有交易及区块的传播并不要求发送者将消息发送给所有节点。节点只需要将消息发送给一定数量的相邻节点即可，其他节点收到消息后，会按照一定的规则转发给相邻节点。最终通过一传十、十传百的方式,将消息发送给所有节点。

2.2.3 网络节点

区块链网络中,根据在系统中具有的不同功能,节点对应着不同的角色,不同类型的区块链系统所设定的角色也有所不同。有些节点能够下载完整的区块链数据副本,有些节点只能查看区块的部分数据,有些节点负责生成区块记账。随着当前区块链系统的复杂性不断增加,节点分工更加明确,节点角色也逐渐多样化且对应多种不同的权限和功能。在区块链网络中,节点所具有的系统功能包括以下几种。

(1)记账功能

区块链网络的记账功能是指节点通过计算新区块的哈希值获得记账权利,并将新区块加入区块链中。在多数的公有链区块链系统中,区块的记账权是通过工作量证明机制进行确认的,即由最先发现生成区块哈希值随机数的节点获得记账权和"代币"激励。在记账过程中,节点会将未打包的交易进行排序生成区块,而在以"代币"激励为基础的公有链中节点会将记账奖励高的交易优先打包。

(2)数据存储功能

区块链网络的数据存储功能是对系统中的区块数据、区块链元数据和状态余额等进行存储并验证有效性。不同的区块链系统的区块结构、元数据和状态余额的存储方式是不同的。如比特币的状态余额采用的是未花费的交易输出(Unspent Transaction Outputs,UTXO)方法,而以太坊的状态余额采用的是账户余额模式。

(3)交易提交功能

交易提交功能是由用户向区块链系统提交交易记录,包含交易输入和交易输出。交易提交后由记账功能节点将其加入区块中。在以太坊中,用户可以将智能合约作为一个账户并与其进行交易。

(4)路由功能

路由功能用于节点在 P2P 网络中发现邻居节点并进行通信和同步区块。比特币系统采用基于传输控制协议（Transmission Control Protocol，TCP）与域名系统（Domain Name System，DNS）种子通信并逐渐扩大邻居节点列表的路由方式，而以太坊系统则采用基于用户数据报协议（User Datagram Protoaol，UDP）的Kademlia通信协议进行路由。

（5）钱包功能

钱包功能用于生成并保存公有链账号对应的私钥、公钥和规范地址。目前在公有链系统中对钱包进行管理的方法主要包括基于密码的密钥库（KeyStore）方式和助记词方式。

（6）成员管理功能

在联盟链中，成员管理功能用于成员注册和对成员身份证书进行管理。如超级账本中的会员服务提供商（Membership Service Provider，MSP）会建立一套根信任证书体系对成员身份进行认证和验证用户签名。

2.2.4　跨链技术与监管安全技术

随着区块链技术的发展，各种具有不同特点、适用于不同应用场景的区块链，如比特币、以太坊等公有链，以及私有链、联盟链大量共存。由于区块链的相互独立性，现存各区块链之间的数据通信、价值转移与安全仍面临挑战，价值孤岛现象逐渐显现。

区块链的跨链技术与监管安全技术是区块链实现互联互通、提升可拓展性、保障区块链系统安全的重要技术手段。跨链技术与监管安全技术作为区块链关键核心技术之一，是实现无界价值互联的关键。其技术突破将有助于打破信息孤岛，实现数据、资产等链上信息的可信互联互通。

区块链应用场景的不断拓展以及区块链互联互通的潜在需求，促进了跨链技术的持续创新和进步。根据跨链技术的演进和实现方式，以太坊的创始人维塔利克·布特林曾经总结了三类跨链技术：公证人机制（Notary Schemes）、侧链／中继（Sidechains/Relays）和哈希锁定（Hash-Locking）。

（1）公证人机制

通过选举一个或多个组织作为公证人，对链 A 的事件进行自动或请求式监听，并在指定事件发生后，在链 B 执行相应动作，实现对事件的响应。公证人群体通过特定的共识算法，对事件是否发生达成共识。公证人机制又分为中心化公证人机制和多重签名公证人机制，区别在于后者利用密码学技术，在每次交易验证时从公证人群体中随机选出一部分公证人，共同完成签名的签发，从而降低对公证人可靠性的依赖程度。

公证人机制由于引入了第三方机构或组织，尽管有成熟的选举策略，但价值转移或信息交换主要依赖于公证人的诚实性，因此中心化程度较高。公证人多重签名通过随机选择在一定程度上增强了安全性，但并未完全消除相关依赖，依然存在共谋风险。基于公证人机制的一些跨链项目也在寻求与其他技术的结合，如公证人机制的代表——Interledger 项目，在其新协议中融合了哈希锁定机制，以提供更完备的安全保障。

（2）侧链 / 中继

侧链 / 中继以轻客户端验证技术为基础，即在链 B 上执行类似区块链轻客户端功能的智能合约，通过验证链 A 的加密哈希数以及区块头来验证链 A 的某项特定交易、事件或状态信息是否发生。

由于侧链 / 中继机制主要通过读取区块头来实现对事件或支付的验证，无法像主链全节点获知网络上所有交易的全貌，因此难以实现对交易的全面验证，如追溯所有历史交易的 UTXO 数据、判断是否存在双重支付等。侧链 / 中继机制依赖于矿工的诚实性，在链失效或 51% 攻击情况下，将导致跨链系统无法正常工作。

（3）哈希锁定

通过在两条链上运行特定的智能合约，可实现跨链交易与信息交互。用户 A 生成随机数 s，并计算出该随机数的哈希值 $h=\text{hash}(s)$ 发送给用户 B；用户 A 和用户 B 通过智能合约先后锁定各自的资产；如果用户 B 在 X 时间内收到正确的 s，用户 A 的资产将自动转移给用户 B，否则退回给用户 A。

根据哈希锁定的设计原理，其技术安全性主要与资金锁定机制以及锁定时间超时相关。例如，基于哈希锁定的闪电网络在系统设计时就预见到如下安全风险：恶意参与者创建大量交易通道并让所有通道同时超时，导致垃圾交易信息在网络中广播并造成阻塞，从而影响正常交易；交易通道开启阶段必须保证定量的资金处于锁定状态，即用户需要采用"热钱包"保持较长时间链接到区块链网络以便能签名交易，而非"冷钱包"或离线存储等更安全的方式，因而将增加黑客盗取用户私钥的风险；交易一方如果发生数据丢失或者没有在正确的时间内广播交易，将可能存在被另一方盗取资金的风险。

总的来看，现有跨链技术均存在一定安全性问题，仍处于初期发展过程中。跨链是实现无界价值互联的关键，其技术突破将有助于推动跨链资产转移／抵押、跨链数据共享、中心化资产交易平台、分布式应用 DAPP 的跨平台开发／部署／配置、跨链智能合约应用、垂直行业私有链价值交互等应用领域的发展。开放的公有链与访问受限的私有链、联盟链之间，区块链与传统软件系统之间，也存在价值拓展和交换的应用需求，未来跨链技术有可能演变为支撑更广泛应用的网络基础设施。

2.3　区块链技术应用进展

随着区块链技术的不断发展，其应用领域也在不断拓展，并呈现出新的发展趋势。

2.3.1　总体应用概况

从 2008 年比特币区块链概念被提出，到区块链平台出现，从区块链 1.0 到区块链 2.0，从金融科技应用到更广泛的产业领域，从企业到政府，区块链技术应用场景逐渐丰富。

尽管区块链技术随比特币一起出现，但区块链在今天的"加密货币"之外具有深远的潜力。除"加密货币"外，区块链技术应用已延伸到数字金融、物联网、智能制造、供应链管理、数字资产交易等多个领域。

金融科技是区块链技术最早应用的领域，由图 2-5 可知，从 2014 年 7 月 F′PRIME 开始采用，到 2016 年 1 月，主要银行机构已经完成了区块链在金融科技中的应用。2017 年，区块链在物流与供应链领域应用加快，在包裹快递、水产冷链、生鲜、医药健康、零售、海运、港口等方面均有所应用。

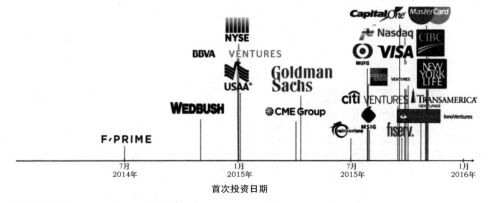

（资料来源：CB Insights 官网[1]。）

图 2-5　主要金融机构导入区块链的进程

普华永道 2018 年的调查报告显示，金融服务仍然是区块链应用的主要产业领域，其后依次是工业生产和制造、能源和公共事业、健康、政府、零售和消费、娱乐和媒体等，如图 2-6 所示。

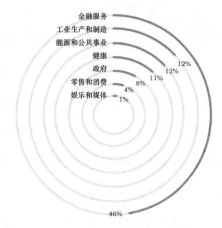

（资料来源：PwC Global Blockchain Survey，2018。）

图 2-6　区块链主要产业应用

1　CB Insights 是一家风险投资数据公司。

2.3.2 区块链在中国各行业的应用

从中国的情况来看，上海对外经贸大学人工智能与变革管理研究院在 2019 年上半年对 81 家区块链企业的行业应用展开了调查，结果显示在除资产交易之外，区块链技术与实体经济已经形成了紧密联系。属于物流与供应链管理领域的供应链溯源和供应链金融都呈现出相当高的渗透率，物流行业已然成为率先采用区块链技术进行服务升级的领域之一。互联网企业纷纷推出平台化的技术支持服务，起到了维护包括物流领域在内的其他应用运行和新服务功能对接和开发的作用。

区块链在中国各行业的应用占比如图 2-7 所示。

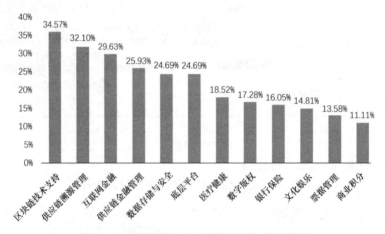

图 2-7　区块链在中国各行业的应用占比

从图 2-7 中可以看出，区块链企业应用在供应链溯源管理、互联网金融、数据存储与安全、医疗健康、数字版权、银行保险、文化娱乐、商业积分等行业中均有分布。某种程度上，区块链可以在各个行业发挥作用和价值。

中国物流与采购联合会区块链应用分会、区块链专家委员会从 2018 年开始征集区块链应用案例，发布区块链产业应用蓝皮书。笔者对搜集到的案例做了初步的统计，从 2018 年到 2019 年的情况来看，2018 年主要集中在区块链技术、供应链与互联网，然后是物流、金融、制造等方面，如图 2-8 所示。

2019 年行业应用的案例已经比较丰富。从行业占比来看，金融仍然是区块链技术应用的主要领域，之后依次是物流、科技，其他的主要应用行业，包括农产品 / 食品、钢铁、制造业、冷链、贸易、酒类、零售、港口、航运、化工、防伪、采购、电商等，如图 2-9 所示。

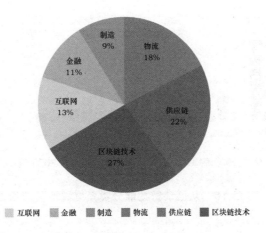

（资料来源：作者根据 2018 年蓝皮书案例统计作图。）

图 2-8　区块链案例行业分布（2018）

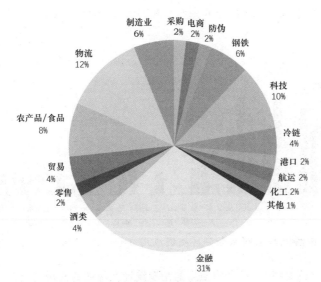

（资料来源：作者根据 2019 年蓝皮书案例统计作图。）

图 2-9　区块链案例行业分布（2019）

在 2021 年 12 月 18 日召开的第五届供应链区块链双链年会上，中国物流与采购联合会区块链应用分会发布的统计数据显示，从区块链功能分类角度统计，区块链在金融领域的应用占比仍然最高，但占比已经明显降低，在其他领域的应用开始多元化，如图 2-10 所示。

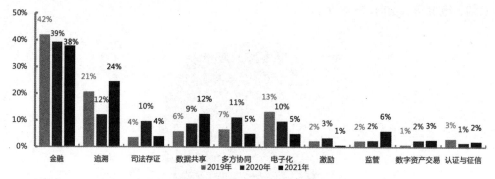

（资料来源：中国物流与采购联合会区块链应用分会，2021 年。）

图 2-10　从区块链功能分类角度统计其应用占比

从产业应用的角度统计，区块链在农业产业的应用占比较高，在通用类、物流产业中的应用占比也较高，在大宗、钢铁、能源、建筑、汽车、医药、电子、化工等产业均有应用，但没有形成系统化的应用，如图 2-11 所示。

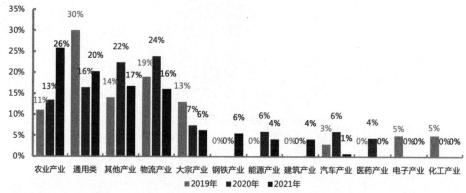

（资料来源：中国物流与采购联合会区块链应用分会，2021 年。）

图 2-11　从产业应用的角度统计区块链的应用占比

第 3 章

区块供应链

当区块链遇到供应链，颠覆性技术就有了广阔的应用场景和空间。区块链既能有效应对供应链在发展中的局限和痛点，包括解决企业交互成本高、信息孤岛、商品信息的真实性无法得到保障、中小企业融资难、信用主体的征信评级的挑战等问题，又能全面提升供应链的安全性与效率，包括强化的信任机制减少供应链诚信损失、商品跟踪溯源提高安全可靠性、流程优化与无纸化提高交易效率、供应链协同和促进物流与供应链金融发展等。区块供应链时代已经来临，并将对供应链发展产生深刻的影响。

越来越多的企业正在积极利用区块链技术，为供应链创造新的价值、带来更具突破性的发展。区块链具有信息难以被篡改、节点数据自动更新、智能合约运作、不需要中介参与等特点，不仅可以更好地形成解决方案，有效地解决问题，还能帮助上下游企业更好地实现协同合作。

3.1　区块供应链时代已经来临

当很多人对区块链的概念和含义还比较陌生的时候，区块链在供应链中的应用已经悄然开始，区块供应链的概念也已经成熟。*Analytics insight* 杂志显示，供应链管理已经成为全球区块链十大应用中排名第一的领域。区块链的本质是一个巨大的数据库。这个数据库有其独特之处。

一方面，这一数据库的维护并不由银行或公司来执行，而是由众多的分布式成员来共同协作完成，这也就是常说的区块链的"去中心化"。

另一方面，区块链的"共识信任"的机制，可以记录所有近期交易，并在其完成后作为永久存在的数据库导入区块链，杜绝了篡改交易记录的可能。

上述两个特性也奠定了区块链在供应链中应用的基础。

一方面，供应链上下游伙伴之间具有多中心性。供应链是多主体的链条，包括核心生产企业、供应商、供应商的供应商、客户和客户的客户等主体，这些主体并不愿意完全分享自己所拥有的信息，所以自然也就很难获得上下游所有主体的信息。

另一方面，供应链合作伙伴之间由于交易多重且复杂，所以需要有一个能够记录和验证交易真实性的信任机制，以降低或者消除各主体之间因缺乏信任而带来的交易成本。而区块链技术很好地解决了多主体信息共享和多主体复杂交易的交易成本问题。

因此，区块供应链就是将区块链技术引入供应链全流程、覆盖供应链产业领域的技术。按照 CSCMP 的《供应链管理流程标准》，典型的核心企业的供应链管理流程包括计划、采购、制造、交付、回收五个部分，而在每个流程中，又包括供应商、客户、第三方服务供应商等众多主体。如果供应链超出了国家的范畴，就涉及国际运输服务公司、海关、进出口查验服务公司等更多主体。

可以说，供应链就是由企业内部和企业之间众多的主体所组成的网络。各个主体之间大多是"串联"的、信息彼此孤立的，但区块链技术能够很好地将各主体之间的关系转化为"并联"的关系，既能解决多次交易的诚信问题，又能大大提升交易效率。图 3-1 说明了区块链进入供应链之后的多主体"并联"的情况。

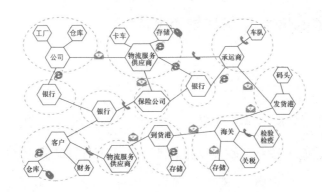

（资料来源：王国文，《区块供应链时代即将来临》，微信公众号：供应链第一视点，2016 年 8 月。转引自 Enrico Camerinelli，Blockchain in the Supply Chain，June 2016，CSCMP。）

图 3-1　区块链与供应链的结合

图 3-1 中，供应链上所有主体都在区块链上注册，并利用这一网络的去中心化与分布式并存的特性，每一次交易都会得到连续性验证（例如查找被重复统计的库存数量、发货单据或发票等数据），并依照时间序列在公共"区块"内构建成一个唯一且不断延续的"链"，这就形成了"区块供应链"的概念。可以说，区块

供应链的"去中心化"、可溯源验证的特性，既保证了供应链上的每一笔交易都会按照时间序列连续地记录在公共"区块"内，又能提高交易效率，同时保证了交易的唯一性、准确性。

较早的区块链在供应链中的应用，包括采购流程的供应商认证、采购合约、产品／原材料溯源、报价单、采购订单、供应商评估、货款结算等环节；交付流程的订单接收与确认、物权交接、在途跟踪、预先发货通知（Advanced Shipping Note，ASN）、电子运单、电子仓单、货物（产品）认证认可、检验检疫、第三方服务合约（物流、金融、保险、认证、检验检疫等）；回收流程的退货授权、退货接收、退货在途跟踪、售后服务跟踪、维修记录、客户服务记录等方面。在本书截稿的时候，区块链在供应链中的应用基本上覆盖了全部流程，在产业领域中也覆盖了主要的产业领域。

3.2　供应链的挑战与区块链的机会

供应链管理是一个复杂的过程。一方面，供应链在采购、制造、产品开发、生产、交付、流通和回收等环节中都有多个企业共同参与；另一方面，不同的行业在进行供应链管理时所呈现出来的"适应性"不同。这就导致供应链在各个流程、各个环节、各个相关企业间甚至各个不同的行业间都会面临不同的问题和挑战，尤其在快速发展过程中更是面临诸多障碍。传统的供应链协同通常采取点对点、信息单向传递集成的方式进行数据互通，解决上下游业务联动的问题。

但是，此种业务模式通常会导致信息孤岛，也就是说，供应链上的每一个参与方所获得的业务流程数据十分有限，且伴有业务整体透明度不足、信息流与实物流无法统一等问题，从而导致业务运作效率低、各参与方协同抵抗风险能力弱等问题。另外，虽然掌握供应链话语权的强势企业会构建一个方便上下游企业进行线上信息对接和线下运营合作的中心化的物流供应链资源共享平台，但是这类平台的安全性和完备性完全依赖核心企业，因此从长期运营来看存在较大风险。

从企业内部来看，信息孤岛、数据造假、机构冗余、信息传递速度慢、沟通成本高等问题也日益凸显。这些问题导致各个企业协同交互成本高、多方协同难以实现、供应链数据真实性难以保证等各种问题。

综上，物流与供应链行业面临多方协同难、企业交互成本高，供应链全网数据难以获取、存在信息孤岛，商品的真实性无法完全得到保障，中小企业融资难、融资贵、融资慢，而这些挑战的核心都是数据共享、业务协同、信息追踪。区块链技术的出现为解决上述问题提供了思路。

3.2.1　供应链跨度大，企业交互成本高

供应链是指产品生产和流通过程中所涉及的原材料供应商、生产商、分销商、零售商以及最终消费者等成员通过与上游、下游成员的连接组成的网络结构。实际上在庞大的供应链体系中，又由多个、多类型甚至多国企业构成，所以供应链也更为复杂。

从现实的角度说，企业之间需要通过接口对接实现数据共享与流转，但是，整个供应链的信息流存在诸多信用交接环节，使得系统的对接工作变得十分繁重，并且整体交互成本也比较高，此外也难以保证数据的真实性和可靠性。这也是供应链管理面临的一大发展障碍。

3.2.2　供应链数据获取难度大，存在信息孤岛

信息孤岛是指各主体相互之间在功能上不关联互助、信息不共享互换以及单个主体信息与业务流程和应用相互脱节的情况。以下分析企业间出现信息孤岛的原因。

一是因为供应链系统太过庞大，且参与企业众多、节点企业的信息化程度参差不齐、标准不同，信息的不对称也使信息无法顺畅传输。另外，海量的交互不畅的信息也会增加审核人员的审核难度和工作量，进而增加了交易支付和账期的

审计成本。

二是供应链所涉企业的信息分散在不同的供应商手里，同时企业之间的 ERP 系统并不互通，导致企业间信息割裂，全链条信息难以互通。

三是供应链的节点企业都是独立的利益体，基于维护和争取自己的利益，往往只关注各自领域的数据业务处理，也因为缺乏相应的接口标准和规范，相互间难以进行信息共享和业务集成，进而形成信息孤岛现象。

总体上说，信息孤岛的存在不仅会影响企业间的顺畅交流和信息共享，还会严重影响各个企业的发展，进而影响整个供应链的发展。

3.2.3　商品信息的真实性无法得到保障

因为供应链涉及的流程、环节和参与的节点企业较多，从某种程度上说，很多商品信息的真实性是无法得到保障的，尤其是食品和药品。虽然相关方做出了一定的努力，但是还是没能彻底解决商品防伪溯源中最大的难题，即无法获知商品信息是否真实可靠。

例如，企业在直播"带货"前选品时，需要审查该产品是由谁提供的，对方是否具有相应的资质等。如果不经查证就贸然销售产品，将会引发很多潜在的问题；并且整个物流过程中涉及的诸多利益相关者，都可能会被质疑，导致信誉受影响。

3.2.4　供应链中的中小企业融资难

前面我们说到信息孤岛会导致上游供应商与核心企业的间接贸易信息不能得到证明，与此同时，传统的供应链金融工具传递核心企业信用的能力也非常有限。通常，核心企业信用只能传递至一级供应商，二级及以上供应商无法通过核心企业授信实现供应链金融融资。

此外，物流供应链中的中小企业通常规模有限，信用等级评级普遍较低，甚至不少中小企业都没有信用评级，这些情况都很难让投资者或者银行信服，使得中小企业无法获得贷款和融资服务。另外，中小企业应收账款小而零碎，暗保理融资成本高，年化率达 18%～24%，且传统模式一般为线下操作，金融机构操作成本高。这些现实问题会导致中小企业融资难、融资贵。

随着全球互联网化的快速推进，虽然供应链的发展速度越来越快，对企业的需求也呈现多样化，但普遍存在信息不对称、信息兼容差、数据流转不畅通、商品信息的真实性无法得到保障、中小企业融资困难等问题，这也是供应链管理发展过程中必须要面临的问题。因此，要想实现供应链管理的快速、健康发展，处在供应链上的节点企业并不能独善其身，而要相互加强协作，共同发展，才能实现真正的供应链发展规模化。

3.3 区块链应用全面提升供应链安全性与效率

区块链应用全面提升供应链安全性与效率，包括信用机制、商品跟踪溯源、流程优化与无纸化、供应链协同和促进物流与供应链金融发展等方面。

3.3.1 强化的信任机制减少供应链诚信损失

缺乏诚信导致的经济损失是惊人的，假冒伪劣即缺乏诚信的表现。假冒伪劣商品的存在给全球产业链供应链体系中的消费者和合规生产者带来重大损失。根据经济合作与发展组织（Organization for Economic Cooperation and Development，OECD）和欧洲知识产权局（European Union Intellectual Property Office，EUIPO）在 2019 年联合发布的报告，以及从 2016 年全球缴获的假冒伪劣和走私货物数据推算，2016 年假冒和走私货物的价值达 5 090 亿美元，占全球贸易的比例为 3.3%，而 2013 年这两项指标分别为 4 610 亿美元和 2.5%。这个数字的增长还是在全球经济放缓的背景下，而且仅仅是海关缴获的假冒商品，还不包括无数没有查缴的货品。

此外，这些数据还不包括各国在国内生产和消费的假冒商品，或者在线上交付的假冒数字产品。假冒产品成为威胁众多产业健康发展的隐患。在医药产业，假药的危害就更加骇人听闻了。在医药供应链上，从原材料到制造、分销过程，均有机会让假冒或者错贴标签的原料、试剂进入供应链，最后形成假药产品。在汽车产业，假冒零部件在车辆上使用的情况一直在增加。

根据 2018 年欧洲知识产权局的报告，仅假冒轮胎、蓄电池，每年的损失就高达 20 亿欧元（1 欧元约为 7.0 元人民币）。常见的假冒汽车零部件包括滤清器、刹车片、光源、轮毂和气囊。假冒的刹车系统、加长导线、过流保护器等，通常采用劣质材料制造，具有很大的安全隐患，甚至达不到最低的安全质量标准。就连第三方检测标志也被仿冒。采用假冒电器产品可能导致过载过热、短路，引起火灾、爆炸，可能造成重大财产损失甚至危害生命安全。

跨国犯罪组织一直利用假冒商品低风险、高回报的优势持续犯罪。他们利用假冒商品所得，进入其他犯罪领域。

电子商务和社交媒体的发展助长了一批中小假冒产品生产和交易。根据《2018 年全球品牌假货报告》（*Global Brand Counterfeiting Report*，2018），2017 年线上假冒商品全球损失达到 3 230 亿美元，其中仅假冒处方药一项就损失了将近 1 880 亿美元。小规模假冒往往不需要大规模复杂生产和管理系统，也不需要大规模的投资，进入门槛低，进入之后扩张快，具有隐蔽性，给监管和稽查带来了较大的难度。

在中国，根据前些年媒体的报道和相关报告，诚信缺失每年带来的经济损失数以亿元计。这里面既有经济主体——企业和个人的诚信问题，也有产品和服务的诚信问题，还有交易支付过程的诚信问题。在电子商务和社交媒体的时代，不仅有假冒伪劣的商品在网上售卖，连为服务点赞都有"刷单"的现象。

区块链技术提供了一种不依赖第三方的可信技术，对所有供应链参与主体、所有产品和服务、所有交易过程进行供应链过程透明化和可追溯记录上链，形成不可篡改的共享账本，保证了主体、产品和交易的真实性，为供应链"嵌入"了一个强化的信任机制，成为打造可信供应链坚实的基础，对减少诚信缺失的损失是一个强有力的技术工具。而区块链征信体系的建立就是一个重要的举措。

目前，中国已经有很多省、区、市出台或正在研究出台地方信用法规，国家也开始高度重视法治实践基础，积极推动信用工作立法，社会信用立法工作加快推进。

此外，物流上下游环节中离不开一线从业人员，这些服务人员需要经过培训，考核通过后才能上岗。但是，目前物流领域中并没有一套统一的评级标准，工程师的评级规则和评级结果也存在一些障碍和局限，这会导致已有信用主体及征信数据不准确等问题。

若引入区块链构建信用主体，就可以有效地解决这些问题。一方面可以设定物流从业者的信用评级标准，真正形成以数据信用为主来构建整个物流信用生态；另一方面可以利用智能合约自动计算物流企业 / 个人的征信评级，将评级结果写入区块链，在有效保护数据隐私的基础上实现数据共享和验证，为消费者提供可信度高的物流服务。

3.3.2 商品跟踪溯源提高安全可靠性

物流跟踪与商品溯源是消费者非常关注的问题。但是，依据现有的大部分物流追溯系统发布的条码溯源只能追溯到生产企业，很难实现全程质量安全追溯，尤其是很难追溯消费者所关注的生产信息及产地环境信息。与此同时，越来越多的消费者关注商品的质量和来源，并且人们对跨境物流的可追溯性及服务质量的要求越来越高。

传统的商品追溯系统是中心化的，普遍存在数据真实性低、涉及利益的数据容易被篡改等问题，供应链中的组织不愿意公开数据，这导致数据孤岛现象明显，商品信息难以追溯，即使物流供应链企业愿意通过接口对接的方式完成数据交换与共享，也存在可信度低、成本高的问题。另外，在传统供应链中还存在多参与者之间的交易效率低、成本高、不安全等问题。

这些问题虽然非常紧迫，但是在传统的供应链管理中并没有得到很好地解决。不过，区块链技术为这些问题开出了一剂良方。

一方面，区块链技术采用一个共享的、可复制的、通过验证的分布式账本来记录交易信息，并将信任信息嵌入每一笔交易和共享数据中，从而有效地提升了交易和信息共享的安全性和效率。另一方面，由于分布式账本记录了共享的交易的源信息，并且源信息是不可改变的，公开透明的记录、传输及不可篡改的存储，不仅提供了较高的安全性和可信度，还能利用物联网技术确保溯源信息采集的实时性和真实性，统一产品质量和溯源信息标准，为生产者证明了产品的安全可靠性，也为消费者提供了可信度高的产品消费生态。

此外，供应链中的关键方参与区块链系统节点，基于区块链的系统将在分布式网络上存储集装箱、文件和金融交易的数据，实现端到端的供应链全程数字化，帮助企业监控和跟踪数以万计的船运集装箱记录。这一行为既可以改善库存管理，减少资源浪费，又能缩短货物在海运过程中所花费的时间，同时还能提高贸易伙伴之间的信息透明度，实现高度安全的信息共享，消除欺诈与不守信行为。

在物流追踪方面，区块链商品溯源平台通过物联网和区块链账本技术实现商品生产、加工、运输、销售等全流程的透明化。区块链技术既保证了所存放的数据的真实可靠，又能让消费者通过商品上的溯源码溯源商品信息。

3.3.3 流程优化与无纸化提高交易效率

区块链在处理供应链多主体、复杂交易方面具有明显的优势，对于供应链上的资产、价值、商品、服务、权利可以实现不依赖中心化的交易主体的交易执行。区块链系统的信任机制可以自动完成交易确认、交易监督和交易执行。与传统的依靠中心化的机制（银行、交易所）不同，基于区块链的供应链交易执行是"点对点"触发和自动执行。这就降低了企业交易成本，加快了交易结算进程，增加了交易灵活性，很多靠人工执行的交易结算可以通过智能合约自动执行。

一方面，单证的电子化、区块链化成为提高供应链交易效率、降低交易成本的重要手段。

在物流与供应链中，企业与企业之间，个人与企业之间使用的信用签收凭证大部分都是纸质单据，这些纸质单据不仅作为运营凭证使用，还作为结算凭证使用。但是，纸质单据存在流转速度慢、容易损毁、不便保存、难以管理等缺点，也会造成有纸化办公带来的成本上、管理上的浪费。

另外，在供应链协同方面，企业的跨组织协同性有待提高。在目前大多数的物流与供应链体系中，参与方众多，覆盖从出口到进口过程中多种角色、多个节点。在现有的环境下，各参与方常常采取自建中心化信息系统的模式，数据对外流转能力不足。因此在物流过程中，目前以大量的单证来保证物流体系健康运转。目前受单证存储管理分散、流通过程中修改变更困难、沟通时效性不足等问题影响，现有体系跨组织的协同性有待提高。

但是，区块链和电子签名技术相结合就能很好地解决这些问题，它们既可以实现运输凭证签收无纸化，又能将单据流转及电子签收过程写入区块链存证，实现承运过程中的信息流与单据流一致，为计费提供真实准确的运营数据。而且即使对账过程中存在异常账单，也可以通过调账完成对账，调账的审核过程和结算付款发票信息作为存证写入区块链。

链上数据因其具备实时性和真实可靠且不可篡改的特性，可以实现交易即清算。同时将包含运价规则的电子合同写入区块链，结算双方共享同一份双方认可的交易数据和运价规则，保证计费后的对账单基本是一致的。在对账环节，双方将各自计费账单上的关键信息（货量、金额、车型等）写入区块链，通过智能合约完成自动对账，同时将异常调账过程上链，整个对账过程是高度智能化并且是高可信度的。

另一方面，区块链在强化信用体系、提升征信能力方面具有显著的优势。

在技术层面，近年来，随着互联网的快速发展，互联网案件数量也呈现出快速增长的趋势。据统计，2018 年 1 月到 8 月，北京互联网法院受理的 9 类互联网案件的数量同比上升了 24.4%。

在法律层面，2018 年 9 月 7 日中国公布并施行了《最高人民法院关于互联网法院审理案件若干问题的规定》。其中，第十一条规定指出："当事人提交的电子数据，通过电子签名、可信时间戳、哈希值校验、区块链等证据收集、固定和防篡改的技术手段或者通过电子取证存证平台认证，能够证明其真实性的，互联网法院应当确认。"这意味着中华人民共和国最高人民法院（以下简称"最高人民法院"）以司法形式认可了区块链存证的法律效力。

综上，当前法院审理案件中，越来越多的事实认定依赖于电子证据，因此使得电子数据存证的需求激增。原有存证技术存在单方存储、难以证明电子数据原始性等问题，区块链技术可以有效解决这些问题，保证电子存证的多方共识、不可篡改。区块链存证的法律效力得到了最高人民法院的认可，也逐步被国内各大法院用于提升审判质量和效率。

具体来说，区块链技术能有效解决电子凭证中所存在问题的原因有两点。

一是区块链去中心化的技术结构，保证了区块链并不由某一方单一控制，保障了存证数据在法院、司法鉴定中心、公证处、证书授权中心（Certificate Authority，CA）、企业之间同步，多方为存证数据进行认证，有效地防止了存证数据被攻击和篡改。

二是区块链在数据写入和变更时，都会记录操作的时间戳，使得各种操作都有具体时间可查。例如，在版权保护方面，作品的发布时间是处理版权纠纷时的关键参考数据，区块链的时间戳技术可以为纠纷处理提供强有力的佐证。可以说，区块链可追溯、不可篡改的特性，适用于证据链的保存，使得最终提供的不再是单点证据，而是完整的证据链，有利于增强证据的可信度。在区块链中，有对称及非对称加密、零知识证明（Zero-Knowledge Proof）等多种隐私保护技术，可以根据数据隐私分级，进行针对性加密，提供安全与效率平衡的最优解。其中零知识证明技术通常应用于用户敏感数据或商业交易数据隐秘验证的场景。例如，在某个应用场景中需要根据个人年龄判断某项检查是否适合，引入零知识证明技术后，可以直接根据上链的信息判断此人的年龄范围，而无须暴露此人的具体生日。如果是涉及个人敏感数据的场景，则可利用对称加密技术将敏感数据加密后上链，非敏感数据直接上链，非对称加密用来对加密密钥进行加密保护，实现分布式存储数据交易的安全性和定向共享性。

综合以上内容可以看出，区块链技术实现了流程优化与无纸化，提高了交易效率，同时也提升了电子证据的可信度和真实性。区块链与电子数据存证的结合能有效地解决难以证明电子数据原始性等问题，降低电子数据存证成本，提高存证效率，为司法存证、知识产权、电子合同管理等业务赋能。

3.3.4　强化供应链协同提高供应链效率

供应链系统是一个复杂系统，各节点企业通过企业协议或联合组织等方式结成一种网络式联合体。该系统的高效运作依赖于产品开发、生产、流通等各过程中节点企业的共同参与，无论是节点企业间的协作流程出现问题，还是节点企业内部出现问题，都会对整个供应链系统产生直接影响。

例如，供应链中原材料交易业务管理涉及企业自身、代工厂、供应商等多方的物料采购、运输、销售和付款等环节。通常情况下，企业为了控制代工厂的成品质量和价格，需要为代工厂指定有资质的原材料供应商，一方面实现产品品质把控，另一方面通过与供应商签订批量采购合同，降低原材料采购价格，最终降低代工厂生产制造成本。

然而，现有企业的业务模式存在多方的采购信息、付款信息和物流信息互相传递的场景，因此容易使交易过程中出现产品库存差异、付款周期延长、订单状态未知等问题。各方业务人员需要投入大量的 IT 开发和维护成本，才能建立并维护传统的集成信息系统。产生此类问题的根本原因在于信息不透明，业务流程烦琐，而点对点的单向数据传输方式，也容易造成信息孤岛，引起交易纠纷。

随着数字经济的迅猛发展，越来越多的企业也开始了数字化转型，这也迫使打造数字化供应链成为企业的首要任务。数字化供应链具有重要意义，它进一步提高了信息传递的真实性、有效性和及时性，同时对参与节点间的连接也提出了更高的要求——具备动态性、敏捷性和随机性。

供应链协同管理的目的就是使用能够让供应链各节点企业减少冲突和内耗的系统化的管理策略，进而使各企业更好地进行分工与合作。当然，要想实现供应链的协同运作，供应链各节点企业就必须树立"共赢"的思想，供应商、制造商、分销商和客户相互间能够动态地共享信息，紧密协作，向着共同的目标进步、发展。

在数字化时代，要想实现供应链的数字化转型，企业就要积极探索物联网、大数据、区块链、人工智能等新技术，寻找新契机，探索新模式。但是，转型并不容易，需要企业构建强大的技术协同体系，打造供应链底层信任基础设施，建立企业间的信息互信传输通道，实现供应链节点企业的同步运作与信息协同，提高端到端的透明度，提高决策的效率和有效性。具体来说，包括信息采集、存储与传输等的标准化，信任平台构建，协议智能处理和保密机制建设。

值得高兴的是，这一切都可以在区块链中得以实现。区块链具备的分布式共享账本、数据可追溯、不可篡改等特点，为企业带来了基于可信数据的全新信任体系，为信息共享与协同合作提供了基础性信任工具，可有效强化供应链协同主体之间的信任关系。

同时，区块链改变了传统供应链协同主体之间信息单向传递的模式，让信息的收集、验证、存储更加可信，信息传递及使用更加扁平，信息共享更加便利，对于数字化供应链下多节点、复杂度高、动态的供应链协同，从信任基础到实现手段都能符合要求，能为供应链协同带来更高的信息透明度和敏捷性。可以说，区块链为供应链协同和联盟化创造了绝佳的条件。

3.3.5 促进物流与供应链金融发展

中小企业融资贵、融资难是一个全球范围内的普遍性问题。亚洲开发银行曾估计，2017 年全球贸易融资缺口为 1.5 万亿美元，占全球货物贸易融资额的 10%，而中小企业的融资额缺口占总融资缺口的 75%。贝恩资本估计，2025 年贸易融资缺口可能达到 2.4 万亿美元。但是，区块链技术出现之后，情况将得到明显改善。贝恩模型预测，采用区块链的分布式账本技术，可以减少 1.2 万亿美元的融资缺口（世界经济论坛，2018 年）。区块链有助于提高融资效率，提高银行对客户的信用评估效率。区块链技术可以加快信用风险评估进度，减少人为单证审核差错，即时确认和同步记录，通过智能合约自动执行工作步骤，即时和安全地交换数据。资产安全上链可以使从前不具备质押条件的资产质押，加强了供应链融资的能力，比如存货的质押，在区块链技术应用之前监管成本高、执行难度大，在应用区块链技术之后，情况发生了明显的变化。

有数据表明，中国中小企业贡献了 50% 以上的税收，60% 以上的 GDP，70% 以上的创新成果，80% 以上的就业岗位，以及 90% 以上的企业数量。然而，银行等金融机构向中小企业发放贷款的额度在企业总贷款额度中的占比不到 4 成，与中小企业在国民经济中的贡献度并不匹配。

中小企业融资难、融资贵有很多原因，其主要原因是信用不能传递。例如，核心企业信用只能传递至一级供应商，二级及以上供应商无法通过核心企业授信实现供应链金融融资；银行获客受限；存在信息孤岛现象；等等。金融机构获取企业信息的成本高，提升了风控难度。区块链应用针对供应链金融痛点的分析如图 3-2 所示。

因此，资金提供方对于无信用评级的中小企业，难以预估对其投放贷款的风险水平，进而降低放贷意愿（融资难），并通过提高放贷利率以解决信息不完整、不对称下的风险溢价问题（融资贵）。

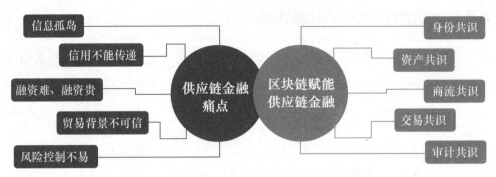

（资料来源：《中国物流与供应链产业区块链应用白皮书》，2019。）

图 3-2 区块链应用针对供应链金融痛点的分析

另外，中小企业的组织结构、生产经营大多不规范，这也导致它们的财务、经营信息不透明，目前银行对中小企业的信贷风控大多只能通过资产抵质押的方式实现。现状是企业规模越小，银行投放的贷款中抵质押贷款的占比就越高，对于微型企业，56.35% 的贷款为抵质押贷款，而大型企业仅有 30.59% 的贷款为抵质押贷款。许多中小企业虽然有良好、稳定的生产经营模式以及与大型企业长期的合作关系，却缺少银行认可的抵质押资产，造成银行对其放款意愿较低。这也导致供应链金融一直以来难以做大，远远无法满足市场的需求。

据统计，2018 年全国应收账款融资的需求达到了 13 万亿元，而真正能够被满足的融资只有 1 万亿元，金融真正服务到实体的比例不到 10%。中国供应链金融达万亿级市场规模（如图 3-3）。另外，政策层面也下达了要求——银行业对民营企业的新增贷款要不低于 50%。这对风控手段有限的银行来讲，是一个非常大的挑战，企业缺钱融不到，银行有钱不敢放，两者之间缺乏有效的衔接途径。

问题主要体现在两个方面。一方面是企业本身，除了头部供应商之外，大部分供应商，特别是离核心企业较远的供应商综合资质普遍不高，应对市场波动的风险能力不足；另一方面是数据本身，和贸易背景相关的资料如贸易合同、发票等的验证过程相当麻烦，银行很多时候不得不花费大量人力在走访企业上，风控成本极高，所以银行不愿服务中小企业，这也是中小企业融资难、融资慢、融资贵的原因。

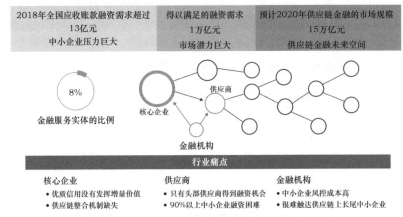

◀ 万亿元级别的市场规模

2018年全国应收账款融资需求超过13亿元 中小企业压力巨大	得以满足的融资需求1万亿元 市场潜力巨大	预计2020年供应链金融的市场规模15万亿元 供应链金融未来空间

8%

金融服务实体的比例

核心企业

供应商

金融机构

行业痛点		
核心企业 • 优质信用没有发挥增量价值 • 供应链整合机制缺失	**供应商** • 只有头部供应商得到融资机会 • 90%以上中小企业融资困难	**金融机构** • 中小企业风控成本高 • 很难触达供应链上长尾中小企业

（资料来源：《中国物流与供应链产业区块链应用白皮书》，2019。）

图 3-3 中国供应链金融万亿级市场规模

此外，传统的供应链金融存在许多缺陷。例如：数据信息难采集，商流、信息流、资金流、物流难统一，使得贸易背景真实性难验证，风险管控存在一定缺陷；大量线下化操作步骤既烦琐，又耗时耗力，另外成本还很高；银行只是充当资金提供方，服务类型单一；只能服务于一级供应商，信用难以传递；等等。

为了化解中小企业融资难题，供应链金融利用核心企业信用替代中小企业的信用、将抵质押资产作为担保措施。供应链金融通过将链条中的核心企业信用传递给上下游企业，使供应链的上下游企业（大部分为中小企业）获得低成本银行融资，同时银行也能在这个过程中拓展客户群体和范围，进而增加更多的收益。

与此同时，金融科技的发展也越来越快，并且银行的供应链金融战略也得以优化提升，在此基础上，衍生出了更智能化、数字化的创新业务：数字供应链金融综合平台。

在业务模式上，新型的数字供应链金融综合平台与传统供应链平台有着明显的不同，其主要优势表现在四点。

一是数字供应链金融综合平台会对接包括核心企业、上下游企业、金融机构、第三方机构和政务服务机构等在内的多个参与方，既能充分实现数据的互联互通，又可以将审批、合同签署、盖章、确权、应收账款转让等工作全部线上化。这一操作不仅可以提高安全性和效率，还能有效地降低人工审核成本和物流费用，进而综合提升业务竞争力。

二是数字供应链金融综合平台将银行从资金提供方的角色中解放了出来。进一步说，过去银行扮演着资金提供方的角色，但是在数字供应链金融综合平台中，平台会利用自己的融资能力吸引合格投资机构和个人来投资，并通过应付账款资产支持票据和应收账款信托理财产品等资产证券化形式，将底层资产打包，这让企业方和投资方双向都可赚取手续费、销售费等中间业务收入，进而提高收益率。

三是数字供应链金融综合平台使融资方式、时间和对象更加灵活，更贴合企业的真实资金需求。这主要表现为在综合平台中，一方面核心企业可以将应付账款以信用形式支付给上游供应商，而上游供应商又可以选择持有到期、向更上游企业支付或将应收账款抵押给银行的方式获得融资；另一方面获得银行融资后的企业也可以通过综合平台有效管理闲置资金，进而提高资金使用率和回报率，降低融资成本。

四是一级供应商在以核心企业应付账款偿还二级供应商债务后，二级供应商同样可以按照一级供应商的模式向三级供应商偿还债务，或质押应付债款融资，或持有到期。在这一过程中，通过使用核心企业的信用可解决上下游企业信用不足的问题，而更上游的供应商也能通过核心企业的信用解决融资难、融资贵等问题。

相比较而言，传统的供应链金融业务最大的漏洞和风险就是不完整信息下的信用风险和不对称信息下的道德风险，使得银行不愿对上下游中小企业放贷。同时，供应链上下游的中小企业利用传统的信息收集和处理的方式很难在合理成本下获得真实、有效、及时、低成本的信息。

但是，在大数据、"区块链＋物联网"和人工智能等技术的运用下，传统供应链金融业务中突显的问题得到了有效的改善。具体表现在以下几点。

一是利用大数据风控系统降低不完整信息下的信用风险。

在传统的银行信贷业务中，因为中小企业规模小，且缺乏完备的报表信息，银行对中小企业实际的运营情况和产业链情况掌握不全，通常只能单一地以中小企业的房产抵押作为信用手段。一旦发生风险，银行就需要面临处置抵押品等众多手续和流程，效率比较低。

但是，大数据风控系统能有效降低不完整信息下的信用风险，银行可以在贷前审批时利用模板化信息收集方式，将供应链金融风控模式数据化、动态化，全方位地分析和挖掘企业信息，进而客观了解企业实际的经营状况。这一方式不仅可以实现实时的风险预警，还能有效地提高资信评估和审批速度，降低不完整信息下的信用风险。

二是"区块链＋物联网"能降低不对称信息下的道德风险。

区块链的加密技术具有不可篡改、可追溯等特点，可以提高供应链金融整体的效率和质量，降低信任成本，进而改善多级供应商融资困境。

进一步说，通过区块链的分布式账本，可以将供应链上下游之间的交易信息纳入统一的信息平台。这能让参与各方及时准确地了解信息，并且可以将交易信息上链登记，保证各种数据不可篡改、不可复制。

再者，区块链的智能合约系统可以在交易之前设定好交易程序，在交易完成并通过区块链共识认证后自动完成交易流程。这能有效地提高供应链管理的效率和安全性，降低不对称信息下的道德风险。此外，当发生纠纷时，因所有信息公开透明且可追溯，举证容易且可行度高，有利于快速解决纠纷。

尤其随着5G的快速发展，"区块链＋物联网"的供应链金融模式进一步提升了交易系统的准确性、安全性和运营效率。

三是基于大数据的人工智能技术能降低运营和交易成本，提升效率。

在传统业务中，银行不愿意向中小企业放贷的原因除了征信困难外，还有中小企业户均贷款额低，且底层数据复杂，银行需要承担较高的成本的原因，进而降低了放贷意愿。但是，大数据通过深度分析与实时监测企业数据、市场数据、银行数据与供业链数据，不仅可以让银行快速地获取企业资金需求，还能精准认知企业经营能力与风险状态，进而能够提供更精准的供应链金融服务，有效解决了银行对供应链信息掌握不完整、不对称的难题。

另外，自动化的流程也有效地降低了银行在贷前审查、贷中审批和贷后监管上付出的时间成本、人力成本和资金成本，进而极大地提高了银行向中小企业放贷的意愿。

从中小企业的角度来说，大数据也为其带来了很多的好处。一方面，大数据可以及时捕捉到以前无法获得的市场数据，使得中小企业可以更好地了解市场情况，进而规划企业业务；另一方面，大数据也能让过去很多依靠传统业务手段无法完成或者成本过高的工作成为可能，不仅提高了中小企业的运营效率，还提升了银行向中小企业放贷的意愿。

总之，供应链金融可以通过区块链的可溯源、透明公开、数据安全可信等特性，减少人工成本、提高安全度及实现端到端透明化。同时，还能通过区块链重构供应链金融模式，把商流、信息流、物流、资金流整合上链，在保障数据安全性的同时，提高供应链中业务数据的透明度，降低风险。除此之外，供应链金融也为融资困难的中小企业提供了机会，使它们既降低了资金成本，又提高了运营效率。

第 **4** 章

区块链在供应链管理
流程中的应用

区块链在供应链中的应用，基于供应链基本流程架构。供应链包括计划、采购、制造、支付和回收五个基本流程。本章根据供应链流程，介绍了区块链在这五个流程中的总体应用和关键环节应用，旨在提供一个通用指南，为不同行业的区块链全流程应用提供解决方案。

区块链在供应链领域的应用，基于供应链基本流程架构与商业模式。经过从配送到物流、从物流到供应链的发展，以及新冠肺炎疫情和全球产业链供应链重构的影响，供应链基本流程仍然没有改变。主流的供应链基本流程仍可以划分为计划、采购、制造、交付和回收五个环节。其中计划流程包括供应链计划、供给和需求协同、库存计划与管理等环节；采购流程包括供应商认证与评估、采购合约与执行、产品／原材料溯源、采购单证、货款结算等环节；制造流程包括分布式、制造与区块链应用、产品研发与生命周期管理等环节；交付流程包括订单接收与处理、物权交接与支付结算、在途跟踪与监测等环节；回收流程包括退货授权、退货接收、退货在途跟踪、售后服务跟踪、维修记录、客户服务记录等环节。

本章从供应链基本流程架构出发，介绍区块链技术在不同供应链流程中的应用场景。

4.1 供应链基本流程与区块链应用架构

虽然供应链基本流程包括计划、采购、制造、交付、回收，但是不同模型下的供应链基本流程也各有其侧重点和特点。本节重点介绍不同模型下的供应链基本流程，包括 CSCMP 模型、SCOR 模型和 GSCF 模型，以及展示基于区块链的供应链架构是什么样的、它对供应链管理的价值是什么。

4.1.1 CSCMP 模型

第一章介绍了 CSCMP 对供应链管理的定义。在该定义中，CSCMP 进一步界定了供应链管理的概念边界和关系，认为供应链管理是联系企业内部和企业之间主要功能和基本商业过程，将其转化为有机的、高效的商业模式的管理集成。它包括上述过程中的所有物流活动，也包括生产运作活动，驱动企业内部和企业之间的营销、销售、产品设计、财务和信息技术等过程和活动的协调一致。

从 CSCMP 对供应链管理的定义可以发现，供应链管理是企业内部和企业之间物流活动和商业活动的集成，其中包括了企业内部计划、采购、制造、交付、回收等主要环节，每个内部环节又不同程度地与企业外部产生联系。

CSCMP 作为物流和供应链领域内权威的专业协会之一，制定了《供应链管理流程标准》，我们称之为 CSCMP 模型。CSCMP 模型在计划、采购、制造、交付和回收五个主要供应链流程的基础上增加了一个执行流程，总共为 6 个部分。每个主要流程都包括了很多次级流程，其流程标准结构如图 4-1 所示。

（资料来源：王国文等译，王国文校，《供应链管理流程标准》，清华大学出版社，2007 年。本图略有调整。）

图 4-1　CSCMP 模型的主要流程

从某种程度上说，CSCMP 模型的目的是为尽可能多的行业提供一个通用的参考指南，以帮助企业评估目前的流程，迅速在各环节中达到最佳实践效果并结合企业成本情况找到适合自身的最佳运作模式。

CSCMP 认识到，不是所有行业都相同，一个行业中的最佳实践可能是另外一个行业中的一般案例。基于此，CSCMP 认为应批判地使用 CSCMP 模型，结合企业自身的战略，判断哪个流程应采用业内的最佳实践。

此外，CSCMP 模型的应用，还需要考虑全球化的问题。当应用者引入了包括国际物流的过程和实践时，在不同的地理范畴，可能需要增加一些本标准没有包括的流程。

4.1.2　SCOR 模型

SCOR 模型是第一个标准的供应链流程参考模型，是供应链的诊断工具，适用于所有行业。

SCOR 模型的建立，目的在于描述与满足客户需求相关的所有阶段的业务活动，包括计划、采购、制造、交付、回收五个流程，采用通用的定义方法来描述简单或者复杂的供应链，如图 4-2 所示。SCOR 模型尝试用一个框架体系，将不同类型的行业联系在一起，它可以用于描述任何一种供应链的广度和深度。因此，借助 SCOR 模型，企业内部和外部可以用同样的语言交流供应链问题，对供应链的性能进行客观评测，同时确定改进目标，并影响今后供应链管理软件的开发。

SCOR 模型覆盖了与客户之间的商业活动（从订单输入到发票的支付），所有的物料交接（从供应商的供应商到客户的客户，包括设备、供应、零部件、大宗产品、软件等），所有的市场活动（从了解总需求到每个订单的完成），但是没有涉及销售和市场营销（需求创造）、产品开发、研发和售后服务的某些环节。

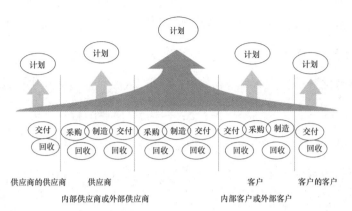

（资料来源：SCC。）

图 4-2　SCOR 模型

SCOR 模型经历了一个不断发展的过程。当引入回收流程以后，SCOR 模型延伸到了交付后的客户支持流程（虽然没有包括这个领域的所有活动）。SCOR 模型的供应链结构如图 4-3 所示。

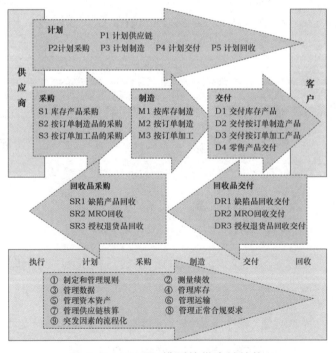

图 4-3　SCOR 模型的供应链结构

SCOR 模型可以分为三个层次，具体内容如下。

第一层是流程层，即供应链绩效衡量指标，定义了 SCOR 模型的范围和内容，反映了供应链性能特征。

第二层是配置层，由 26 个核心流程类型组成，企业可以从中选择相应的流程单元构建自己的供应链，然后根据自己特有的供应链配置实施运营策略。在构建供应链时，企业的每一款产品或产品型号都可以有自己的供应链。

第三层是流程元素层，定义了企业的核心竞争力，企业可根据该层的流程元素对运营战略进行微调。

SCOR 模型的设计和发展，目的是支持跨行业的、各种复杂的供应链。因此，SCOR 模型给出了三个层次的流程，没有设计特定企业的定制式商业活动或信息流，在此基础上，鼓励企业根据自身的实践，建立第四层的流程体系。

4.1.3　GSCF 模型

道格拉斯·M. 兰伯特（Douglas M. Lambert）是美国俄亥俄州立大学运输与物流专业的首席教授，战略物流学的奠基人。作为供应链管理的思想领袖之一，他率先提出了"供应链管理不是物流的代名词"的科学论断，一直将供应链管理作为一门全新的学科展示给世人。1992 年，兰伯特教授在 3M 公司的一位高管的鼓励下，成立了一家供应链研究中心。该中心在 1996 年更名为"全球供应链论坛"（Global Supply Chain Forum，GSCF），并提出了 GSCF 模型。

GSCF 模型认为，供应链管理框架包含三个密切相关的基本组成部分：供应链网络结构、供应链管理流程及供应链管理构成单位。其中，供应链网络结构解决的是"哪些是关键的供应链成员，与哪些进行流程链接"等问题；供应链管理流程解决的是"哪些流程应该被链接到每一个关键的供应链成员"等问题；供应链管理构成单位解决的是"每个流程链接应该被整合及管理到什么程度"等问题。供应链管理框架的组成要素及主要决策如图 4-4 所示。

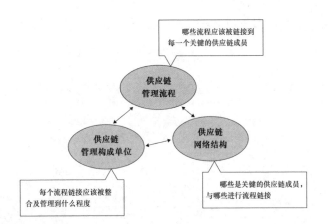

（资料来源：SCC。）

图 4-4 供应链管理框架的组成要素及主要决策

如图 4-5 所示，GSCF 模型将供应链成员分成核心公司、核心公司供应链的成员公司和核心公司供应链的非成员公司三个层次，将供应链流程划分为被管理的流程链接、被监督的流程链接、未被管理的流程链接和非成员流程链接。成员在供应链中的地位、成员之间的链接关系和流程属性。GSCF 模型凸显了在整个供应链中整合各个供应链成员的企业功能，而不是管理单一企业的供应链。

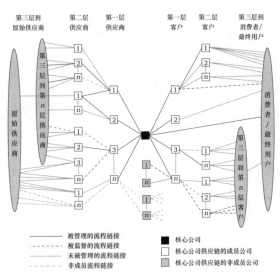

（资料来源：GSCF，转引自王国文，《供应链绩效管理实战》，人民邮电出版社，2021 年 10 月。）

图 4-5 GSCF 模型

在对供应链成员和链接进行分类的基础上，GSCF 模型将供应链管理流程分为八个组成部分：客户关系管理、客户服务管理、需求管理、订单履约、制造过程管理、供应商关系管理、产品开发及商业化、退货管理，如图 4-6 所示。

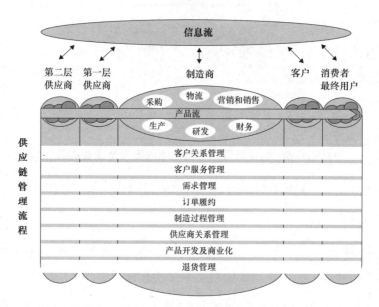

（资料来源：GSCF，转引自王国文，《供应链绩效管理实战》，人民邮电出版社，2021 年 10 月。）

图 4-6　GSCF 的供应链管理流程

这八个流程的内容如下。

客户关系管理流程：提供一个与客户建立并保持关系的结构。

客户服务管理流程：提供与客户之间进行接触的重要界面，来监管产品及服务协议。

需求管理流程：提供一个用来平衡客户需求与供应链能力（包括降低需求的流动性及增强供应链的灵活性）的结构。

订单履约流程：包括定义客户需求、设计物流网络以及履行客户订单等所有必要的活动。

制造过程管理流程：包括用来获得、实施并管理制造灵活性，使产品走出供应链中制造商大门的所有必要的活动。

供应商关系管理流程：提供一个与供应商建立并保持关系的流程。

产品开发及商业化流程：提供一个与客户及供应商一道进行产品开发并将产品推向市场的结构。

退货管理流程：包括与退货、逆向物流、退货查验及退货规避相关的一系列活动。

此外，GSCF 模型特别强调了供应链伙伴关系，对合作伙伴模式进行了分析和描述。具体来说，合作伙伴模式由四个部分组成：检查伙伴关系的动因、检查伙伴关系的促因、伙伴关系组元的核准，以及结果测评，如图 4-7 所示。

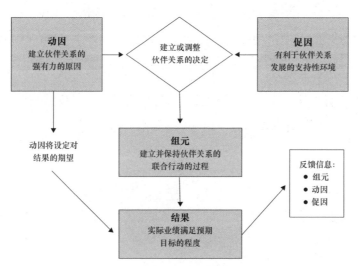

（资料来源：GSCF，转引自王国文，《供应链绩效管理实战》，人民邮电出版社，2021 年 10 月。）

图 4-7　合作伙伴模式

动因是建立伙伴关系的强有力的原因，在开始接触潜在的合作伙伴时就要进行检查。促因是两家公司中有助于伙伴关系建立的一些特点。在描述伙伴关系类型时，需要考虑动因和促因两者的结合。

从管理角度来看，组元是可以加以控制的元素。根据所表现出来的伙伴关系的紧密程度，这些元素可以在不同的程度上实施，其实际实施方式将决定现有的伙伴关系的类型。模式输出的结果是公司所期望的业绩动因已经实现的程度。合作伙伴模式已经在实施中得到了成功的验证，表明它是实施供应链伙伴关系时可以使用的、极具价值的一个工具。

4.1.4 基于区块链的供应链架构

上述三种不同的供应链架构，基本上均包含了从计划到采购、制造、交付、回收（退货）的基本流程。

《供应链管理流程标准》给出了所有行业供应链运作的通用指南。区块链技术的应用，可以从主要供应链流程扩展到完整的供应链范畴，其中主要结合了加密传输的公开账本、智能合约、智能产权（包括非同质化"代币"）等概念。

基于区块链的供应链架构所描述的区块链技术在供应链中的实施路径包含了四个基本逻辑层次，包括主体的输入层、主体之间的交易层、执行交易的智能合约层和记录所有主体和交易的账本层，实现了数据输入、数据处理、数据验证、数据加密安全记录。基于区块链的供应链架构如图4-8所示。

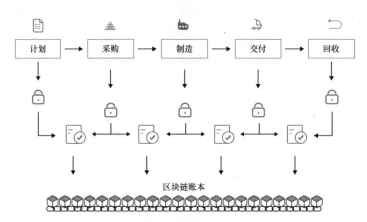

图4-8　基于区块链的供应链架构

基于区块链的供应链架构，有效解决了供应链管理的痛点。

第一，实现了多主体信息共享和可信链接。供应链上包含了多重主体的复杂交易，如何获得供应链运作中所有主体的实时活动信息是一个巨大的挑战，而更多挑战来自所有利益相关者之间的信任机制。区块链的可信加密信息传输、信息的不可篡改性质、多方验证的共识机制，可以实现多主体实时信息共享，而可信数据、多方验证、共识算法则保证了主体之间的可信链接。

第二，实现了供应链全生命周期的透明度。 传统供应链在没有形成数字化平台之前，所有供应链组织之间无法看到支付的效率、运作的透明度、流程的管控。在建立基于区块链的供应链数字化平台之后，供应商、制造商、分销商、零售商和客户都可以实时获得供应链事件信息，安全地跟踪和存储所有信息。实现供应链全生命周期层面的透明度是非常必要的，否则将会有更多物流的挑战、交付时间跟踪的问题、客户信任的问题。

第三，提高了交易合约处理的效率。 供应链多主体复杂交易系统包含了各种各样的合约，包括金融合约、所有权证明、投资合约。传统的纸质形态、手工录入的系统需要大量的人力、物力。采用智能合约之后，节约了大量单证重复录入的时间和精力，供应链事件触发了智能合约的自动执行，有效降低了供应链交易成本，提高了交易效率。

第四，强化了供应链交易的法律保障。 基于数字身份认证的数字资产具有身份唯一性，供应链上所有单证在多方共识机制下也具备不可复制性，合同的执行将自动触发，所有区块链技术的实施，强化了法律保障。基于区块链的司法存证体系逐步完善，为供应链各主体的合法交易和安全可追溯提供了有效的工具。

区块链通过分布式集体共识来彻底改变数字世界，涉及过去和现在的数字资产的每笔在线交易都可以在未来的任何时间进行验证。每当供应链中的任何一方处理交易时，所有成员都会实时跟踪操作并对其进行验证。一旦通过验证，记录就会被添加到区块链服务器的公共账本中，该账本不会被轻易篡改，不易受到黑客攻击。参与供应链组织的所有利益相关者和投资者可以跟踪完整的流程，包括财务、法律、运营等方面。

在从物流到供应链管理发展的过程中，尽管受到贸易摩擦、环保规则限制，甚至是新冠肺炎疫情的影响，但是物流与供应链运作的基本哲学并没有发生改变，即以最小的成本提供最优质的服务。企业学习、导入供应链流程和框架，就是希望以流程驱动绩效，形成独特的竞争优势。区块链技术有助于连接供应链网络中的所有组织，并提高整个流程的效率和可追溯性。

4.2 区块链在计划流程中的应用

计划流程是供应链管理的五个基本流程之首，属于策略性的流程，用来管理所有的资源，以满足客户对产品的需求。好的计划是通过一系列的方法监控供应链流程，以较低的成本为客户提供高质量、高价值的服务或产品。相反，如果计划流程做得不理想，将会对后续的流程产生严重的影响。

计划流程包括：产品数据管理——产品引入 / 退出及投放；产品引入后的支持和扩张；测试和评估；生命周期截止的库存管理，物料总清单的定义与控制；预测和需求 / 供给管理，制成品预测——最终产品的库存计划，对所有产品和渠道的生产主计划排程。

本节重点介绍区块链在供应链计划、供给 / 需求协同、库存计划与管理中的应用。

4.2.1 供应链计划

供应链计划的关键是需求预测管理。需求预测管理为每一环节分配明确的责任，具有正规和结构健全的流程，从不同的来源收集市场情报，以实现长期的操作预测：需要有步骤地搜集市场情报，考虑产品、服务、价格计划，适当地运用协作计划、预测和补货（Collaborative Planning Forecasting and Replenishment，CPFR）技术；需要贯穿整个企业的、一致的预测方法，要实现供应链成员（包括客户和供应商）的实时数据交换。所有数据来源均经过精确性评估。

在介绍供应链计划之前，我们先介绍销售与运营计划、市场预测以及回收计划，以帮助读者进一步了解供应链计划的优势和价值是什么。

销售与运营计划。将分离的市场、销售运作和财务功能形成一个整体，通过销售与运营计划（Sales & Operation Plan，S&OP）将商业策略和设施能力对接，包括销售预测变化评估，进出和即时库存及商品数据。供应链计划包括财务绩效计划，市场要求（如市场占有率）要经过财务可行性分析，利用预测详细计算直接和间接成本。

市场预测，包括结合潜在客户的需要，进行结构化的市场调查。当建立预测时，要考虑下游伙伴的市场情报，利用市场趋势、周期性市场分析、全球市场的供应链能力数据。再订购执行的预测要求是基于最短提前期、客户订单和预测计划期，预测的客户订单由实际客户订单"消费"，差额的部分进入补货程序，并使补货周期最短。

回收计划，要求根据先前产品的知识和客户的动向制订回收计划，采用需求计划系统预测回收和可再使用元件的产出，考虑产品生命周期（Product Life Cycle，PLC）和支持（维修）要求，预留充分的能力满足计划回收的速度，制订与回收外包服务供应商的协作计划。

与此相对，供应链计划覆盖了整个企业完整的流程与特定的时间周期，要精确到每周、每月、每年，涉及所有的流程和部门、所有的品类和最小存货单位（Stock Keeping Unit，SKU），这就要求企业内部和企业外部的所有信息是最新的、准确的，包括各类交易信息、资产信息、运输能力信息、库存能力信息，以及采购计划、制造计划、交付计划、回收计划里面的所有信息。例如原材料、在制品、制成品在所有流程中的信息，也包括供应链的供给能力、库存水平的信息。

鉴于供应链流程对实时数据要求和数据准确性要求的考虑，区块链技术的应用将起到如下潜在的作用：一是通过区块链技术提高实时数据交易的效率；二是通过区块链数据的可靠性提高需求预测的准确性，需求预测的准确性对整体供应链成本和效率起着非常关键的作用。

区块链在供应链计划流程中的应用，将提供一个不需要中心控制的点对点

（peer-to-peer）传输的供应链计划与预测的平台，有效简化企业与企业之间供应链整合的运作。区块链建立的公开账本，将给供应链计划和所有供应链伙伴提供一个可信的单一数据源，这个资源可以贯通所有供应链伙伴，打通二级、三级供应商，一直到客户的客户。供应链计划的结果，可以通过公开账本及时提供给网络内的所有供应链伙伴。只有相互认可的网络成员才能接收交易信息，确认所有需求和供给的资源。

基于区块链的供应链计划体系，可以有效应对供应链计划流程中的各项挑战，实现供应链伙伴之间的信息自动报告和分享，同时可以贯穿所有供应链计划相关的流程，包括库存、补货等。

供应链在计划流程中的应用，对供应链计划的绩效指标将产生四点直接的影响。第一，提高了需求预测的准确性。第二，区块链系统通过有效识别供应链计划需求，对供应链计划重点优先排序，对供应链计划各项需求要求进行整合，进而显著缩短供应链计划的周期。第三，确认、获得和统筹制造、交付需求资源，缩短制造和交付的周期。第四，有效提高库存准确性，缩短库存周期，提高补货准确性，缩短补货周期。

4.2.2 供给／需求协同

供给／需求协同是供应链计划的核心流程，也是保证供应链整体效率的关键流程。供给／需求协同主要基于约束理论。约束理论（Theory of Constraints，TOC）是以色列物理学家伊利亚胡·戈德拉特（Eliyahu M. Goldratt）在他的最优生产技术理论（Optimized Production Technology，OPT）的基础上发展起来的。约束理论在供应链中的应用，就是让所有供应链参与者协同动作，整条供应链统一节奏。

约束理论的模型是 DBR 系统，即鼓（Drum）、缓冲器（Buffer）和绳子（Rope）系统。瓶颈约束控制着系统的鼓的节拍，即控制着供应链的运营节拍和运营效率。为此，需要按有限能力法进行协同动作安排。绳子对供应链所有流程和参与者进行一致性的传导，让所有参与者协同。缓冲器设在非瓶颈环节，以防止随机波动。因此，供应链协同管理的基本思路是寻求参与者的协同动作，以保证需求与供应链能力的最佳配合，一旦一个被控制的供应链流程（即瓶颈）建立了一个动态的平衡，其余的供应链应相继地与这一被控制的流程同步。

再回到流程标准中。流程标准中涉及控制技术、制造流程的需求管理、分销流程的需求管理以及需求沟通四个部分。

控制技术，主要是指在备货型生产（Make to Stock，MTS）、订货型生产（Make to Orcler，MTO）等生产方式中，建立反映需求模式和可供能力的变化的机制，贯穿供应链，采用协同的"拉动"式控制技术，通过供应链成员之间实时交换供应链信息和数据，使交付、提前期和库存得到合理化和优化，使成本最低且生产提前期最短。

需求管理（制造），是采用主动的需求管理手段，平衡高水准的客户服务和高效率生产，并使库存成本最小化，采用技术手段，影响需求、限制需求快速变化，采用柔性制造迅速调整，满足需求方的极端要求，按照实际需求驱动生产，延迟装配。制造流程的需求管理可以让供应商在线看到客户对组件的需求、自己的组件库存水平和现有工厂积压组件的情况。

需求管理（分销），是采用主动的需求管理手段，平衡客户服务水平和存储效率，使库存成本最小化。分销配送流程的需求管理，可以利用第三方物流或者其他外包仓库应付周期性高峰期储存需求，让供应商可以在线看到客户对产品的需求和产品的库存情况，根据实际需求驱动最后的装配（延迟组装）。

需求沟通，是根据实际需求对冲和调整需求预测，并以此驱动所有操作流程，通过所有供应链间的各单元的沟通机制，使需求实时可视。需求沟通要求根据实际需求的变动，每星期或每天更新生产/分配计划表和人员，采用事件管理和警示通知，发出供应/需求不平衡的信号；将由促销和价格变化影响的需求变化与制造过程沟通，留出充分的生产周期应对变化。需求沟通流程的重要价值就是采用适当的方法，让销售点数据和连接供应链的上游实现充分沟通，避免出现重复的信息。

区块链在供给／需求协同中的应用也具有重要的价值和广泛的场景。基于区块链的共享平台，可以让上下游供应链伙伴实时共享零部件库存、生产进度、成品库存、销售进度等准确信息。这种实时共享的可信数据，对协同供给／需求计划至关重要，可以有效提高供给／需求协同的效率。

基于区块链的供给／需求协同平台，可以整合数据资源，形成一个可信的、完整的从原材料到销售货架的数据流，利用提前发货分析，提前发出需求数量和补货通知。比如在汽车行业，采用区块链技术，购车的用户可以看到包含所有记录的单一账本，包括车辆出厂记录、车辆首次登记数据、维修保养数据、里程表读数，实现汽车所有权的完整可信记录，利用客户的完整消费周期，预测汽车更新的需求。戴姆勒采用了基于区块链的智能汽车编码来实现这样一个功能。宝马汽车也采用了一个基于区块链的"汽车识别"（VerifyCar）的数字化系统，跟踪和储存汽车的历史信息，让新的买家可以在购买之前获得全部可信信息来引导需求。

区块链提供了一个技术手段，让之前隐藏在供应链组织内部的大量信息变成可信数据，为需求计划和预测提供了新的数据资源，让分散的大数据变成可识别、可预测的数据源。其结果是，区块链能够建立一套更好的预测系统，分析客户和消费者的消费倾向，并用于企业的供给决策。

4.2.3　库存计划与管理

从供应链总成本和效率的角度来说，库存计划与管理作为供应链计划流程的一部分，是因为库存周期对企业的现金循环周期有着重要的影响。其中既包括库存管理方法和技术，也包括提高库存精确度的内容。下面，我们分别从这两个角度分析。

（1）库存管理方法和技术

库存管理的首要流程是库存计划。库存计划要根据总供应链计划和缓冲分析技术设定库存水平，并根据预测对库存水平进行经常性评估，采用库存缓冲管理技术，实现库存在整个供应链上的集成优化。库存水平主要基于客户服务要求确定，如采用 ABC 分类管理法，设定统计安全库存。目标库存水平也可以根据客户和产品的帕累托分析进行调整，可以基于提前期、可供性、供给与需求的变化等因素，调整 SKU、配件、原材料的库存水平。

（2）库存精准度提高

库存精确度要求系统精确记录库存，完全运行循环盘点，为防错工作组提供信息，避免了年度实物盘存。供应链管理流程标准要求对"A"类 SKU（高用量库存单位）进行每周盘点，系统根据每个 SKU 的数量的帕累托分析，决定循环盘点的频率。要分析分拣错误导致的每日盘点问题，通过校正产生库存错误的缺陷过程，维持库存精确度达到六西格玛的水平。

区块链技术在库存计划流程中的应用对提高库存计划效率具有明显的效果。基于区块链的公开账本实现供应链核心企业与供应商和客户之间的实时、安全、可信的信息共享，提高信息透明度和信息传输的效率，使原材料库存、在制品库存和成品库存计划以及在途库存的管理效率提高。从库存绩效指标来看，区块链技术应用可以缩短供应链需求计划周期，缩短库存供给时间，提高供应商选择效率、交易结算效率和供应商交付效率、补货效率。

区块链在库存计划流程中的应用，尤其对 VMI（Vender Managed Inventory，供应商管理库存）具有显著提升绩效的强化效果。VMI 是生产企业和供应商之间常用的协同库存管理方法，由供应商决定库存补货的时间和批量。成功实施 VMI 需要很多前置条件。VMI 战略要求建立信息分享的可信机制和系统，系统之间需要整合，建立长期的合作关系。

当供应链网络不断扩张之后，地理空间不断扩大，信息断点不断增多，管理 VMI 变得日益复杂。这样的结果是，实施 VMI 变得越来越困难。基于区块链的分布式、可信信息分享的机制，实现了信息的实时共享，利用智能合约实现交易的自动执行，可以有效管理多层级供应商和分销商、零售商。现有研究的结果（F. 卡西诺等人，2019），利用私有链建立的生产企业和分销商之间的 VMI 系统，对各方效益均产生了良好的效果。

4.2.4 基于区块链的强化 VMI 模型

在所有成功实施 VMI 战略的例子中，均存在一定的局限。这种局限可以被表述为不同的供应链利益相关者之间的机会主义行为。在供应商 – 零售商的 VMI 模型中，隐含的逻辑是零售商比供应商获得更多利益，尤其是在成本控制方面。形成这种结论的原因基于这样一个事实，即供应商承担了库存责任——决定供应链下游的下一个成员应该维持多少库存。决策的权利决定了供应商要承担断货的风险，或者放置冗余的库存。这个概念解释了为什么供应商一般不愿意采用 VMI 方式。不管怎样，VMI 鼓励信息分享，允许上游供应商获取零售商的需求信息，做出补货决策。这样的决策是基于在零售商处的库存量不能低于一定限度，以保证维持零售商的服务水平。

在这种情形下，区块链强化了 VMI 运作，加之智能合约和物联网（Internet of Things, IoT）技术提供了安全可辨识的补货单，避免了诸如牛鞭效应、交货延迟、追溯、数量差错以及所有订单成本分摊等典型 VMI 问题。除此之外，供应商与零售商之间沟通的透明化提高了供应链运作过程中的客户满意度、服务质量和效率。另外一个潜在益处就是，存储在区块链上的信息可以用于机器学习和数据分析，从而产生增值收益。基于前述分析，我们提出了一个多层供应商对多层零售商的区块链 VMI 架构，如图 4-9 所示。

从图 4-9 中可以看出，数字交易系统在上方（通过智能合约和链下存储系统实现），物流供应链操作在下方。系统中主要的参与者包括零售商、供应商和配送商。

这个系统中的参与者有着各自的任务，具体内容如下。

零售商： 下订单，让供应商管理其资源。零售商通过区块链和智能合约，建立与其他供应链参与者的联系。

供应商：作为库存管理人，可以提出在区块链上部署替代订单和智能合约。

配送商：按照一定参数提供合格配送服务。这些参数可以包含在智能合约之中，或者由质量规则定义。同时，他们可以通过区块链系统获得产品（订单）

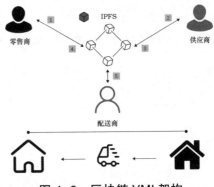

图 4-9　区块链 VMI 架构

更新的信息。为保证运输中产品的质量安全，可采用 IoT 技术实时监测（例如温度监测、连续位置监测）。

可以假定每个参与者都根据自己的角色持有一对专属密钥，接入相关的交易流程。从这个意义上说，智能合约中的每个功能 / 操作都是由需要的参与者按照确定和安全的方式执行。

因此，基于区块链的供应商 - 零售商 VMI 连接，可以表述如下。

第一，零售商的库存通过内部管理系统或者供应商更新。所以，零售商可以依赖链下存储系统，比如星际文件系统（InterPlanetary File System，IPFS），以获取规模效益，同时将库存信息放到本地数据库中。

第二，供应商通过区块链或者直接接入零售商的本地数据存储系统（按照事先定义的许可，基于 VMI 模型）。这两种选项均可以保证零售商向供应商发出订单，就像传统的 VMI 场景一样。

第三，供应链决定（满足）零售商的需求，部署一个含有新订单的智能合约，为零售商补货，满足特定的条件、周期和附加的信息要求。智能合约中约定的其他参与者，例如配送商，可以通过特别的许可参与进来并更新和改变产品状态。

第四，零售商检查智能合约内容，接收合约，确认订单。

第五，产品配送到零售商处。产品状态（位置状态、运输状态、交付时间、温度等）被更新到所有供应链参与者，使之持续跟踪所有事件和相关流程。

当产品到达最终目的地且零售商确认之后，交易同时已经完成。智能合约中的条款可以根据一些指南进行调整，包括要求提供现场审计。比如，在食品供应链中，可以很容易将风险管理系统植入智能合约中，包括识别、评估、控制灾害点等食品安全方面的措施。

基于区块链的强化 VMI 架构的益处如图 4-10 所示。

安全性	降低由于敏感信息泄露而产生的网络脆弱性和安全风险
可审计性	关键参与者可以检查和使用可审计的记录
兼容性	区块链提供可安全兼容的信息管理生态系统（ERP，WMS）
可视性	供应商和零售商容易分享信息，准确判定预测应对长短期需求并跟踪所有操作环节
信任	智能合约按照业务运作顺序控制物权，将货物位置信息与物权有效对应
自动化	智能合约提供了一个高度自动化和可认知架构，覆盖VMI运作的所有流程（实时信息驱动的优化） 订单和发货必须与智能合约中植入的条款完全吻合，避免了任何一方的机会主义行为
业务连续性	不依赖任何中央操作者，保证了排他性、连续性和货物交付的能力
成本节约性	减少所有VMI流程的单证工作量 最大限度避免货物交付流程的差错 提高软件和相关基础设施的效率

（资料来源：Conference Paper. August 2019 DOI: 10.1109/SEEDA-CECNSM.2019.8908481，Enhanced Vendor-managed Inventory through Blockchain，Fran Casino，Member，IEEE，Thomas K. Dasaklis and Constantinos Patsakis，Member，IEEE，Department of Informatics. University of Piraeus. Piraeus，Greece。）

图 4-10　基于区块链的强化 VMI 架构的益处

4.3　区块链在采购流程中的应用

采购环节是供应链上极具复杂性和风险难以预测性的一个重要环节，采购涉及不同产品部件、不同级别的供应商、供应商的供应商所组成的庞大网络。由于难以掌握该网络中的所有信息，一旦某个环节出现问题（如延迟交货、质量问题、生产中断等），对于核心企业本身而言，对其后续的供应链环节极易产生重要的影响。

按照供应链管理流程标准，采购流程主要包括采购战略、供应商管理、采购流程、进货物料管理等主要流程。其中，采购战略涉及成本分析、采购策略、采购合同管理、供应商选择标准与程序、供应商整合、自制－外购决策、集团购买等流程；供应商管理包括供应商战术、供应商参与、供应商评价、供应商绩效管理、供应商合作关系、工作报告、供应商审计等主要流程；采购流程包括重复采购、分散采购授权、采购功效、支付系统等流程；进货物料管理包括信息交换、电子商务、同步计划、批量与提前期、整体交付协同等主要流程。

区块链在采购流程中的应用包括采购流程的供应商认证与评估、采购合约与执行、商品／原材料溯源、采购单证、货款结算等环节。

区块链在采购流程中的应用，可以降低原材料库存水平，提高采购流程的可靠性，减少采购流程的变化，减少采购单证与交易差错，提高采购交易效率，从而缩短总采购前置期和整个采购周期。

4.3.1　供应商认证与评估

供应商认证与评估是采购流程中的重要内容。供应商认证和评估，需要采用公开的绩效目标评估供应商，将供应商评级与服务水平协议挂钩，包括可供性、质量和其他准则等，提升供应商在供应链／价值链中的地位和作用。在这个过程中，可以在采购流程中应用供应链，联合各方改进方案，提高高级别供应商的绩效水平。

高级别供应商的主动介入，包括新产品的合作开发，使得供应商的专长得到认可，获得适当的回报。若要对供应商进行评价，则可以定期举行会议（例如季度业务检讨），采用共同确定的成本和服务标准进行评价，基于总购置成本和总服务水平，建立、跟踪并沟通绩效指标。

通常来说，供应链涉及各个参与方，包括供应商、生产制造商、品牌商、物流承运商、经销商等。这些参与方实体数量庞大，如何管理好链内的参与方实体成为供应链管理的重要难题。

尤其像新供应商引入环节，通常需要采购方审核供应商的资质、经营状况、经营实体等信息，既复杂，又耗费了大量的人力、物力。从供应商评估的角度，供应商评估的内容包括供应商供货质量、服务水平、供赁价格高低、准时性、信用度等。按照供应链管理流程标准，供应商认证与评估流程是一个紧密结合的流程。

若在供应商认证与评估中引入区块链技术，则能事半功倍。出区块链技术构建的联盟网络，在供应商授权的情况下，联盟中的各参与方可在其中共享供应链的资质、信用、升级材料等信息，完成一次审核，便可实现全成员共享。这一举措能够减少各采购方引入供应商的时间，节省人力成本和复核成本，实现降本增效，还能帮助各方更好更快速地服务更多的行业客户。

随着行业联盟的逐步扩展，行业参与实体数量的增加，也可以逐步推进行业信用体系的建设，极大促进整个行业的效率提升。2019 年 8 月，IBM 与 Chainyard 等初始参与成员基于 IBM 区块链平台（IBM Blockchain Platform）的出色产品功能，一同推出"信任你的供应商"（Trust Your Supplier，TYS）区块链网络，旨在解决与供应商信息管理相关的难题，通过信息共享的方式，改善供应商资质认证、验证、准入和生命周期信息管理，减少供应商引入的认证与评估成本。

通过使用去中心化的方法以及基于区块链的不可篡改的审计跟踪功能，TYS 区块链网络为供应商创建了数字护照，支持供应商在该网络上与任何获得许可的买方共享信息。这有助于减少与认证、验证和管理新供应商相关的时间和成本，为供应商和买方创造新的商机。同时，第三方验证机构也可以直接在该网络上提供外部验证或审计功能。

TYS 区块链网络还可以对接现有的采购业务网络，通过转发必要的供应商数据即可交换采购订单和发票，无须供应商在多个不同的网络中人工输入信息，同时还支持供应商自动加入这些网络。

IBM 在全球拥有超过 18 500 家供应商，TYS 项目计划首先完成北美 4 000 家供应商的加入流程。IBM 采购部门预计，TYS 区块链网络可以使 IBM 新供应商加入的周期缩短 70% 到 80%，企业自身的相关行政成本可降低一半。

另外，埃森哲也建立了一个区块链供应商采购平台，成为 "可信供应商市场"（True Supplier Marketplace），旨在建立一个寻找、注册、维护供应商关系的无缝连接平台。这是埃森哲作为一家咨询公司计划提供软件即服务（Software as a Service，SaaS）区块链解决方案的一个转变。

埃森哲表示，不准确的供应链信息和不完整的供应商风险管理每年造成大约 1 500 万美元损失。这种问题出现的原因主要是庞大的供应商数量和广泛的行业覆盖范围，既包括跨国公司也包括自由承包商。管理这些供应链关系非常复杂而且需要消耗大量时间和成本。与此同时，重复的信息输入和人工流程也降低了效率，形成了系统内部的信息谷仓。

一般来说，采购部门都会让供应商发来成吨的纸质文件，然后进行内部审查和存放。采用基于区块链的可信供应商市场，埃森哲致力于为买方提供一个新采购模型。这个系统将买房和卖方带到一个单一的共享平台，让供应商信息和获得的认证一目了然。埃森哲不需要上传任何信息，供应商自己控制管理各自的数据，而平台将这些数据与买方安全共享。这样，供应商也能够在平台上有选择地与几个买方分享信息。

从效益上看，可信供应商市场可以将供应商注册时间从 15 天缩短到 4 天，减少 73%。通过采用自动化方式，系统输入数据的时间相比人工输入减少了 39%。通过系统植入的风险评估工具和流程逻辑，埃森哲使供应商合规率达到了 95%。系统也降低了买家成本，因为供应商数据库已经存在于系统中，从而减少了重复数据输入。

埃森哲将区块链供应商管理系统的效益总结如下，如图 4-11 所示。

一张动态表格

一个简单的问卷，基于动态调整，仅对所需问题提问，一张表适用所有供应商，无论其规模大小

供应商管理的数据

供应商拥有数据的完整所有权并对其数据准确性负责。任何一个更新都会反馈给所有连接的买家

端到端的透明度

所有参与方接入同一个共享平台，建立了对所有流程的单一窗口，以及对所有信息更新的审计跟踪

数据隐私与认可

供应商提供明确的认可，允许买家获取私有数据。使用者只能看到与自己相关的信息

内置风险评估系统

表格内置入风险管理系统，可以实时看到结果，在一个位置就可以看到风险评估状态和结果

下游整合

与ERP系统无缝整合，与下游签约、开票等服务无缝整合

（资料来源：埃森哲官网。）

图 4-11　区块链供应商管理系统的效益

IBM 和埃森哲的案例均表明，区块链技术应用于采购流程，能够获得效益。

4.3.2　采购合约与执行

采购合约是企业（供方）与分供方，经过双方谈判协商一致同意而签订的"供需关系"的法律性文件，合约双方都应遵守和履行，并且是双方联系的共同语言基础。

采购活动通常包含提交采购需求、供应商寻源、签订合同、采购订单下达、供应商交付、付款等环节。这些环节可以按照发生时间的先后顺序，独立成块并以链的方式结合在一起，最终以电子记录的方式被永久地存储起来，存放这些电子记录的文件称为"区块"。可以说，区块是按时间顺序一个一个先后生成的，每一个区块记录下它在被创建期间发生的所有价值 / 信息交换活动，所有区块汇总起来形成一个记录合集。

区块链可以将各参与方的采购活动集成在唯一的数据库中，并对采购活动及外部动态数据进行更新，管理采购风险，提升采购效率。如简化采购流程，加速供应商认证过程，简化付款的单据匹配工作，并且由于数据按顺序生成且不可篡改，因此区块链对合规审计也具有重大意义。由于采购信息是相对敏感和保密的数据，区块链技术可以利用非对称加密算法（私钥和公钥）来对数据进行加密，甚至可以将信息分成若干段分别进行加密，使得每个组织只能看到与自己相关的数据。

智能合约的应用使采购合约执行的效率大幅度提高。对于供应商和采购商来说，在交付产品和服务之后结算款项是复杂耗时的流程。基于区块链的解决方案可以实现企业之间交付和支付的数据整合，从而实现智能合约的自动执行。这种自动执行流程由数据发票启动，经过操作环节的确认和银行系统实现自动支付，从而大幅度简化采购合约执行的操作流程。

4.3.3　商品 / 原材料溯源

供应链负责的范围很广泛，它负责企业业务研发、供应、生产、销售、服务这一链条中的实物传递，其中还包括使原材料转化成产成品，以及产成品交付和后续的售后服务等。在这个过程中，原材料及产成品是否安全可靠地流转，信息是否透明尤为关键，由此也催生了一个非常典型的区块链落地供应链的应用场景——溯源。

商品 / 原材料溯源是指寻找商品 / 原材料的发源地。有关商品 / 原材料的溯源既是企业关注的信息，又是消费者关注的信息。区块链具备的数据不可篡改、数据可完整追溯以及时间戳功能，可有效解决商品 / 原材料的溯源防伪问题。

例如，某个钻石企业用区块链技术记录钻石身份认证及流转过程。在这个过程中，每一颗钻石都有"专属身份证"，可以看到该颗钻石的来源、流转历史记录、归属所在地等。每一颗钻石的相关信息都会被记录在链。其中发生的交易活动存在非法或欺诈行为，也会被监测出来。

此外，区块链技术也可用于药品、艺术品、收藏品、奢侈品等产品的溯源防伪。

4.3.4 采购单证

流程的单证化、文档化是所有供应链流程标准中的一个基本要求。采购单证是采购流程中的重要内容。

按照采购流程标准，采购订单主要包括采购信息邀请书（Request for Information，RFI）、建议邀请书（Request for Proposal，RFP）、报价邀请书（Request for Quotation，RFQ）、投标邀请书（Invitation for Bidding，IFB）、采购订单（Purchasing Order，PO）等主要单证。

RFI 是向供应商请求获得一般性信息资讯的请求文件，通常在采购某一品类之前使用，不构成对供应商或采购方的约束。

RFP 用于采购方要求供应商提供问题的解决方案的建议。基于 RFP，采购人员可以在发现最佳方案之前，广泛地搜集供应商信息并与其进行谈判。RFP 的使用要求对所有供应商一视同仁，机会均等，包括对问题的解释、协商和谈判条件。最重要的是，采购方应该考虑在征集方案的过程中，要对供应商为其提供方案所付出的时间和人力成本进行付费补偿，从而防止 A 供应商提供了较好的解决方案，而 B 供应商以低于 A 供应商的价格投标。

RFQ 是采购流程中为取得报价而发布的请求文件。在私营部门，RFQ 通常被认为与 RFP 相同。但对有些公共组织来说，RFQ 主要用来为计划的目的而采集相关信息。在这种情况下，这个事实需要在请求文件中清晰地表示出来。

在采购规划阶段，RFI、RFP、RFQ 一般的使用顺序是：先用 RFI 征求供应商的意见，以使需求明确化；如果需求很明确，则用 RFP 征求供应商的建议；招标或要求供应商报价前，使用 RFQ 作为招标底价及比价的参考（前提是给所有供应商的报价格式都是一样的，如果不一样，则无法比较，也没有比较的意义）。以上程序能够降低需求不明确及预算不精确的风险。

IFB 一般用于招标流程，用于约束采购方和供应商，给所有供应商报价、提供最佳方案提供了平等的机会。IFB 只有在满足以下条件时才可以使用：已经清晰地定义了规范书和工作说明书（Statement of Work，SOW）；采购金额足够大；法规或企业规程条例强制的要求；其他方法不适合。对于采购方和供应商来说，正式的招标活动都需要较高的投入，因此应尽可能采取其他方法提供必要的信息。

PO 是指企业采购部门在选定供应商之后，向供应商发出的订货单据。一般的操作流程是在和供应商谈好价格之后，采购方传一份 PO，供应商做好销售合同或者发票，等采购方签字回传后，这份订单就可以正式确认了。

按照供应链管理流程标准，采购单证的电子化成为单证区块链化的基础。流程要求在合同协商中采用具有标识和交换能力的电子文档。电子文档的标识和交换基于共同认可的标准。在 RFI/RFP 过程中，核心企业与潜在供应商共享选择标准，并将这些标准作为供应商认证和供应商绩效管理的基础。

建立基于区块链的采购单证体系，可以保证供应商在进入采购体系的那一刻，就将所有过程和文件记录到区块链账本上，实现对所有供应商的报价、招标、评估流程的可信追溯，减少对任何一方维持准确记录的依赖。同时，基于区块链的单证体系，可以支持采购流程的高度自动化整合，包括自动开启 / 关闭公共咨询期，自动亮"红旗"，自动评分。

世界经济论坛给出了建立区块链化的 RFP 的一个技术指南。这个技术指南为政府部门和其他机构提供了一个将 RFP/RFI 流程完整区块链化的技术模板，而且这个模板是可以编辑的。世界经济论坛的附件包括 RFP 标准模板、流程图、解决方案要求、软件功能要求和指南。

区块链化的采购单证体系可以大幅度减少纸质采购文件，降低沟通和通信成本，减少重复信息输入。更重要的是，采用区块链体系之后，发出的采购邀请能立刻发送给网络认可的合格供应商，从而大幅度提高流程效益，缩短采购周期。

4.3.5 货款结算

从采购到货款结算完成了采购流程的闭环。前文所述的供应商认证与评估、采购合约与执行、商品／原材料溯源以及采购单证的区块链化，使货款结算流程成为区块链采购应用的一个"自然"组成部分。

区块链技术的应用实现了货款结算的"自动化"，由于供应商和采购方之间已经实现了全过程实时接入区块链共享数据库，将所有权交接和支付过程打通，货款支付的效率大大提高。区块链技术的应用，有可能从正向的角度打破商业惯例，将标准的 D+30 天支付周期缩短。

从流程绩效来看，基于区块链的体系，可以有效降低采购缺陷率、提高交付准确率、降低产品交接的差错率、缩短支付授权和结算的周期；基于区块链网络中的数据，可以评估供应商信誉，提高供应商识别和寻源的效率。

作为一项颠覆性技术，区块链对重新定义企业财务运作和经济性有着重要的影响。区块链提供了透明、安全和有效的结算机制。区块链技术的强大之处在于给安全要求高的支付结算业务提供了客观、不受干扰、各方均衡控制的能力。区块链技术的高透明度特点对于反洗钱方面也具有重要意义。

采购－支付（Purchase-to-Pay, PTP）是一个连接客户与供应商的多环节流程。其中包括利益相关者的确认、编制预算、提供服务、开票和支付结算。PTP 流程目前的主要挑战是如何实现去中间化、提高效率、防控欺诈、提高透明度。区块链技术可以通过信息交换能力在提高速度、安全性和减少工作量方面发挥益处。

以下是区块链技术为主要 PTP 流程增加价值的要点。

搭建前后端系统：前后端系统用来为供应商授权，界定新的分类，放置采购订单或者签订采购合同。这个系统可以作为新增的区块链系统，或者如果供应商同意采用区块链技术，则可以利用现有采购系统增加此功能。

提高确认和授权效率： 区块链系统支持确认和授权在PTP链条上的快速分配，从而提升防止欺诈能力，提高PTP流程的安全度。

加速采购订单管理： 采购订单和良好收货数据可以在区块链系统中加速交换节奏，提高现有绩效水平。同时，区块链技术有助于确认网络内最近的、成本效益最佳的供应商。这将有助于缩短前置期，减少供应商寻源、采购订单处理、货物／服务接收等方面的工作量。

重塑发票流程： 由于共享数据库，将不再需要发票搜寻工作，区块链系统支持自动发票交换。这也有助于使发票排序的工作量大大减少，因为授权各方可以核验同一个交易，避免了排序的需要。区块链技术支持自动将交易推送到公司的总账本。

加快账目结算： 由于区块链流程的完全透明和实时可接入，不需要发票排序，不需要供应商／最终用户查询，账目结算的流程得到加快。

简化查询管理： 区块链系统的极高透明度将减少查询和流程执行状态的跟进工作，从而简化查询管理和控制流程。

降低洗钱风险： 由于永久保留历史支付信息，可疑交易更加容易被发现。

提高利益相关者信任度： 通过系统基于货物质量、交付可靠度和发票及时支付度给所有参与者分配共享的公共ID系统、简单公平的查询机制和评分机制，区块链系统将提高客户和供应商之间的信任度。累积的历史交易记录也有助于提高信任度和透明度。

强化审计跟踪： 由于各方均在账本上登记，交易记录完整存储，可以实现审计的无篡改跟踪。这种植入采购流程中端到端的系统，可以形成对有形货物跟踪的最佳实践。

更高交易安全性： 交易安全性可以通过基于云的合同库和一个诚信的电子签名系统来实现，系统验证签名身份和授权。

基于区块链的PTP流程如图4-12所示。

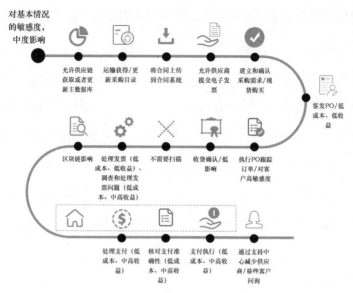

（资料来源：埃森哲，2016 年 9 月。）

图 4-12　基于区块链的 PTP 流程

从图 4-12 中可以看出，区块链技术所发挥出的价值，能够使得流程更安全高效。

4.4　区块链在制造流程中的应用

制造流程是指不间断地通过生产设备，以及一系列的加工装置使原材料发生化学或物理变化，最终得到产品的过程。按照供应链管理流程标准，制造流程主要分为研发、伙伴关系与合作、产品或服务定制化、制造过程、精益制造、制造基础设施、支持流程七个部分。

其中，研发部分包括产品工艺设计、新品开发、制造 / 装配设计、时间和成本控制等流程；伙伴关系与合作部分包括客户伙伴关系、供应商伙伴关系、终端用户伙伴关系、渠道伙伴关系、团队工程等流程；产品或服务定制化包括产品 / 服务品牌、产品 / 服务管理、产品 / 服务配置、制造能力、延迟生产能力、系统支持等流程；制造过程包括生产计划、过程设计、生产平衡、生产协同、绩效考核、现场设计、流程协同、过程控制、生产变更等流程；精益制造包括管理承诺、精益愿景和战略、精益文化、精益组织架构、精益培训、精益原料管理、六西格玛、营销和客户服务、财务服务、人力资源、信息技术等流程；制造基础设施包括培训、一岗多能、团队和团队的有效性、安全、质量、预防性维护、预防性行动、应急措施、沟通等流程；支持流程包括安全、环境等内容。

区块链技术在制造流程中可以得到全过程应用，本节重点说明区块链技术在分布式制造、产品研发与生命周期管理、生产排程与制造工程等流程中的应用。

4.4.1　分布式制造

传统的制造流程主要是在"四面墙"之内的工厂进行的，其计划流程主要由"主机厂"主导制定。但在工业 4.0 时代，随着制造业数字化进程的加快，制造的本质发生了巨大的变化，制造流程将建立在分布式生产网络资源共享的基础上，也就是分布式制造（Distributed Manufacturing，DM）。

数字化进程和工业 4.0 的发展，使制造流程和制造战略重构。这种趋势的出现，一方面是技术驱动的结果；另一方面，国际贸易摩擦、新冠肺炎疫情、全球供应链阻断，也使转变市场的不确定性增大、需求变化幅度加大。制造企业正在加速建立生产网络协作关系，以便在网络内共享制造资源。这种分布式制造的趋势使企业能够更加灵活地应对市场的变化和满足市场对产品的需求。

分布式制造使生产企业共享资源、灵活应变、提高效率的同时，也产生了沟通和协商的问题，这与适应市场变化的快速反应形成了矛盾。比如，生产过程采用的物联网设备产生的大量生产数据存储在哪里、如何存储就成为一个需要永续考虑的问题。采用区块链技术，将有效解决物联网数据的信任机制问题，也可以有效解决制造协同的复杂供应链数据协同问题。

以汽车产业为例，汽车供应链涉及多层供应商、分布在不同地理位置的众多主体和数以万计的零部件。基于 OEM 市场上激烈的竞争环境，汽车产业供应链信息保护措施严密，彼此之间严重缺乏透明度。而从监管角度来说，不论是德国的联邦汽车运输管理局（Federal Motor Transport Authority of Germany）还是美国国家公路交通安全管理局（National Highway Traffic Safety Administration of USA），都要求汽车零部件实现端到端的高透明度。这在汽车零部件召回的情况下尤其重要，需要涉及层层零部件供应商。有缺陷的零部件必须在几百万辆车中立刻被识别，人工识别显然成本高、风险大。

另外一个挑战就是识别假冒零部件，特别是在汽车零部件售后市场。采用基于区块链的"部件链"分布式跟踪系统，为每个零部件建立一个数据标签，可在整条供应链上实现监督和信息共享。这样可以保证零部件从生产到物流到多层供应商的交易直至产品的全生命周期中，实现可靠、可信、完整的可追溯、可监控。

采用基于区块链的"部件链"分布式跟踪系统，可以用移动 App 作为通信界面，为每个物理部件建立一个独一无二的数字代码，实现零部件生产、登记、订单、交付、接收、二次订单、扫描确认等一系列的上链操作，如图 4-13 所示。订单和交付采用智能合约，实现了交易在满足条件下的自动执行和所有权的转移。所有事件和过程都记录在区块链的公开账本上，实现了可靠和可信的全过程记录。

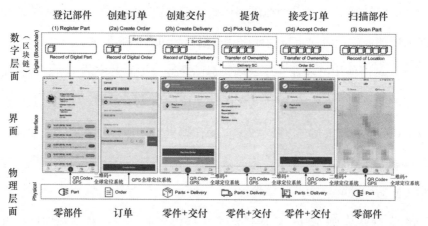

（资料来源：Daniel Miehle，Dominic Henze，A. Seitz，André Luckow，B. Brügge，PartChain：A Decentralized Traceability Application for Multi-Tier Supply Chain Networks in the Automotive Industry，IEEE International Conference on Decentralized Applications and Infrastructures（DAPPCON），2019。）

图 4-13　基于区块链的"部件链"分布式跟踪系统

4.4.2　产品研发与生命周期管理

制造计划部分包括产品工艺、新品开发、制造 / 装配设计、时间和成本控制等流程。区块链技术的应用将有效增加原材料寻源数据，给研发的材料选择提供更多信息，支持闭环设计。

随着产品概念化、产品工艺设计、产品制造越来越复杂，能够获取的资源越来越多，利益相关者越来越多，在产品研发阶段所采用的技术变得越来越复杂。与产品研发相关的信息交换与管理，常常是一项具有挑战性的任务，影响着知识产权保护流程以及不同利益相关者的角色区分。采用区块链技术，将产品研发的流程和信息上链，为提高产品研发效率和促进数据管理提供了有效的解决方案。

区块链技术在多代理系统中的应用可以有效鉴别和保护制造知识产权（Intellectual Property，IP）。安全和有效鉴别产品 IP 是成功制造模式的必要过程。在产品研发过程中，产品 IP 的安全、存储和有效保护对研发阶段和之后的使用阶段至关重要。区块链在产品生命周期中的应用如图 4-14 所示。PLM 系统通常以集中化方式管理数据，这经常会导致在数据文件后期需要解决透明度低和确认困难的问题。这个问题反过来也是一样，对于 OEM 来说，在 PLM 系统中，产品工艺信息和文件如何保证得到保护、不泄露到自身网络之外，也是一个棘手的问题。

将区块链技术应用到产品研发流程中的优势是，系统对信息的安全性有充分的保证，要获取或者破解加密内容难度非常大。这意味着 IP 信息与相关联的信息，比如研发者信息、计算机辅助设计（Computer Aided Design，CAD）文件、原材料规格等，安全保存着。将区块链技术应用于 PLM 系统，也能让信息管理更加轻量化。即便是在产品生命周期结束的时候，网络外部的利益相关者也可以找到 ID 和相关文件，更高效地回收和拆解产品。总而言之，随着制造过程越来越网络化，区块链技术在研发和产品生命周期过程中的应用将会越来越多。

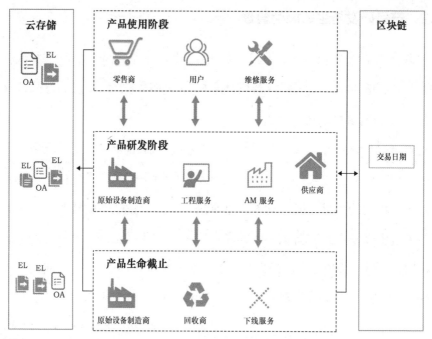

（资料来源：Nikolaos Papakostas，Anthony Newell，Vincent Hargaden，A Novel Paradigm for Managing the Product Development Process Utilising Blockchain Technology Principles，CIRP Annals - Manufacturing Technology 68（2019）137−140，Irland。）

图 4-14　区块链在产品全生命周期中的应用

以下介绍具体的应用案例。假定将两个零部件组合成为乘用车车厢内的一个产品。可以建立一个 Java 代理开发架构（Java Agent Development Framework，JADE），其中包含工艺、机器和生命周期程序。区块链功能是单独部署在 Java 上的。工程软件代表 OEM 和工程服务商，是工程师们用来处理特定零部件的技术信息，比如 CAD 文件，材料规格，要求的密度、强度等机械属性，任务或者订单截止日期。代理软件管理系统负责提供服务，支持目录，提供所有服务黄页，允许代理软件找到其他软件，它也是标准 JADE 的组成部分。机器代理系统作为管理和服务界面，管理服务供应商与计算机辅助制造（Computer Aided Manufacuring, CAM）软件和制造执行系统（Manufacturing Execution System, MES）的互动，以获取机器使用状况，计算产品建造时间、成本，分析哪些机器和原材料可以满足工艺代理软件要求的最低质量水平。产品周期代理软件代表对产品生命周期有要求的其他利益相关者，提供他们所需要的信息，比如产品拆解和回收的信息。

图 4-15 表示了将七项交易信息写入区块链的流程，包括 OEM、工程服务供应商、两个机器代理软件、两个制造代理服务供应商、一个回收公司。每个区块链上包括公开与私密信息，与云上存储的相关单证文件关联。

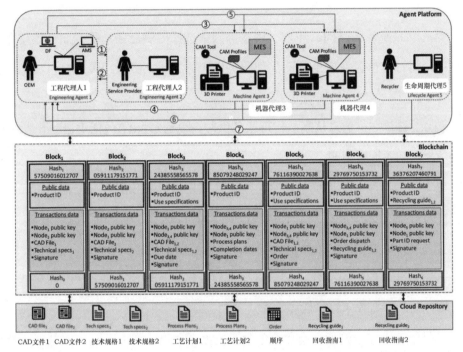

（资料来源：N. Papakostas et al. / CIRP Annals - Manufacturing Technology 68（2019）137–140。）

图 4-15 代理软件平台交易、写入区块链及云存储流程

主要交易流程如下。

第一，OEM 将产品组装的一个部件的技术信息发送到工程服务供应商，要求设计第二个部件。技术信息包括 CAD 文件、材料规格、机械属性、任务完成时间等。

第二，第二个交易包括 CAD 文件以及第二个部件所需的所有相关技术信息，由工程服务提供商发回给 OEM。

第三，在确认收到的文件之后，OEM 将两个部件的信息发送给两个机器代理软件，其中可能包含机器代理软件生成其他流程计划所需的 CAM 工具、通信流程文件。

第四，两个机器代理软件将 CAM 工具和一系列流程计划输出的结果发回给 OEM。本次交易的信息，包括流程时间、交付时间、单件成本、其他可选流程文件（材料和流程参数）。这是一个要求高密度计算能力的流程，机器代理软件可能需要 2.5 分钟生产和评估 12 个可选流程。

第五，系统基于时间、质量、成本等因素选择提供最佳流程的制造代理服务供应商，将订单信息发送给制造代理服务供应商，包括数量、最终交付技术规格和交付期。

第六，订单交付信息从制造代理服务供应商发给 OEM，包括重量、组装数据、材料数据和回收拆解说明。

第七，在产品生命周期结束时，流程要求发回拆解和回收指令信息，保证零部件按照可持续要求得到回收或者处置。

上述基于区块链的产品生命周期管理流程有以下优势。

一是低成本的数据交换机制，使得供应商特别是中小企业与 OEM 和其他伙伴直接互动，提高效率，降低成本。

二是所有网络上的伙伴有更高的信息交换透明度。所有节点实时共享所有信息和数据，相对之前各自单独保存备份效率更高。

三是强化了信息交换安全机制，所有信息交换基于已经达成的共识写入区块链。敏感信息、关键信息在经过加密后交换，而且所有信息存储在计算机网络中，降低了单点攻击的脆弱性。

四是提高了交易的可追溯性，直接提高了网络中所有参与者的可信度。

4.4.3　生产排程与制造排程

生产排程是指将生产任务分配至生产资源的过程。它的价值在于在考虑能力和设备的前提下，在物料数量一定的情况下，安排各生产任务的生产顺序，优化生产顺序，以减少等待时间，既能平衡各机器和工人的生产负荷，又能优化产能，提高生产效率。

　　在分布式制造和制造业高度智能化的情景下，区块链作为一个协议，实现了信息和数据的可信和去中心化的存储和交换。公开的分布式结构为现有的中心化和去中心化的系统提供了一个解决方案。企业可以通过 P2P 实现智能合约的自动执行，这就形成了生产协作网络的资源计划的区块链系统。基于区块链的制造排程如图 4-16 所示。

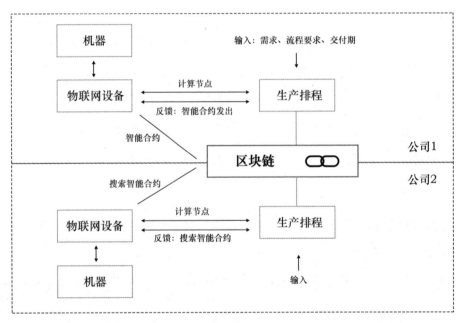

（资料来源：Jacob Lohmer，Applicability of Blockchain Technology in Scheduling Resources within Distributed Manufacturing，2019。）

图 4-16　基于区块链的制造排程

　　图 4-16 说明了由独立网络伙伴参与的协同制造网络计划过程。**其中涉及不同的主体，有机器、物联网设备、生产排程软件、计算节点和公司**。每个主体都有一个对应的独特地址。网络中的每个参与者都有各自的生产设施和操作流程。这个制造排程的最大特点是，机器之间建立了自己的 P2P 系统，实现了机器之间的直接连接。客户需求随着订单在各个公司之间随着时间而积累。生产排程软件

自动搜寻、将生产任务交给有空闲生产能力的机器。物联网服务器与每台机器匹配，形成虚拟一体化，随时感知机器的工作状态和流程中积累的信息。物联网服务器同时负责与生产排程软件之间的信息交换。

在生产网络中的每个企业、每个生产流程都有对应的物联网服务器。生产排程软件实时进行生产排程优化计算，如果某台机器没有被使用，而且没有处于维修保养阶段，则机器会通过物联网服务器将此信息发送给生产排程软件，在网络内形成能力共享，机器在区块链系统中发出智能合约，内容包含可供加工时间、加工能力以及所需成本。

可供时间是上一个排程工作任务与下一个排程工作任务的时间间隔，包括系统启动时间。加工能力可以被定义为机器的初始准备时间，或者处理所有流程任务的时间。机器加工成本由联盟确定计算基础，可以按小时计为静态成本，也可以根据需求改变。如果某个企业需要生产某个订单的特定能力，接到订单的机器作为物联网服务器可以自动搜寻满足关键数据要求的智能合约；如果搜寻到的数据与内部指标吻合，采用外部机器能力的流程就会自动启动，向对方地址发出智能合约；如果发出的智能合约不可执行，比如找到的机器有缺陷，这台机器会发出一个新的智能合约。

新的智能合约将通过交易触发前一个智能合约，从而将前一个智能合约从系统中移除。机器生产能力只有在内部冗余的情况下才在网络上发布。这样可以保证每个参与企业优先满足自身目标，同时满足所有利益相关者。每个企业均保持对自身机器设备的完全把控，只有空闲能力信息才通过系统变成透明化的信息。提供空闲生产能力的机器可以在收到智能合约后立即执行任务，而实现约定的成本收入也将在智能合约执行之后同时到账（可以通过系统内置的"虚拟货币"形式实现）。

随着区块链与物联网的融合，基于区块链的生产计划排程和分布式制造网络体系将会在超越"四面墙"的工厂范围得到大规模的部署。本节的案例仅作为一个前置概念介绍。笔者相信在不远的将来我们即将看到大规模部署的实际案例。

4.5 区块链在交付流程中的应用

交付流程是将产品和服务从生产者提供给客户，从而完成供应链价值转移、价值实现的过程，是从接收客户订单到将订单交付到客户手中完成履约的过程。按照供应链管理流程标准，交付流程包括订单管理、仓储/履约、定制化和延迟、交付设施、运输流程、电子商务交付、管理客户/客户伙伴关系、售后技术支持、客户数据管理等九个二级流程，如表4-1所示。

表 4-1 九个二级流程及其内容

序号	二级流程	内容
1	订单管理	订单接收和输入、订单鉴别、订单确认、订单处理、交易监测、支付处理、执行和客户服务代表（Customer Service Representive, CSR）/大客户经理培训等
2	仓储/履约	收货和检查、物料处理、摆位、存储、分拣和包装、集运/装货、装运文件、仓库管理系统等
3	定制化和延迟	工作量计划和平衡、物理流程协同、操作工多技能化、工作间/单元绩效测量、工作场地设计等
4	交付设施	工作量计划和平衡、物理流程协同、工作场地设计、组织协同和焦点等
5	运输流程	专一承运人、公共承运人（按单付费）、小型包裹运输管理、交付证据/在途中可视、运费支付/审计、运输管理系统等
6	电子商务交付	网页的可接入性、用户友好、内部数据鉴别、客户数据鉴别、报告、客户体验等
7	管理客户/客户伙伴关系	建立客户服务要求、客户要求/"产品"特性、监测市场变化要求、沟通客户服务要求、测量客户服务、管理客户期望、建立持久的客户关系、积极反馈、测量客户赢利性、利用客户赢利性分析、客户分组等
8	售后技术支持	客户界面、问题/投诉解决方案、明确培训和技术、岗位安排和时间计划、询问处理程序、绩效报告等
9	客户数据管理	客户数据可供性、客户数据应用等

交付流程的理想模式也是物流运作的目标，即"7R理论"：将恰当数量（Right Quantity）的恰当产品（Right Product）在恰当的时间（Right Time）和恰当的地点（Right Place）以恰当的条件（Right Condition）、恰当的成本（Right Cost）交

付给恰当的用户（Right Customer）。

然而，在交付过程中，订单的接受处理往往涉及信息数据鉴别和数据交换的重复复杂操作；交付的产品经常由于库存、可供应产能、交付瓶颈、在途跟踪困难等，出现订单交付不及时、不能按照恰当的时间、地点和状态交付。此外，交付环节涉及运输周期、运输方式等问题，特别是国际贸易，从出口厂商、出口方银行、保险再出口海关、货运代理、出口港口到承运人到进口港、进口海关、进口银行保险再到进口收货人，存在着多重信息交换和单证合约，运输环节多，在途物资周期长，物流信息在中转环节有被篡改的可能，在整个运输过程中难以保证商品不受损，甚至出现假冒伪劣产品。一旦出现纠纷，由于涉及众多主体，举证和追责均耗时费力。

区块链技术能够真实地记录和传递资金、信息和物流等相关信息，例如交易价格、买卖双方、合约条款等相关信息。通过双方或者多方签名进行全网有效验证，货物的运输步骤也能记录在相关链上，从订单接收与处理，到货物发出到接收的全过程，保证了信息的可查性，从而避免丢包和错误认领事件的发生。物流企业可以通过区块链技术把控产品的运输方向，优化运输路线及日常安排。

具体来说，区块链在交付流程中的典型应用包括订单接收与处理、物权交接、在途跟踪、ASN、电子运单、电子仓单、货物（产品）认证认可、检验检疫、第三方服务合约（物流、金融、保险、认证、检验检疫等）。

本节重点讲述区块链在订单接收与处理、在途跟踪与监测、物权交接与支付结算、运输仓储单证的区块链化四个方面的应用。

4.5.1　订单接收与处理

订单接收与处理流程是区块链交付环节的首要流程。订单接收与处理是指订单发起方要确认订单接收方接收并确认了订单。这个流程处于企业多个相互作用的内部功能之间，也与外部合作伙伴（比如客户）相关。同时，订单接收与处理流程对于所有企业的内部信息流来说，往往被视为信息从供应链上游流程到企业内部供应链过程中的一个瓶颈。

区块链在订单接收与处理系统中的应用，能够有效提高订单处理的效率，主要表现在减少订单处理操作环节、减少平均订单处理时间、减少工作量、提高订单的可追溯性、提高订单接收与处理流程对各类供应链参与者的可视度。

区块链解决方案可以使企业的客户能够接入清晰的信息仪表板。信息仪表板打开了客户订单以及订单处理状态的可视化窗口，更重要的是，区块链系统显示了订单历史可追溯的真实证据，包括：客户提出了什么变更要求？什么时候提出的变更要求？客户的公司是谁下了订单／更改了订单？客户协调员号码是多少？因此，可溯源性是区块链有别于其他数据库的独特因素。

区块链解决方案的应用对订单接收与处理流程产生了重要的影响，主要包括以下几个方面。

第一，区块链提高了订单接收与处理流程的效率，显著缩短了订单处理的时间。一般来说，订单投放或者订单修改到订单处理或者确认的流程需要 2～4 天。采用区块链解决方案，实现了订单自动地同步即时确认（包括根据特定规则设定的确认时间），而且减少了订单处理过程中的焦虑。从效率上说，订单处理时间从 2～4 天减少到不到一分钟。

第二，区块链解决方案提高了订单投放和修改的可追溯性。在区块链系统应用之前，企业很难追溯订单接收与确认的具体过程。通过接入控制文件，确保了数据的安全和可信，而且控制、记录了所有参与者接入区块链数据库的过程。采用区块链技术之后，任何人要想修改之前的交易记录变得不可能。因此，依据信息仪表板上显示的交易过程可以有效追溯到所有参与者，以及日期／时间、修改的细节——数量、规格、批准、确认。图 4-17 是订单确认的信息仪表板，显示了订单投放和确认的过程。

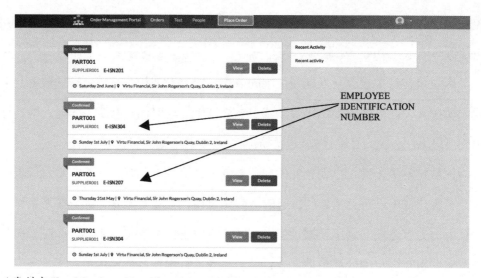

（资料来源：Martinez V.，Zhao M.，Blujdea C.，Han X.，Neely A. and Albores P. "Blockchain–Driven Customer Order Management". International Journal of Production and Operations Management（Accepted – July 2019）。）

图 4-17　订单确认的信息仪表板

第三，区块链系统提高了订单接收与处理流程的可视度。区块链系统提高了数据透明度，也提高了企业员工、客户员工接入供应链数据库的透明度，系统根据事先约定的接入权限，赋予员工写入、核查、接入信息的权利。这些权限由核心企业和客户的企业组织提前设定，并在企业的区块链系统得到执行。

第四，研究证明，区块链解决方案可以被编程并应用于解决不同的供应链问题，特别是供应链订单管理流程。而且，企业采用区块链系统需要的资源较少，区块链系统具备规模化应用的空间。

现有的研究表明，区块链解决方案可以用简单的资源（可以免费测试的应用）和基本的编程技术被编程、植入订单处理系统中，并在测试企业和客户之间的业务中得到了有效验证。

区块链订单处理系统可以从单一品类扩展到更多的产品类别、更大的批量、更多的批次以及更多的业务场景。

从技术应用的角度，区块链订单处理系统可以利用超级账本编写器，采用前端与后端无缝合作，完全可以建立一个基于超级账本的有活力的区块链网络，而采用 React 工具可以使客户 / 用户界面更加美观。采用超级账本（Hyperledger Fabric 和 Hyperledger Composer）以及 TDD（Test-Driven Development, 测试驱动开发）方法，可以降低学习门槛，减少开发成本，保证系统可扩容性，提高安全性和可靠性。

4.5.2　在途跟踪与监测

提高供应链的透明度、可视度是保证供应链上订单交付安全与高效的重要手段。在途跟踪是指对订单中的对象所处状态进行即时展现，相关方可以及时了解产品的情况，包括产品是如何生产的、从哪里来、到了哪里、要到哪里去，这需要全过程的透明化和溯源监管。

IBM 和马士基集团曾经做了一个实验，他们跟踪了一个装满鲜花的集装箱移动的轨迹，从肯尼亚的蒙巴萨到荷兰的主要港口鹿特丹，他们发现这样一个冷藏集装箱的路程需要 30 多个不同的组织（公司），200 多次单独的通信联系，任何一个丢失的表格或者延迟的确认，都会导致集装箱的无限期延误，或者丢失。这足以证明物流跟踪监管溯源有多么复杂。

现有的技术手段采用条码和 RFID，并结合传感器、卫星定位导航与通信传输技术实现了车辆、产品的位置信息和货物状态信息的实时可视和透明化。但是，现有的系统不能完整记录货物在所有环节所经过的所有交易主体和物流主体的操作过程和交易过程，溯源的准确度也受到了影响。

以疫情防控过程中的冷链溯源为例，从原产地验证到起运港装船、目的港卸货，到集中报关报检、集中检疫病毒消杀，然后分拨配送到超市上架，这个过程是可以实现跟踪溯源的。消费者通过扫码可以知道产地、进口港等基本信息。但如果发现病毒，逆向溯源就很难达到精准，因为依靠条码扫描的系统还不能够完全做到将物流操作的所有动作和交易结算的所有过程准确无误地记录下来，而采用基于区块链的溯源体系就截然不同了。

区块链技术为提高供应链透明度和监管溯源提供了有效的工具。区块链系统将生产制造、订单处理、运输仓储、交付确认等环节的所有信息上链，所有的供应链伙伴均可以实时接入获取信息，实现了可信信息的实时共享与确认，让所有的供应链参与者更加全面地进行跟踪和溯源。区块链溯源应用如图 4-18 所示。

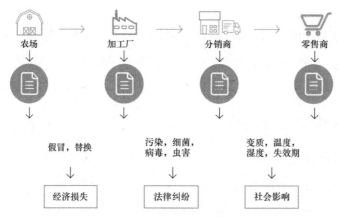

（资料来源：IBM，转引自 Blockchain in Logistics，DHL ，2018。）

图 4-18　区块链溯源应用

由于区块链是持续更新的账本，随着产品的移动和交易过程上链和记录，供应链管理者需要一步一步查找货物移动的历史，全程透明的机制减少了延迟和避免了聘请第三方中介来监管的需要。对于库存管理来说，企业可以更好地预测未来需求，降低多余库存的风险，库存管理的效率提高了。

企业也可以利用这些信息作为特定产品（比如药品）运输监管的合法依据，或者作为贵重商品（比如奢侈品）的真实性证据。区块链的应用也为客户带来了好处，客户可以知道所购买商品的更多信息。例如，产品的采购来源是否符合要求，是不是原装的，是否处于良好的状态。

区块链应用也为防伪和防盗提供了一个更好的工具。全球供应链是一个非常复杂的体系，在所有环节、所有参与者构成的复杂体系中，要想排除所有干扰几乎是不可能的。甚至从某种程度上说，全球供应链也是一个让假冒和偷窃公开的体系。

以医药行业为例，仿制药和假冒伪劣医疗保健品是行业内存在的世界性难题。根据国际刑警组织的数据，每年有将近 100 万人因为服用假药死亡，在新兴市场国家出售的药品有 30% 是假药。区块链提供了较高的可溯性和透明度，使参与上链的企业更加有信心，因为所有网络内的企业必须按照特定的要求正确执行任务，完成合规的操作。

区块链的共识机制、分布式记账的体系也成为应对信息造假的有效工具。对于有黑市交易的行业或者造假严重的情况，如果数据库是单一拥有者的集中化数据库，信息和账本被篡改的可能性就很难消除。但区块链不存在单一拥有者，所有链上参与者评估和确认上传的数据，系统设定的规则是分批次确认数据，前后数据必须经过所有参与者计算、验证，自动确认或者拒绝上传的数据，使数据造假或者不被发现的操作很难实现。因此，造假和盗窃的风险有效降低，防止造假和盗窃所花的时间和金钱会大大减少。

4.5.3 物权交接与支付结算

物权是指权利人依法对特定的物享有直接支配和排他的权利，包括所有权、用益物权和担保物权。物权交接是指权利人移交物权给接收人。

在传统供应链上的物流交付过程中，基于纸质单证的交易处理通常需要消耗大量的时间，效率低，而且容易出现错误。每个交易方将各自信息上传到由单一主体控制的中央数据库。当交付过程中涉及多个主体、多个地点的时候，多重交易的信息很难得到迅速而准确的处理。现有的行业数据显示（Accenture，DHL，2019），全球运费发票中包含不准确数据而导致争议和其他降低流程效率行为的比例约为 10%。这种问题在石油和能源行业尤其严重。如果能够提高发票数据准确度、避免运费超支等，可以将年度运费总额节约 5%。

智能合约在物流过程，主要是物流交付过程中的应用可以有效保证数据的准确性、提高整个流程的效率、避免交易争议的发生。智能合约将合同条款转化成在区块链上运行的自我执行的数字化程序。所有涉及交付流程的主体将交付单证和交付条件转化为程序语言储存在区块链上，当交付时间、地点、条件满足条款要求输入条件的时候，收货人确认接收完毕，系统会自动触发合同的执行，完成支付和结算。智能合约可以有效降低风险、减少错误，同时降低纠错成本，减少聘用第三方支付和审计的成本。

智能合约在物流中的应用如图4-19所示。第一步，将供应链合同及条款转化为代码写入区块链；第二步，合约作为区块链一部分在网络上分步发送；第三步，交易合同各方按照合约执行各自的义务；第四步，合约在条件满足时自动执行。

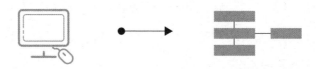

供应链合同及条款转化为代码写入区块链　　　　合约作为区块链一部分在网络上分步发送

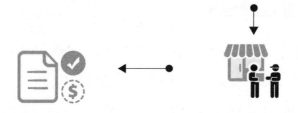

合约在条件满足时自动执行　　　　　　合同各方执行合约义务

（资料来源：Blockchain in Logistics，DHL，2018。）

图 4-19　智能合约在物流中的应用

区块链在货运物流领域的应用有很多案例。ShipChain（可以称为"发货链"或"货运链"）是一个将智能合约应用于货运物流领域的区块链平台。ShipChain建立了一个复杂的区块链系统，用于跟踪产品从工厂到客户手中的完整交付过程。系统涵盖了所有的运输方式，设立了与现有货运管理软件接入整合的应用程序接口（Application Program Interface, API）。所有供应链信息均记录在不可篡改的区块链数据库中，智能合约在条件满足时自动触发（比如司机将成功交付的确认信息反馈给平台）。运费自动结算的机制是通过 ShipChain 的"电子货币"Ship Tokens（货运通证）来实现的。平台参与者通过购买货运通证在平台上实现运费结算。

随着区块链与物联网技术的融合，智能合约在物流流程中的应用会更加智能化。比如，带有自动传感器的物联网托盘能够准确地将货物移动的时间、地点、状态自动写入区块链系统。系统可以立刻核对合同规定的货物交付条件、交付状态（温度、湿度、倾斜度等），并将费用支付给正确的收费方，保证了支付的诚信并提高了支付结算的效率。智能合约可以更进一步应用于机器对机器的结算。所有物流操作执行的机器人可以在完成指定任务后按照智能合约的前置条件完成基于已执行的物流任务的结算。

4.5.4　运输仓储单证的区块链化

运输、仓储是交付流程的主要物流活动，也是区块链应用的主要领域。提单、运单、仓单是主要运输单证，区块链在运输单证中的应用，是较早的应用场景。

提单通常是由承运人签发的货物所有权单证，同时作为货物接收凭证和运输合同。提单是国际贸易、国际航运中的重要单证，区块链提单应用启动了区块链在国际航运、国际贸易中的数字技术变革。

早在 2016 年 10 月，航运巨头马士基集团就宣布了实验区块链提单，2017 年 3 月又宣布与 IBM 成立区块链供应链解决方案联盟 TradeLens。2018 年 10 月，太平船务也宣布与 IBM 合作区块链提单实验项目。这项应用主要是在区块链平台上利用公开账本技术运行实现可转让提单和不可转让提单。

采用基于区块链的电子提单（e-BL），实现了提单与货物的即时电子转让，从过去的七天缩短到即时处理，使货物交付更加快捷、有效，收货人也可以即时拿到电子提单到港提货。总体运输周期缩短，对于零售业、生鲜产品用户来说，可以保证更好的产品质量。

区块链电子提单还使得单证和货物状态的全程溯源和实时可视程度大大提高，保证了单证和数据安全，防止单证欺诈，有利于建立可信的贸易生态伙伴关系。提单的区块链化已经延伸到信用证的区块链化，将区块链生态系统延伸到整个国际贸易网络。

电子运单的区块链化是国内区块链物流应用较早的领域。从2018—2019年度中国物流与采购联合会区块链应用分会征集到的案例来看，区块链电子运单案例占有较高的比重。

新公布的《区块链 电子运单服务应用指南》团体标准，给出了电子运单服务应用的主要关系。区块链电子运单应用全景如图4-20所示。

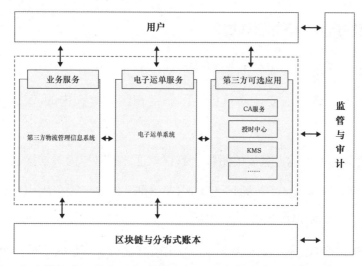

（资料来源：中关村标准化协会，北京京东振世信息技术有限公司《区块链 电子运单服务应用指南》征求意见稿，2021年5月28日，北京。）

图4-20 区块链电子运单应用全景

第一，用户通过使用业务服务将指令传递到第三方物流管理信息系统、电子运单系统和第三方可选应用。

第二，第三方物流管理信息系统对运单数据进行业务逻辑处理后，将数据同步到电子运单系统。

第三，电子运单系统根据运单数据渲染到事先定义好的电子运单模板，并根据签署过程定义形成本次待签署的电子运单。

第四，签署方使用电子运单系统完成对电子运单的签署动作，同时将签署方注册、认证、签字等一系列操作过程完整记录下来，形成可靠的日志文件，进行加密处理后写入区块链账本，形成电子证据。

第五，业务方通过浏览电子运单系统或专用区块链浏览器查看电子运单信息。

第六，用户使用第三方可选应用作为电子运单系统的服务支持。

第七，对电子运单应用所涉及不同层级的系统及用户进行监管与审计。

除电子运单外，电子仓单也是区块链技术应用较早的场景，主要电商企业和物流服务企业均推出了区块链电子仓单解决方案。

仓单是仓储物经过"资产证券化"后的流通票据，在降低货物仓储、物流环节的损耗和提高大宗商品的流通效率方面发挥着不可替代的作用。仓单具有标识仓储物的所有权的基础功能和有价证券的属性。随着物流业的发展，以仓单为核心开展的业务也在不断丰富，包括仓单串换、远期和回购、质押融资等。这些业务都对仓单的信用水平有着比较高的要求。但是，反观当前仓单市场的发展现状，普遍存在仓单信息缺失、信用担保不足、流动性不佳等问题。

基于此，区块链技术能够很好地满足仓单业务的要求，区块链技术的去中心化、数据公开透明且难篡改等特性，能够有效地提高仓单信息的可信度，并且还能跟踪和记录仓单在流转过程中的完整信息。尤其是依托核心机构的权威性建立仓单市场联盟，更能有效地实现核心企业的信用传递，提高仓单的信用水平。随着区块链与物联网技术结合，可利用传感器技术、RFID和嵌入式技术打通物理世界与数字世界的信任壁垒，建立可信仓单系统体系。

图 4-21 所展示的模型的参与机构包括仓单持有人、仓储机构、信用担保机构和银行。这些参与机构所具有的作用，如表 4-2 所示。

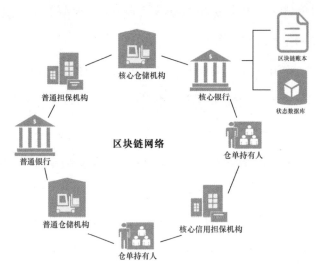

（资料来源：李博，潘文锋．区块链技术构建可信仓单系统应用研究 [J]．软件导刊，2019，18（11）。）

图 4-21　基于区块链技术构建可信仓单系统的逻辑模型

表 4-2　基于区块链技术构建可信仓单系统的逻辑模型的参与机构及作用

参与机构	作用
仓单持有人	仓单的实际所有者，持有人可以基于所持仓单开展多种业务
仓储机构	仓储物的存管机构，拥有仓储物的监管权
信用担保机构	可以对仓单的信用做担保，提高仓单的信用水平
银行	在仓单质押业务中充当质权人的角色

此外，模型中将上述参与机构分为核心机构和普通机构。其中，核心机构是指在行业中发展较好、具有权威性的企业，包括核心仓储机构、核心信用担保机构和核心银行；普通机构是指经营规模较小的市场参与者，包括仓单持有人、普通仓储机构、普通信用担保机构和普通银行等。可信仓单系统有一个很大的优势，即为每个参与机构都建立了专属的区块链节点，这些节点上存储着相同的仓单账本，记录着仓单的信息。

另外，由于流转的仓单信息具有公开透明、数据可溯源和难篡改的特点，不仅具有高可信度，还因为经由参与双方的承认，更容易得到核心机构的认可。这些都有利于提高仓单的信用水平，形成行业公认的仓单信用标准。

值得一提的是，在该模型中，核心仓储机构、核心信用担保机构、核心银行的区块链节点会形成联盟链的多中心组织，负责对区块链网络中发生的每一笔仓单业务进行确认和信用背书，而普通的节点只需要对与自己相关的仓单业务进行验证和背书签名即可，更高效快捷。

4.6　区块链在回收流程中的应用

回收流程是供应链管理的五个基本流程中的最后一个，包括收货和仓储、运输、修理和翻新、沟通、管理客户预期等环节。

区块链在回收流程中的应用包括有效应对退货流程的挑战，也应用在召回、处置、保修流程中，它既可以有效地跟踪产品完整退货流程，协同整体退货安排，缩短退货处理时间，又能在提高客户满意度的同时，减少厂家的损失。

4.6.1　区块链有效应对退货流程挑战

便利、简单、快捷的退货流程是提供正向客户体验的关键。但是，在客户得到好处的时候，退货管理却成为现代供应链管理者最大的挑战。应对大规模订单的、复杂的、自动化的配送系统在遇到逆向物流的时候往往行不通，主要有两方面原因。

一方面是退货的来源地具有复杂性。有些线上订单直接退回到交付中心，有些是退货到实体店。另一方面，还存在很多令人头痛的事情：退回来的产品要不要放在货架上直接再卖？如何区分哪些产品是因为有坏损或缺陷而退回来的？是否需要翻新或者重新包装？哪些产品要走向二级市场？

要解决上述这些问题，需要一个复杂的"劳动密集型"的流程，而且效率极低，若处理过程长，会直接降低客户满意度。而且在这个过程中，产品的状态也可能会发生改变，这样会使对客户问询的反馈变得更加困难。

除此之外，退货还会给企业造成很大的财务影响。因为要逆供应链把产品运回上游的厂家，会产生运输成本。有些厂家把成本转嫁给消费者，有些厂家则会因担心影响销售而自己承担运费。而产品一旦进入二级市场，也会让厂家损失利润。

上述所有的问题，如果遇到节假日就会更麻烦，当销售额上升，退货量就会同比例放大。

根据万事达卡的报告，美国 2019 年假期零售业销售额突破了历史记录，比 2018 年高出了 3.4 个百分点，其中 19% 是线上销售增加所致。在假日销售季，联合包裹速递服务公司（United Parcel Service, Inc.，UPS）估计从 12 月到次年 1 月每天要承运 100 万个包裹，而假日退货也达到了峰值，1 月 2 日的退货就达到了 200 万件。根据预测，美国退货货值总量达到 416 亿美元，这对逆向物流操作的风险控制和效率提升来说要求很高，挑战非常大。

如何更好地管理退货流程，对所有品牌商和零售商来说，透明度是关键。区块链的去中心化、分布式账本可以提供退货从授权到发运回供应链上游厂家到退款结算的全过程的电子记录。数据对所有接入各方公开透明，分布式账本给品牌商和零售商提供了实时的动态信息，它们可以看到客户退了什么货、货物到了哪个地方。区块链的公开账本可以将退货流程中所有的关联方捆绑在一起，打通各自独立的信息系统，消除信息"谷仓"，减少物品的状态、真实性、合法性、质量可靠性等不确定性。

区块链退货流程应用的好处是显而易见的。企业可以获得更加准确、实时的退货信息，厂家能够智能跟踪产品完整退货流程，与客户分享实时更新的信息，协同整体退货安排，缩短退货处理时间，缩短客户拿回退货款的时间。区块链化的退货系统，还可以实现与现有库存协同整合，可以更加主动地确定退货商品的下一步走向，保持所有需要维修或者翻新的商品的记录，最终大大提升逆向物流管理的效率，既能提高客户满意度，又能减少厂家的损失。

4.6.2 区块链在召回、处置、保修流程中的应用

当客户退回不想要的产品或者缺陷产品时，意味着触发了一系列的供应链活动。逆向物流，负责跟踪整个退货过程，以及退货再利用或者对原材料进行有效处置，比起正向物流有更大的挑战。

根据 FreightWaves 的报告，美国企业每年花在逆向物流上的成本将近 7 500 亿美元，而电子商务的爆发式增长，提高了逆向物流的发生概率和总体成本。这就需要有效的逆向物流管理，减少退货过程所产生的损失，而采用区块链技术，则可以提高退货效率、准确记录逆向物流运作流程。区块链虽然不能预测客户什么时候退货、因为什么退货，也不能预测退货产品的状况，却能够在很多方面提高退货管理和逆向物流的效率。区块链在召回、处置、保修流程中的应用具体如下。

（1）召回

每个制造业行业，不论是汽车、电子、玩具等行业还是食品行业，都在为如何有效管理召回而努力。为了控制召回问题对企业和客户的影响，企业往往采用大水漫灌的方法，既不透明也没有效率。

区块链在提高所有供应链流程的透明度和质量控制能力方面的有效性是已经得到认可的。这同样适用于迅速、有效、透明化的召回管理。区块链可以简化召回管理流程。在召回授权方面，不论是厂家签发召回授权书，还是处理召回通知的延迟方面，区块链均提供了一个有效的工具。由于区块链实现了可信数据在供应链所有伙伴之间的采集和共享，生产企业可以与供应商更好地协商与产品召回相关的前期成本。

特别是在食品行业，区块链提升了食品安全保证能力，提供了独一无二的精准溯源。这能保证只有受污染的食品才会从货架上撤下来，减少了食品召回产生的浪费、缩短了所需要的时间。对食品原料的透明化溯源，将有效提高食品质量，避免假冒和不良配料进入食品供应链。

（2）处置

除了要管理逆向物流之外，生产企业也需要承担可持续责任、满足良心采购的道德伦理要求。资产处置的风险比正向物流的风险大得多，主要是由于产品售后生命周期缺乏透明度。生产企业处置资产必须保证不浪费资源或者不造成任何环境伤害。而在电子、机械、化工和能源行业，要满足合规处置和审计要求，需要付出的代价要大得多。

区块链技术可以提供端到端的高透明度，覆盖采购、制造、交付、召回、回收利用和废物弃置所有流程。生产企业可以有效协同从弃置产品中回收原材料再利用、确保废弃物正确弃置的流程，确保所有的企业和个人数据得到适当的销毁，这也将有效帮助企业提高合规要求和环保要求的关键绩效指标（Key Performance Indicator, KPI）。

（3）保修

消费品牌往往依靠保修能力扩大销售。在客户的思维里，保修管理的服务水平也是其中所包含的内容。殊不知对企业来说，保修管理是十分费时费钱的事。保修管理效率的高低，与物流活动的效率密切相关，包括确认销售数据，颇具吸引力的二级市场和所有权的确定。

区块链可以提供可靠的身份识别、防止身份欺诈和身份盗窃，从而使这些问题简单化。这其中包括保证个人数据安全、保证数据隐私，提供动态的客户忠诚度活动，保证更有效的保修运作，优化客户体验。

客户希望退货流程简单流畅，但企业要满足这个预期还是有难度的。采用区块链技术之后，透明化、可信数据使逆向物流更有效率，从而提高客户满意度。

中篇

产业应用

第 **5** 章

区块链 + 农业 – 食品供应链

农业－食品供应链关系人类的生存和生活质量，具有极其重要的价值。区块链的加入，可以更加精准地解决农产品及食品溯源问题，保障食品安全和质量，也可以提高农产品及食品的生产和流通效率，解决信息不透明等问题，更能改变农业－食品供应链的未来，带给用户和上下游企业更好的服务。农业－食品供应链已经成为区块链技术应用比较成熟的场景。

中国自古以来就有"民以食为天"的说法，表达的是农业、农产品、食品是人类赖以生存的基础，而农业－食品供应链就是贯穿农产品、食品从生产、加工、流通到消费再到回收利用的完整的体系。人类文明的进步也体现在农业－食品供应链的演进上。技术进步提高了供应链的效率，而区块链技术应用，提高了从生产到消费、从农场到餐桌的农业－食品供应链的安全性和效率，尤其是区块链与物联网技术的融合，将更大限度地影响农业－食品供应链的未来。

区块链对农业－食品供应链的变革，首先表现在通过全过程透明化溯源体系，将信任和监管机制"嵌入"整个供应链，从而提高消费者对农产品及食品安全的认可度，并提高智慧农业的效率。

本章从基于区块链的农业－食品供应链架构入手，阐述了区块链技术应用给农业－食品供应链有效应对挑战带来的变革，通过案例分析，重点说明区块链在溯源、生产和流通等领域的应用。

5.1 区块链如何改变农业－食品供应链

农业－食品供应链几乎是所有人都关注的，但一直以来也存在很多问题。区块链的加入可以很好地解决农业－食品供应链所存在的问题。本节将介绍区块链是如何改变农业－食品供应链，以及区块链如何有效应对农业－食品供应链的挑战的。

5.1.1 基于区块链的农业－食品供应链

农业－食品供应链涉及广泛，既包括从农业、农产品到食品的所有过程中的人和企业，如初级生产商、次级生产商、精深加工企业、包装企业、分销商、最终消费者等，又包括生产、加工、储存、贸易、分销和消费的所有过程。从农场到餐桌的农业 – 食品供应链如图 5-1 所示。

（资料来源：欧洲食品信息委员会（The European Food Information Council，EUFIC）。）

图 5-1　从农场到餐桌的农业 – 食品供应链

农业 – 食品供应链首先从农产品的种植、养殖、捕捞等初级生产环节开始。在收获和初步处理之后，这些产品会经过运输、储存，进入下一个供应链环节。

食品加工包装流程包括从原材料加工、接收订单、生产加工、包装直至将原材料转化成为食品的过程，根据生产加工的程度，可以分为三类。

一是初级加工，即把农产品原材料转化成为可以食用的状态，比如把肉牛变成牛肉。初级加工包括切割、清洁、包装、储存、冷冻等环节，如肉类食品的屠宰、切割、冷藏，鱼类水产食品的分类、包装、冷冻。初级加工保持了食品的原始特征和品质，包括营养成分、物理特性、感官特性和化学特性。

二是次级加工，即将初级产品转化成为可利用、可食用的形态，对食品进行精细处理、提纯或将其转化为可以形成食品的形态，比如将牛奶变成奶酪，将小麦变成面粉，将大豆变成油脂。次级加工包括挤压、脱水、研磨等物理处理方式，也包括水解、发酵等化学处理方式。

三是精深加工，即将初级加工食品或次级加工食品转化成为可以直接食用的食品形态，比如蛋糕、饮料、糖果和即食食品。精深加工流程可能涉及热处理、发酵、包装，以延缓食品的物理、化学和生物变质的速度，延长食品保质期。

食品废弃物加工利用已经成为创造更多利润的另一个生产系统。废物也可以创造价值。比如：鱼类产品包括可食用与非可食用部分，可食用的部分可以加工成鱼肉肠、鱼油、钙粉、蛋白粉，鱼头和鱼骨干燥之后可以用于其他鱼类产品的增味剂；不可食用部分则用于生产宠物食品、液体化肥，或者用于生产其他化工产品。

分销商负责将食品从一个节点安全地运送到另外一个节点。农业－食品供应链网络体系非常复杂，包括食品在原材料阶段从农场、牧场的采收、仓储到配送到生产加工企业，再把成品送到超市便利店、餐馆、家庭，再到消费者的餐桌。

市场是食品交易的场所。消费者采购的食品，既有国内生产的，也有来自国际市场的。市场中有初级生产商，也有次级生产商。消费者也可以从批发零售店购买食品。

消费者是农业－食品供应链的终端。因此，消费者的购买偏好和行为深刻地影响着农业－食品供应链。消费者的消费偏好受到生产商的食品供应能力、收入水平、文化、生活环境、经济社会环境的影响。

区块链与农业－食品供应链的结合，可以实现从农业生产、食品加工、包装仓储、运输配送、批发零售到最终消费者的全过程的区块链化。图5-2给出了一个简化的农业－食品供应链的架构。

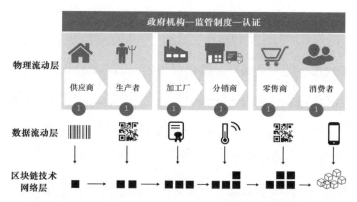

（资料来源：A. Kamilaris，Agusti Fonts， F. Prenafeta-Boldú，The Rise of Blockchain Technology in Agriculture and Food Supply Chains，ArXiv，2019。）

图5-2　基于区块链的农业－食品供应链架构

基于区块链的农业 - 食品供应链的流程架构可以分为三层,底层是区块链技术网络层,中间层是数据流动层,顶层是物理流动层。在物理流动层中,有监管机构,以及食品标准的制定、管理认证等机构。

物理流动层共包括六层,如种子、化肥、农药等农业生产资料供应商,其次是农业生产者,负责种植、养殖、捕捞等;然后是食品加工场(企业),其负责前文所述的初级加工、次级加工、精深加工,食品经加工后进入仓储、运输、配送环节,经过批发、零售,最后到消费者手上。

从农业生产资料要素投入到产品最终到达消费者手上,包含条码、二维码、传感器中的信息被实时写入区块链,所有参与者之间的交易信息,可以转变成为智能合约,记录在区块链中,并通过前置的触发机制,实现自动结算。所有参与者在物理流动层面的所有行为被记录到区块链公开账本上,任何参与者都可以获得实时的动态信息,而消费者可以对每一个环节进行全过程透明化了解,监管机构也可以通过在区块链上植入认证信息,对全过程进行"嵌入式"监管。

5.1.2　区块链如何有效应对农业 - 食品供应链的挑战

农业 - 食品供应链有着重要的地位和价值,它不仅是人民生活必需的物资保障,更是一个国家重要的战略资源,还是维护货币与金融体系稳定的贸易工具。其对经济社会的发展有着非常重要的意义,但是出于技术应用、过程监管、法律手段、冷链技术应用尚未普及等多方面原因,农业 - 食品供应链也面临着诸多挑战。这些挑战包括诚信缺失、跟踪溯源不透明、风险管控不及时、供应链延迟或断裂等众多方面。农业 - 食品供应链风险在经济不发达国家和地区或者说在发展中国家尤其典型。

供应链的信任危机是最大的挑战。这主要是因为各种信任事件层出不穷,消费者认为本地的农产品有着较大的风险,尤其在价格相同的情况下,更多的消费者更愿意选择在他们看来更健康的进口农产品。

当然，消费者对农产品不信任并非只源自某一个品种在某一个环节的"点"，而是源自很多"点"。一旦消费者受到农产品质量问题的"伤害"，就会产生一种"一朝被蛇咬，十年怕井绳"的心理，对市场上同类农产品也会产生同样的害怕心理。

近年来，农产品、食品安全问题屡见不鲜。理论上说，在市场中销售的农产品都经过了相关检测，符合标准才能入市销售，但是农产品及食品产业依旧问题频出。尤其随着经济的发展和人民物质生活水平的提升，人们的生活方式、饮食习惯和营养健康需求也在发生变化，食品消费也从"吃得饱"向"吃得好、吃得健康、吃得安全"转变。但与此同时，食品安全问题也是当今世界食品生产消费、供应保障和食品管理领域面临的重大挑战。基于此，区块链技术被引入其中。

从某种程度上说，区块链实质上的作用是创造信任，它是相对比较廉价的、用来建立复杂信任关系的一种基础设施。区块链的防篡改和防伪的特性，以极低的成本解决了消费者信任和价值的可靠传递难题，有效地构建了一个更加共享开放、透明可信并可核查追溯的系统，使得链条上的各个环节之间迅速建立信任关系。

那么，区块链究竟是如何改变农业－食品供应链的呢？

第一，基于区块链的农业－食品供应链会通过全产业链的透明化将信任机制"嵌入"整个供应链体系，建立一个不可篡改的公开账本。农业－食品供应链链条长、环节多，要想知道入口的食品从源头到餐桌的所有过程是否安全，质量是否可靠，状态是否完好，经过哪些仓储运输、交易分销环节，哪些人经手了哪个环节，采用常规的跟踪手段是非常费时费力的。但区块链可以将所有过程记录在一个单一的共享账本上，实现农业－食品供应链上所有的参与者直接互动，不论是农场、厂家、批发零售商还是团体、个人消费者。这种直接的关联，降低了所有参与者的交易成本，效率的提升也直接增加供应链各主体的收入和利润。

因此，区块链最大的优势就是建立信任机制。嵌入在区块链系统中的信任机制，完全可以替代食品生产、跟踪溯源、品质监管、食品交易等全过程第三方和外部监管。仅需几个区块链专家，就可以实现从农场到餐桌的全过程可信接入，省去了复杂的多层次交易和中间商，从而提高了所有参与者的效率。

第二，区块链与物联网农业相结合，提高了精准农业的效率。IoT 传感器可以精准感知土壤的温度、湿度水平，化肥和营养物质供应水平，可以精确感知植物生长过程中的任何时间所需营养的进程。所有 IoT 传感器的数据记录在区块链上，在传感器执行任何一个动作的时候，可以触发与之相关联的智能合约，实现系统的自动结算，不论是水费、电费、化肥使用费还是与之相关的物流费用、管理费用等，有效地提高了农业生产的效率。

以色列的物联网农业技术如图 5-3 所示。

（资料来源：David Shamah，Plant World to Get Israeli Internet of Things，Time of Israel，26 June 2015。）

图 5-3 以色列的物联网农业技术

第三，基于区块链的气象危机管理可以有效对气象灾害做出预警并触发保险理赔机制。天气对农业生产有直接的影响。不可预见的龙卷风、冰雹、冻雨等灾害性天气可能会给农业带来致命打击，造成不可弥补的损失，而受灾后的保险定损赔偿环节也非常复杂。采用区块链系统之后，天气预报的可预见性提前，农场可以通过灾害天气触发的智能合约更容易地申报灾情和获得保险理赔。

第四，区块链应用可以帮助农户和中小农场主与银行等金融机构建立诚信机制，有利于农业产业融资。对于中小农户来说，本来就存在贷款难、缺乏抵押物的问题，农户的信用情况也缺乏历史记录和证明，这给农业产业的贷款融资带来了挑战。区块链的应用，将提高农业产业融资的透明度，可以有效帮助银行等金融机构验证中小农户的信用历史，可以使债权人、债务人、担保者以及其他利益相关者共享信息，共同控制风险。

第五，区块链的应用有利于农业－食品供应链实现安全监管。 从种子、农药、化肥等农业生产资料投入，到饲料、添加剂等养殖资料，再到粮食、肉类、水产品加工、包装、储存、运输，以及全冷链环节的实时监控，都需要合规检查、产品标准认证、操作合规认证。采用区块链的公开账本，可以实时获得产品在生产和流通过程的数据信息，从而对产品质量、形态、温控状况进行监管，并将监管验证信息也写入区块链，使监管效率更高。

区块链全流程透明化信任机制、基于智能合约的高效率交易机制和全过程监管合规机制，均可以通过区块链公开账本来实现。基于区块链的农业－食品供应链有效应对挑战的机制如图 5-4 所示。

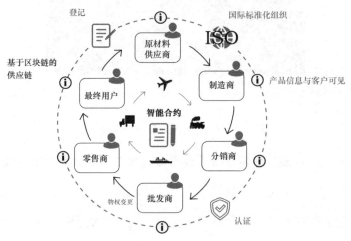

（资料来源：Sabir Awan，Sheeraz Ahmed，etc，IoT with Blockchain：A Futuristic Approach in Agriculture and Food Supply Chain，Wireless Communications and Mobile Computing，Volume2021|Article ID5580179，June 23，2021。）

图 5-4　基于区块链的农业－食品供应链有效应对挑战的机制

在新冠肺炎疫情暴发后，区块链技术更是发挥出独特的价值，甚至国际食品检验和溯源跟踪成为疫情防控的关键。中国在率先化解疫情危机、快速恢复经济之后，2021 年先后在青岛、大连、广州、深圳、南京等地出现的输入性案例，有很大比例与进口冷链食品有关。虽然采取了严格的进口检疫检验措施，建立了集中查验中心，采用了严格的溯源手段，到本书截稿的时间为止，现有溯源体系不能够做到所有的贸易、物流主体、仓储运输、批发零售环节都在区块链上按上"指纹"。尤其在疫情发生后，现有溯源体系很难做到精准溯源、精准隔离、精准防控。因此，建立基于区块链的农业 - 食品供应链体系势在必行。

5.2 区块链 + 农产品及食品溯源

农产品及食品产业问题关乎国计民生，要想有效地化解农产品及食品产业供应链的信任危机，首先要确保全链条具有较高的透明度。

本节列举斐济金枪鱼、大米、进口水果案例，说明区块链在农产品及食品溯源中的应用。

5.2.1 区块链应用于斐济金枪鱼全程溯源

渔业是太平洋岛国主要的收入和就业来源，但由于非法捕鱼的存在，渔业收入正在迅速下降。根据停止非法捕鱼相关机构提供的来自斐济政府的报告，2010—2015 年间，太平洋地区非法捕鱼量达到 30.64 万吨，估计损失 6.16 亿美元。过度捕捞、非法捕捞、未报告和不合规捕捞已经严重影响到斐济的渔业收入、投资和就业机会，以及渔业资源的可持续性。超过一半的斐济人口陷入了非法捕鱼的陷阱，斐济的蓝色经济正在面临威胁。

为应对非法捕捞，斐济政府与非营利组织、社会活动家、慈善机构、渔业社区等进行了广泛合作，通过各种方式制止非法捕捞，以减轻经济损失，维持海洋资源的可持续性。虽然政府和利益相关者以及食品行业协会做出了巨大努力，非法捕捞问题仍然在发生。2019 年 2 月，媒体报告斐济当局对 18 艘本地渔船进行了处罚，其中 2 艘因非法捕捞而被告上法庭，在现场执法中缴收了 5.2 万美元罚款。

业界致力于可持续捕捞和公平捕捞的努力并没有得到消费者的认可，他们致力于环保和社会责任的努力也没有得到全部的认可。他们竭尽全力致力于可持续捕捞和公平捕捞所得到的成果与非法捕捞所获的海产品被涂上了同样的颜色，消费者无法区分哪些是合法捕捞的，哪些是非法捕捞的。与此同时，终端市场上价值链顶端的品牌商也在寻找有效的手段，降低品牌和信誉风险，确保他们买入的产品并非来自非法捕捞，或者来自有道德风险的企业。关键的问题是，现有的溯源系统不能提供完整的诚信记录。保证品牌信誉靠的是第三方审计和认证，所以存在造假和欺诈的风险。

为解决斐济渔业信任和可追溯性问题，世界自然基金会（World Wide Fund for Nature，WWF）与全球区块链企业 ConsenSys、信息通信技术（Information and Communication Technology，ICT）行业技术实施企业 TraSeable 和金枪鱼捕捞加工企业斐济 Sea Quest 公司建立起一个对金枪鱼进行全过程溯源的区块供应链体系，起名叫"从鱼饵到餐盘"（Bait to Plate）。这个联盟依靠区块链不可篡改和全程可识别的特性，实现了金枪鱼从捕捞、加工、运输到交易的所有过程、所有参与者的完全透明化。区块链应用于斐济金枪鱼溯源跟踪如图 5-5 所示。

（资料来源：Osseni Senou Intern Technical Support and M&E，ICT4Ag，CTA。）

图 5-5　区块链应用于斐济金枪鱼溯源跟踪

基于区块链的全程溯源体系，增强了所有市场参与者对记录在区块链系统中的供应链信息的信心，也增强了市场上消费者放心购买产品的信心。基于区块链的全程溯源体系所具备的全透明、无缝追溯能力，建立起一个合法捕捞和可持续渔业的回报机制，同时将非法捕捞和不合规者驱逐出金枪鱼供应链。生产者对生产更有能力把控，通过全过程信息的采集和上链，随时知道其生产进程、产品走向，并可以用于其他分析。购买者得到更加可靠的安全保障，建立了从生产者处直接购买产品的信心，可以完全确认他们购买的金枪鱼来自合法捕捞、可持续捕捞和符合伦理道德的生产。这个系统将非法捕捞者驱逐出金枪鱼供应链，逐出金枪鱼市场，同时也加强了政府执法的力度。

"从鱼饵到餐盘"的区块链系统依托基于以太坊的软件平台构建，使用智能合约实现交易自动触发执行，提高了交易效率。这个系统对促进合法捕捞、可持续渔业具有显著效果，不仅强化了金枪鱼的价值链，还可以扩展到所有的海洋食品领域。

5.2.2　区块链为大米打造"区块链身份证"

五常大米是"中国地理标志产品"。不少打着"五常大米"旗号的企业却销售假米或者在五常大米中掺杂"假米"。为了解决这个问题，黑龙江五常市政府积极与阿里巴巴旗下天猫、菜鸟、阿里云及蚂蚁金服联手，将蚂蚁金服区块链溯源技术应用在五常大米上，为五常大米打造了专属"区块链身份证"。

进一步说，用户通过支付宝的"扫一扫"功能，可扫描到五常大米的专属"区块链身份证"。用户可以看到自己所要购买的这袋米的种子信息、种植、施肥、收获、物流等全过程的详细溯源记录。值得一提的是，该米的质量检测由五常市质检部门负责，"一检一码"，最大化地保证了信息的真实性和可靠性。

此外，从种植到销售，每一环节的参与主体（五常大米生产商、五常大米质量技术监督局、菜鸟物流、天猫等）都以自己的身份（私钥）将信息签名写入区块链，信息不可篡改，身份不可抵赖。消费者或监管部门可以从区块链上查阅该商品流转过程中的全部信息，真正实现正品溯源。

5.2.3　区块链为进口水果溯源

2017—2018 年年关活动开始，苏宁进口水果销售屡创佳绩，伴随而来的除了物流存储配送相关压力外，质疑货源真实性的投诉量也达到了新高度。尽管苏宁一直严格执行商品质量把控，境外采购、物流、海关报关等信息的不透明，还是容易让部分消费者产生怀疑。

例如，消费者在苏宁进口水果超市购买澳大利亚脐橙，因其价格较高，消费者难免会有脐橙是否真实进口、是否新鲜等多重担忧。澳大利亚脐橙从种植到送到消费者手中，需要经历农场、生产商、境外物流、商检等环节，如图 5-6 所示。每个环节的信息由各环节负责机构掌握，因为环节较多，信息不透明，在一定的利益驱使下，假冒伪劣商品就有极大可能出现在市场上，即使是正品商品也很难让消费者真正相信。

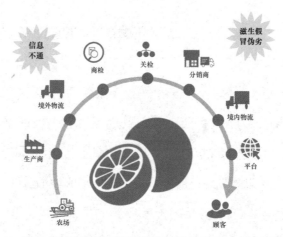

图 5-6　澳大利亚脐橙从种植到送到消费者手中需经历的环节

为了解决这一问题，苏宁也尝试了多重探索，试图构建一个足够灵活、开放、实用的平台，以支撑各种区块链业务的落地，并在智慧零售生态场景下互动。在供货源头上，苏宁坚持采用供应链链路管理模式，买手直采，严控商品来源。同时，苏宁还搭建了商品防伪溯源系统，将区块链技术和物联网等技术相结合，从源头至物流周转阶段对商品实行实时记录和全程可追溯，并且将这些溯源信息向消费者开放，真正做到为消费者打造一个真实可靠的消费环境。

以上这种情况不仅仅涉及某一类商品，而是整个行业的痛点。每个机构均基于自身利益点出发。比如：农场只关心橙子卖得好不好，明年是否需要扩大种植等；物流只关心如何及时送达，怎么降低运输成本；平台通常只关心产品质量如何，如何取信于消费者等。正因为彼此关心的点不同，也容易造成各个环节相互之间缺乏有效沟通。由于部分环节信息化水平较低，商品防伪和溯源信息容易丢失，一旦发生交易纠纷，平台判责追责难度大且成本较高。因此，如何解决这些问题和消费者的信任问题，就成了零售行业的痛点。

那么各方如何自证清白呢？传统的解决方案往往是，由直面消费者的销售方给出多种关于货源的承诺保证，但是这种自证清白可能会让消费者觉得是在自圆其说。既然自证行不通，那么就需要各个环节共证清白。如何共证清白呢？这正是区块链的核心价值所在。

仍然以澳大利亚脐橙溯源为例。要把澳大利亚脐橙销售给顾客，取信于他们，需要生产到销售整体链共证清白，具体包括以下几步。

第一步，确定业务场景中包含的业务机构，组成一个联盟。在由机构发起入链申请和确定接入方式，由苏宁商品溯源平台资质审查通过后，平台自动分配账户、开通权限，同时发放入链证书和密钥，形成完整的商品溯源链。区块链整体解决方案如图5-7所示。

图5-7 区块链整体解决方案

第二步，确认各个业务环节所需信息。以澳大利亚脐橙为例，其供应链的底层逻辑如图 5-8 所示。脐橙在 2020 年 10 月开花，农场就会将其信息上传，2021 年 6 月 12 日进行采摘、包装生产、理货贴码，6 月 13 日通过澳大利亚检疫检验机构检测合格后出关，7 月 11 日到达上海海关，7 月 15 日由苏宁物流送达苏宁门店，7 月 16 日对外进行销售。整个流程中信息经过交叉验证方可入链，一旦上链，数据不可篡改，保证真实可靠。

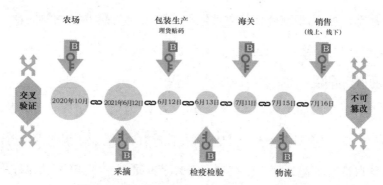

图 5-8　澳大利亚脐橙供应链的底层逻辑

第三步，信息的开放有赖于面向的用户类别。对于业务机构而言，在商品流转过程中，可以通过区块链在其本地账本中查询相关信息，也可以登录苏宁商品溯源管理后台进行物流跟踪、营销管理、防伪监控、品质监控。业务机构的责任如图 5-9 所示。

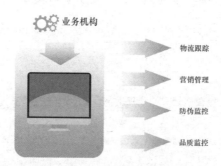

图 5-9　业务机构的责任

对于消费者而言，在购买前和收到货以后，都可以通过扫描商品包装上的溯源码，查询商品的产地信息、采摘时间，通过什么机构的检疫检验，什么时候进入国内等全流程的溯源信息。

商品溯源联合各个业务机构组成一个完整的商品溯源链，在商品流转环节打上溯源码，各个环节根据这个溯源码将本环节业务数据上传至溯源链中；业务机构和消费者可以通过扫码查询到该链上的所有溯源信息。溯源防伪分析如图5-10所示。

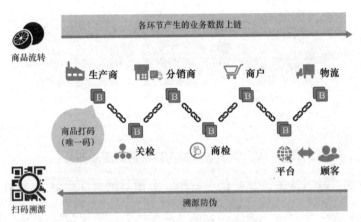

图 5-10 溯源防伪分析

从整体框架上来看，苏宁区块链基础平台架构可分为用户层、接入层、展示层、功能层和基础层，如图5-11所示。基础层为苏宁区块链基础平台，功能层包含通用服务、溯源引擎、后台管理、溯源服务、数据服务，它们支撑了用户的注册授权、溯源码管理、信息上链等，最终通过展示层将溯源信息、区块信息等对外开放。

用户层	境内/境外生产者	质检机构	渠道商	零售商	物流仓储	……		消费者
接入层	信息上链DAPP/API							移动端/PC端
展示层	节点信息	合约信息	区块摘要	区块详情		交易详情		溯源查询 / 流程跟踪
功能层	**通用服务** 账户配置 权限管理 账户认证 证书管理	**溯源引擎** 商品配置 环节配置 页面配置 活动配置	**后台管理** 交易统计 交易查询 合约调用 合约管理		**溯源服务** 编码应用 溯源信息管理 溯源门户 溯源信息展示			**数据服务** 品质监控 防伪监控 营销管理 业务预警
基础层	**苏宁区块链基础平台**							

图 5-11 苏宁区块链基础平台架构

从系统组成上来看，苏宁区块链基础平台的组成部分可分成1个基础、2个应用和3个服务，如图5-12所示。1个基础为区块链溯源基础平台，2个应用分别为编码应用、溯源应用；3个服务为硬件服务、软件服务、运营支持服务。

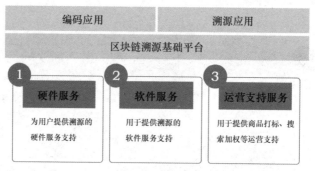

图5-12　苏宁区块链基础平台的组成部分

1个基础：核心技术以联盟链为基础，采用分层设计原则。结合区块链的智能合约、加密技术等基础溯源应用功能，在性能方面满足数据存储、快速响应和支持业务大规模扩展的要求。

编码应用：苏宁商品溯源平台采用国标二维码，进行统一编码。采用系统对接的方式，打通溯源码与各业务环节编码的关系，并支持各业务环节获取溯源码相关信息。

溯源应用：应用于各业务环节上传区块数据时。比如，品牌供应商会通过API上传商品信息，包括商品名称、数量、生产日期、批次号、产地等，通过使用品牌供应商私钥对原始商品数据进行一键签名交易，交易即被记录在区块链上。

硬件服务：支撑商品溯源服务应用于多种行业和目标群体。苏宁提供四种硬件服务，其中感应器主要应用于生产环境监控，实时采集环境数据；二维码生成工具提供专业的二维码生成和打印工具；无线射频主要应用于高价值商品，自动获取物品状态信息；无线摄像可以实时视频监控，使数据和状态真实可靠。

软件服务：提供技术支持，协助业务机构将服务器部署至区块链节点，并通过苏宁开放服务接入区块链。针对无技术能力的业务机构，可以订阅已部署至苏宁星河的区块链应用服务或使用苏宁终端的上链应用接入区块链。

运营支持服务：为了鼓励苏宁的供应商及商户接入商品溯源体系，苏宁在平台维度给予一定的权益和流量资源扶持。在商品上打标，优先保证溯源商品的露出；同时会定向收集消费者的反馈意见以及需求，将信息共享给供应商及商户，以促进其个性化服务能力的提升。

目前，苏宁区块链的溯源数据记录已有上亿条，SKU 接近 3 万，参与溯源的商品数量近百万，海外购商品中实现商品溯源的也已覆盖 50%。

苏宁易购在物流跟踪与商品溯源上运用区块链技术后，不仅成功解决了信任问题，还实现了商品销量的大幅增长。

综合以上信息，我们可以直观地看到区块链技术在物流跟踪与商品溯源上发挥的巨大的价值，区块链技术也成功地解决了供应链管理上关于信任和安全的痛点。

5.3　区块链 + 农产品及食品生产和流通

除了农产品及食品因信息不透明而需要溯源外，农产品及食品生产和流通环节同样存在信息不透明的问题。使用区块链技术后，生产和流通两大环节的成本也会大为降低。例如，区块链技术的信息自动存储和数据库功能，能减少人工记录的成本和其他设施的投入。生产和流通成本降低，农产品的价格也会随之降低，最终消费者购买产品的成本也会降低。此外，将区块链技术引入农产品及食品的生产和流通环节，一方面链上的各级主体可以查看种植户、采购商的信用评价，并利用智能合约保证种植户和采购商之间的公平交易；另一方面这一技术也能让数据管理系统变得更加透明，种植户、加工商、分销商、监管机构、零售商和消费者等都能得到更真实有效的信息。

5.3.1　区块链 + 茧丝全产业供应链平台

传统茧丝全产业供应链平台存在诸多问题，主要表现在茧丝产业上游生产商规模小且分散，整条茧丝供应链较长，加上链上的各个参与者之间存在信息不对称、效率运行低下等问题，使得相互之间的交易成本过高，甚至会发生单方面人为毁约的现象。

中农网能很好地解决茧丝产业面临的痛点问题。中农网全称深圳市中农网有限公司，创建于 2010 年，从单一交易品种到多品种、多业务板块，经过十多年的发展，现已快速成长为国内最大的农产品 B2B 垂直电商平台，持续提供专业、有效、安全、快捷的全程供应链服务。作为高新技术企业，中农网在白糖、茧丝、水果、板材品类建立了运营模式。进一步说，中农网是农产品 B2B 垂直电商平台，它通过"区块链 + 茧丝全产业供应链平台"能够很好地覆盖全茧丝产业链，包括下单、生产、加工、仓储、结算、出口等环节，解决各环节参与者因信息不对称而出现的信任危机和效率低下的问题，减少违约现象的发生。

为了能够为客户提供更优质且精准的服务，中农网成立了区块链管理平台。区块链管理平台，主要用于实现业务相关方快速构建区块链联盟，通过智能合约快速实现业务数据上链存证，既能确保数据真实不可篡改，又能促进业务协同，便于政府监管。另外，区块链管理平台主要通过规范化追溯信息数据采集，将数据汇总至管理平台，进行数据筛选，全面保证重要产品溯源数据的完整性和真实性，同时也能监控各方追溯体系建设，并做好食品安全事故预警工作。

具体来说，中农网在大宗农产品流通链条，如白糖、茧丝、板材、苹果等农产品供应入中农监管仓，生成区块链仓单，并将银行支付通道与大商城对接，实现秒支付，此时资金仍在合作银行体系内循环，最终实现利益共赢。

中国物流与采购联合会区块链应用分会发布的《中国区块链 + 产业供应链应用发展报告（2018—2019）》显示，整个云平台基于物联网、Hyperledger Fabric（一个开源的区块链研发孵化项目）联盟链、分布式微服务架构打造，结合物联网技术实现了资产的数字化，通过数字资产在生态圈内进行价值传递，通过技术创新为茧丝产业赋能。平台实现了后端即服务（Backend as a Service，BaaS），为各参与方提供了自动部署、在线编辑智能合约、在线接口配置、在线查询等服务。

借助物联网、区块链技术，中农网在其打造的大电商平台上实现了资产数字化，让数字资产在产业链内传递价值，大大提升了茧丝生态圈各参与方的生产力，优化了现有生产关系，让整个行业良性、高速发展。

5.3.2　基于区块链的食联网一体化平台

食品溯源行业面临着不少的挑战，包括行业链条不统一、资金压力大、假溯源鱼目混珠等，针对这种情况，海尔建立了海尔食联网溯源平台。该平台通过"区块链 + 物联网"技术为用户打造健康的生活物联网平台，该平台旨在共同梳理行业内及行业间协同问题，实现联盟成员间的良性互动，保证溯源业务的持续性和规范化。

具体来说，食联网溯源平台通过物联网设备和可识别标签（RFID、二维码等），根据国家有机标准，将农产品认证数据、生产过程数据、检测数据、运输数据上链，并对农产品进行全生命周期跟踪，同时通过用户购买食材和与终端产品（冰箱）的交互，将订单数据、交互数据、分享数据上链，为用户定制相应的健康指南、饮食推荐，打造最佳物联网健康生活用户体验。

在农产品种植环节，海尔物联网会将农作物种植信息存储上链；在农产品加工环节，有关农产品的信息也会存储上链；在物流环节，农产品运输也将被实时跟踪和追溯；而到了消费终端，每个产品都有编码，都有源可查。

海尔海创链首席执行官（Chief Executive Officer，CEO）张弢向区块链信息服务商巴比特介绍，海尔将区块链技术应用于食联网的过程分为三个阶段。

"第一个阶段是食材溯源，我们已经开始做了，就是上面所描述的那部分。第二个阶段是推动各食材厂商基于区块链技术去分配价值。未来冰箱可能变成一个销售终端，或者用户交互终端。很多人的购买行为未必基于互联网电商，而是直接通过他们家的冰箱来解决。我们在想有没有可能将不同食材厂商的客户打通，在互相推荐客户的过程中获得一些收益，让 B 端更融合，让生态更繁荣。第三个阶段是对 C 端用户数据的保护，用户与设备交互或者交易的数据，我们希望用区块链技术对它进行加密确权，让用户数据真正成为用户自己的。"

可以看出，在海尔的构想中，食联网发挥出强大的作用，真正实现食品行业链条的闭环，带给消费者真实可靠的信息。进一步说，区块链技术应用在食联网上既可以实现近乎零信任成本的生态联盟成员扩张，又能够为消费者带来更丰富的食材画像，同时智能冰箱也将生成涉及健康、美食、习惯等极为关键的用户画像，为消费者提供更优质、更精准的服务。

值得注意的是，由海尔食联网向电气、电子工程师协会（Institute of Electrical and Electronics Engineers，IEEE）提报的《食联网系列标准》已经通过立项审核，进入实质性的标准提案制定阶段。张弢表示，标准的制定大致需要三年，但通过后，将是国际认可的标准。

食联网溯源平台打通了食品行业上下游企业，不断布局建设生态供应链体系，促进产品和服务的持续迭代，促进生态资源共享，形成生态价值传递，积极拉动生态关联企业，共同构建多方得利的价值联盟。

2020 年 8 月 27 日，第三届中国产业区块链峰会在长沙召开。会上，由中国物流与采购联合会提出、海尔食联网携手顺丰科技等企业起草制定的《食品追溯区块链技术应用要求》团体标准正式发布，这也意味着各方联合起来，并通过整合优势，完善食品健康产业链，为饮食安全再添保障。《食品追溯区块链技术应用要求》还从食品追溯区块链的范围、相关方、应用流程、数据信息等维度给出了标准和规范。

值得一提的是，作为标准起草单位之一，海尔食联网在现场带来了"智慧网器 + 生态产品"的全新搭配——智慧蒸烤一体机。这款智慧蒸烤一体机不仅功能多样，而且能有效地节省厨房空间。具体表现在蒸、烤、嫩烤、热菜、发酵、解冻、消毒等流程能实现一机搞定，代替了电饭煲、微波炉等多种厨具，可以充分节省厨房空间。

此外，海尔食联网还联动了生态方的各种半成品食材，为用户带来更优质且便捷的智慧烹饪场景方案。进一步说，用户扫描半成品食材上方的二维码，不仅能查看食材追溯信息，还能一键烹饪美食，且烹饪过程可实现手机 App 远程控制，不必进入厨房就能查看烹饪进度。

随着《食品追溯区块链技术应用要求》的发布实施，区块链在身份识别、防伪、追溯等技术上应用更发挥着价值作用，也推动着食品溯源体系进入更多用户家庭。

海尔食联网在食品溯源、智慧存储、智慧烹饪等领域持续创新，在不断完善食品健康产业链的同时，也有希望为行业及用户带来全新的健康体验。

第 **6** 章

区块链＋医疗健康供应链

新冠肺炎疫情再次让人们认识到医疗健康产业的重要性，健康产业已经成为全球最大和增长最快的产业之一。区块链技术能够有效应对医疗健康供应链对安全和效率的挑战，针对医疗健康供应链的所有痛点给出解决方案。本章对药品防伪溯源、疫苗接种全过程供应链管理、以病人为中心的电子健康档案系统、医联体等重点环节和典型区块链应用场景做出详细的介绍。

健康产业已经成为全球最大和增长最快的产业之一。随着新冠肺炎疫情变化，医疗健康产业在受到重大影响和冲击的同时，面临着前所未有的发展机遇。疫情提高了消费者对健康决策的参与度，加快了虚拟化、数字化技术的行业应用速度，促进了数据和数据分析结果的共享，加快了政府和商业伙伴的协作，共同加快转变、适应和创新。

然而，传统的医疗健康体系存在诸多问题。消费者非常想要放心靠谱的药品和疫苗；生产企业很难全方位跟踪各个批次药品的去向和实施运营分析，追踪过程也会给企业带来高昂的运营成本；监管机构很难收集从生产到流通再到消费的全流程的完整数据，很难制定针对性的管理办法，监管成本高、效果差。

传统医药行业中，大量的业务场景采用人工的方式，缺少信息化管理，而且药品生产流通销售的数据散落在各个流通环节，既缺乏统一管控，又不利于大数据的增值应用。药品和疫苗数据存在数据孤岛现象，无法做到全流程数据溯源，导致对药品的监督管理不到位，从而造成当前国产药品和药企信用较差的行业现状。

要想有效解决以上问题，区块链技术扮演着重要的角色。区块链和医药的结合是当前区块链研究的热点领域之一，既顺应技术支撑医药监管场景的趋势，也符合医药行业从技术层面为行业信用赋能的迫切需求。

区块链技术的应用，颠覆了医疗健康供应链运行的方式，有效应对了医疗健康领域防伪验真、全程溯源、数据协同、监管同步等问题。本章分析了基于区块链的医疗健康供应链架构，介绍了区块链如何有效应对医疗健康行业的挑战，分享了区块链在药品防伪溯源、疫苗接种全过程管理、电子健康档案系统中的应用案例以及主要快递企业医药供应链溯源的典型案例。

6.1 区块链颠覆医疗健康供应链

区块链 + 医疗健康供应链能发挥出极大的价值，一方面区块链与医疗健康供应链相结合，不仅可以实现跨时空的健康管理协同，还可以让相关各方更好地实现更强的病人包容性；另一方面，区块链 + 医疗健康供应链还能有效地应对医疗健康行业的挑战，包括医疗健康领域诚信问题的挑战、医疗健康数据交互利用和相互协同的问题、医疗数据分析的效率的问题，带来巨大裨益。

6.1.1 基于区块链的医疗健康供应链

根据经济学人智库的研究报告，2020 年健康产业占全球 GDP 的比例为 10.4%。国际货币基金组织曾统计，2020 年全球名义 GDP 总额为 84.56 万亿美元，预计 2021 年达到 93.86 万亿美元，全球健康产业规模为 8.5 万亿～ 9.4 万亿美元，到 2022 年健康产业规模将超过 10 万亿美元，已经成为全球最大和增长最快的产业之一。

国际数据公司发布的《未来格局：2020 全球医疗健康行业预测——中国启示》报告预测，十大趋势中第一个是真实世界证据，对经济性的追求将驱动生命科学行业在近期将真实世界证据（Real World Evidence，RWE）技术用于定量化最佳实践中，到 2021 年，中国生命科学企业 20% 的战略洞察将直接由 RWE 支持。第二个就是规范性物联网，到 2022 年，中国超过 30% 的制药和生物技术企业将利用基于物联网的规范性分析以及人工智能技术来优化其供应链。不论是数字化、数据共享，还是真实世界证据、规范性物联网，都与区块链技术在医疗健康供应链的应用紧密相关。

从一般意义上说，供应链涉及绝大部分企业或组织所需要的所有资源，为客户提供产品和服务。但是，医疗健康供应链是一个非常碎片化的、复杂的流程，既涉及管理供应商、获取外部资源，又涉及产品、医疗健康服务供应商和最终客户。

医疗健康供应链，或者说健康供应链，是指从采购原材料到经过运输和储存将产品和服务提供给病人或者最终消费者的全部流程。在这个流程中，有形的产品和无形的信息要经过多重复杂的主体、利益相关者，包括药厂、医院、保健服务商、保险公司、监管机构等。这个供应链是一个相互连接、将产品和信息从供应商交付给客户的复杂网络体系和管理集成，如图 6-1 所示。

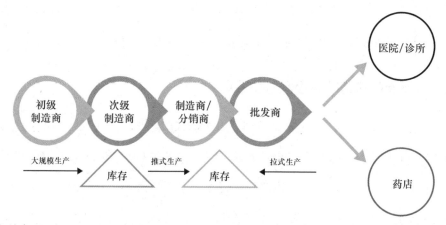

（资料来源：Somdech Rungsrisawat，Kittisak Jermsittiparsert，Suan Sunandha Rajabhat，Does Human Capital Improve Health Care Agility through Health Care Supply Chain Performance? Moderating Role of Technical Orientation，International Journal of Supply Chain Management，Vol. 8，No. 5，August 2019。）

图 6-1　健康供应链的基本架构

健康供应链从医疗产品制造开始，制造商采购原料、生产医疗器械或者药品，将它们发送到配送中心，医院可以直接从药厂或者器械厂进货，也可以通过采购代理执行采购，然后医疗产品被送到医院或者医疗单位的仓库成为库存。医院必须保证所有的基本理疗物品不能缺失，病人可以获得有关产品。

管理复杂的健康供应链具有很大的挑战性。健康供应链独特的复杂性在于在供应链不同的流程阶段，不同的参与者具有独立性，每个主体均为自己利益负责，在寻求自身利益最大化的同时，造成了供应链的碎片化和整体效率低下的问题。比如，医院的管理层想买质量好、价格低的产品，而保健机构想买满足特定要求的特定产品（可能会导致成本上升），药厂则要降低成本、减少过期产品库存。因此，健康服务企业经常面临某些药品短缺，或者药厂的广告攻势。

供应链的目标不能协同，导致健康供应链管理流程碎片化、低效化。降低供应链成本可能导致影响病人救治，或者减少病人得到护理的时间。医生和病人也常常会抱怨医疗用品和药品保障不到位或者短缺。

病人受健康供应链的影响会更大。为保证每个病人得到特定的医疗保障，诊所或者医院有时候就要另行安排合同采购，其中涉及额外的采购成本、时间成本，以及质量控制成本等隐含成本。

因此，面对复杂供应链挑战，提高供应链透明度、增加自动化技术应用、强化供应链各级主体的沟通是主要的手段，而区块链的应用，更可以直接针对健康供应链的所有痛点。

要彻底实现透明化、自动化、全过程协同，健康供应链最终会走向一个完全智能化的全新阶段，即充分利用 AI、IoT、传感器和区块链的时代。人们经常讨论的第四次工业革命，或者工业 4.0 时代，就是这些技术的应用，从根本上实现生产、生活所有要素的互联。工业 4.0 是一个任何机器、任何部件之间，机器与人之间完全互联和互通的时代，释放了巨大的生产潜力，提高了生活的质量并增加了可持续的环境贡献。

医疗健康产业也在迅速进入数字化时代，Web3.0 的应用使所有个体能够更多地接入医疗健康大数据，与互联网界面实现个性化的沟通。健康产业 4.0 时代，就是区块链技术与大数据、AI 相结合颠覆底层运行方式的时代，如图 6-2 所示。在健康产业 4.0 时代，主角是区块链技术。不论是同一个医院内部不同的门诊部门之间的运作连接，还是打通不同医疗部门的记录更新，以及实现每个个体健康数据的文件的可信化、透明化和加密保护，都需要依靠区块链技术实现健康供应链的变革。

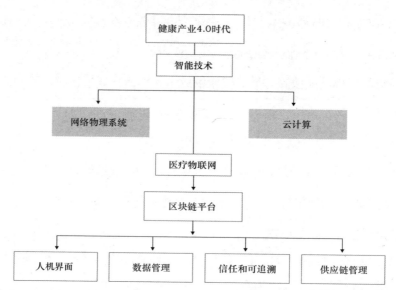

（资料来源：Prateeti Mukherjee，The Opportunities of Blockchain in Health 4.0，Blockchain Technology for Industry 4.0，Secure，Decentralized，Distributed and Trusted Industry Environment（pp.149-164），January 2020，DOI：10.1007/978-981-15-1137-0_8。）

图 6-2 健康产业 4.0 时代与区块链技术应用

在进入数字化时代之后，医疗健康作为万亿元级产业已经被证明具有巨大的发展潜力。医疗、保健、门诊服务、养老服务、健康体检、研发，这个广泛分布的产业将会随着数字化的进程而蓬勃发展。如果每个个体的医疗记录能够被数字化存储，通过多层安全和接入授权，无疑可以让保健机构、医院、诊所等实现对每个病人的健康管理协同，不论空间距离有多远。

这种数字化共享还可以实现更强的病人包容性。沿用多年的医生问诊开药方、病人吃药治疗的单向交流方式，即将成为过去。通过数字化，以及工业 4.0 概念的影响，医疗健康机构能够更多地倾听病人的心声，细心制定治疗方案，保证病人得到正向的医疗保健体验。在一定情况下，对病人状况的诊断可能取决于病人对之前的医疗试验的身体反应。通过技术干预，医疗保健机构可以轻易实现 24 小时健康监控，在需要的时候随时提供医疗帮助。通过导入无所不在的健康服务，病人甚至可以为自己的健康负责，按照自己的需要来找医生。

数字化给医疗健康产业带来的变革非常明显且有价值。但是，数字医疗突破性的进步还没有实现。数字医疗的目标是建立一个以病人为中心的应用体系，为每一个患者提供更好、更加个性化的健康服务。工业 4.0 只是数字化转型的当前阶段，主要依赖计算机各种自动化流程。这一轮技术浪潮的特点是综合了网络空间系统、5G、物联网、云计算、大数据和认知计算的所有能力，第四次工业革命的主要概念有交互运作能力、可视度、分布式、实时性、以服务为中心、模块化，将这些概念应用于医疗健康产业将提升全球健康服务的质量和水平。

服务的去中心化是指建立一个以病人为中心的分布式体系，如图 6-3 所示。

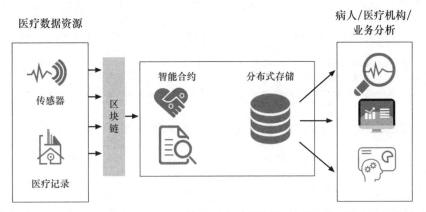

（资料来源：Prateeti Mukherjee，The Opportunities of Blockchain in Health 4.0，Blockchain Technology for Industry 4.0，Secure，Decentralized，Distributed and Trusted Industry Environment（pp.149-164），January 2020，DOI：10.1007/978-981-15-1137-0_8。）

图 6-3 以病人为中心的分布式体系

从工业 4.0 到健康产业 4.0，对于行业从业者来说，挑战性很大。因为医疗记录包含大量的敏感信息，分布式存储对行业参与者来说也没有吸引力。分布式的、以病人为中心的健康服务需要可靠的、连续的数据流，贯穿医疗健康网络体系的所有地域，并采用工业标准及安全措施以保护病人隐私。这些恰恰是区块链具有的作用。

区块链技术提供了一个解决方案，不仅保证了医疗数据的安全记录和可靠分享，而且保证了病人完全拥有自己的数据，其他人要想查看数据，必须得到所有者的授权。进一步说，区块链在健康供应链上的应用，包括药品防伪、信任机制、跟踪和溯源、病历管理、药品召回等。本章后续内容将展开介绍。

6.1.2　区块链有效应对医疗健康产业挑战

在新冠肺炎疫情暴发之前，医疗健康产业面临巨大挑战就由来已久。在疫情发生后，健康供应链的挑战以及由此而引起的财务负担已经迅速上升到顶级层面，包括迅速调整供应链，保障防疫物资的供给，快速研究和确认治疗方案、测试方案和疫苗，医疗供应链回归本土，应对日益扩散的假药问题等。

按照 IBM 相关报告，由于新冠肺炎疫情影响，美国医疗健康产业在 2020 年 3 月至 6 月损失了 2 030 亿美元。由于疫情的放大效应，跟数据相关的问题会涉及所有医疗健康和生命科学生态系统的参与者，包括数据的交互利用性、透明性、纠错，个人隐私保护和数据安全，规则以及个人健康信息的使用问题。超过 700 家主要的电子健康记录系统互相不连通；如果实现数据共享，医院未来五年可以挽救 94 万条生命、节约 930 亿美元；2019 年有超过 4 100 万份病历被非法获取，通过单一的网络入侵可以获取 2 100 万份数据；超过 70% 的生命科学产业的高管人员反映错误信息、不完整信息制约了决策制定。

区块链在应对医疗健康领域的挑战方面，在疫情发生前便显示出了独特的优势。疫情加速了颠覆性技术在医疗健康领域的应用，有效应对了相关挑战。

（1）有效应对医疗健康领域诚信问题的挑战

药品与医疗数据的造假、药品跟踪溯源的难以保障、虚假的医疗记录、医疗行贿、虚假或非法的处方，医疗健康领域的诚信问题涉及生命健康的根本，涉及医疗诚信的案例在现实生活中屡见不鲜。随着个人健康数据不断增长，如果仍然以中心化方式存储重要健康数据，数据一旦发生大规模泄露，将产生难以估量的后果。但是，如果在医疗健康领域中引入区块链技术，就能有效地通过区块链算法确保数据库安全，有效地避免由单点故障导致数据库整体性崩溃。换句话说，区块链技术为医疗健康产业带来金融级的数据安全保障。

（2）有效促进医疗健康数据交互利用和相互协同

医疗健康数据的不一致性致使数据可交互利用性低、可接入性低。数据处理的难度大，成为医疗健康产业另一个重大的挑战。

医疗健康领域的数据通常是记录在医疗健康机构各自独立的系统中的，平台之间相互独立，甚至用不同的数据库和软件开发，形成了典型的数据"谷仓"，使医疗机构面临着无法跨平台安全共享数据的问题。目前的法律法规对医疗健康主体的信息共享和信息诚信并没有强制执行的规定，医疗数据所有权问题并没有清晰的界定，精准分析医疗大数据也就无法实现。对药厂、研发机构和医疗机构来说，数据的可接入性和一致性是至关重要的。它既能在医疗服务商之间建立良好的数据协作关系，又有助于进一步提高诊断准确率，进而改善治疗效果，降低医疗成本。

从中国的情况看，根据《第一财经》在 2016 年 6 月发布的《中国医疗大数据痛点：孤岛怎么破》文章来看，在政府政策主导下，已经有 70% 以上的医院实现了医疗信息化，在基础设施建设层面已经初见成果。但是，当前只有部分医院实现了数据互通，更多的医院还是选择传统系统厂商。使用传统方式聚合一个系统耗时长（2 ～ 6 个月），医院采集和聚合数据耗时费力。另外，从个人角度来看，当前常见的直接获取个人数据的渠道主要有两个：可穿戴设备的穿戴或移动设备的使用和上门检测获取用户数据。但是穿戴这一方式也遇到两大障碍，一是可穿戴设备的市场规模不大，并且用户并没有养成使用可穿戴设备的习惯；二是使用可穿戴设备的用户一旦关闭设备，后续就无法获得周期性可持续的数据。另外，上门检测同样也存在问题，当前常见的检测方式有血液检测和基因检测，但由于该类服务成本高，涉及安全问题，用户接受度低，数据获取也受到诸多限制。

事实上，针对前文提出的机构数据痛点，当前已经有一部分创业公司开始做出改变，想要通过数据整合的方式打造数据库中间件。但是，还是存在很多困难，比如出于医疗机构之间的壁垒、检测水平、试剂选取等原因，数据口径和相关指标无法直接使用的现象也非常普遍。

使用区块链技术可以有效促进信息协同，实现医疗健康信息在所有主体之间的共享，包括病人、护理员、医疗机构、医生、康养机构、其他利益相关者。具体内容如下。

一是信息在医生之间的共享。医生给症状相同的不同病人制定的治疗方案 / 药方，在医生之间可以建立协作和数据交换机制，可以降低学习难度，提高医疗研发效率。

分布式的应用系统，可以采用分享网络将医院数据系统打通，实现端到端的信息交换。病人的数据持续更新，并存储在分布式账本上，在整个健康管理的范畴内，防止了病历被锁死的问题。

二是实现敏感医疗记录的安全储存和共享。与传统的记录系统相比，基于区块链的分布式存储，为数字化信息的存储和分享提供了更加安全的环境。采用分散的、独立的中央存储系统的医院或诊所，很容易成为网络黑客和网络犯罪的目标。除了这个优势之外，区块链网络提供了一套全新的安全和隐私保护机制，通过细致的共享机制和加密算法协议，部署在所有的网络节点。

去中心化的结构的主要优势就是，在不依赖任何一个节点的情况下，实现信息在多节点网络中的共享。这就使得存储系统更加动态化、更有容错能力，给黑客绑架所有网络增加了难度。

三是提高医疗机构内部的信息共享水平和医疗机构的行政效率。去中心化的系统，有助于增强医院内部医生、护理人员、行政人员之间的沟通。经过授权获准接入、更新的病人信息，可以实时共享给医院内部所有人，提高了内部信息沟通的效率。这种程序简化了医院内部的日常管理和行政管理，简化了病人医疗过程确认程序，也会简化健康保单保险理赔等相关程序，使所有相关者受益。

四是促进病历共享，形成以病人为主导的电子病历（Electronic Medical Record,

EMR）**管理系统**。分布式应用使病人具有获取、管理自己的数据的能力，而不是将数据存储在远端的、由医院及诊所或者第三方机构所拥有的电子健康管理记录系统，实现了病人对敏感医疗信息的绝对所有权。

采用区块链的系统，不是医疗机构在管控病人数据的存储权，而是病人自己控制了数据的接入权。这个架构成为获取远端电子病历信息的前置架构。这种设计有助于将传统的医疗健康管理要素向健康 4.0 标准转化。

例如 Guardtime 医疗档案管理项目。安全初创企业 Guardtime 利用区块链技术保证病人医疗记录的安全。

五是实现物联网设备之间的信息共享。由物联网赋能的可穿戴设备持续采集病人的相关信息并定期更新到数据库中，可以通过安全的区块链网络，将相关信息实时分享给经过授权的医疗机构和医护人员。区块链技术更有力地支持了以病人为中心的医疗健康体系。

（3）提高医疗数据分析效率

在医药产业，信息相互矛盾、信息不准确的问题经常存在，不仅信息分析报告的结果会受到影响，分析报告的时效性也会受到影响。医药公司将数据存储在各自的数据"谷仓"中，可以通过不同的渠道分别获取，但信息是不是最新的、是否具有分析价值往往很难确定。

数据分析效率对制药行业非常重要。因为药厂通常要应对非常多的数据源，无论是数据搜集、数据整理，还是数据分析都需要非常多的资源的支撑才能实现。如果初始数据存在缺陷，数据分析结果的可靠性就难以保证。这还不是最坏的情况，来自不同源头的数据，要实现一致性的分析处理，需要非常大的投入，耗费更长的时间。而分析时间的延长，可能影响药品开发的时效。因此，医药研发的信息处理流程需要改变。

有了区块链技术之后，情况就会极大地改善。药厂可以将所有数据存储在区块链上，可以有效避免重复，而且保持数据的新鲜度。而且，任何一种提高信息处理效率的技术，必然会节约大量的时间和金钱，从而颠覆信息处理和分享方式，使所有人受益。

随着新的变异毒株的出现，新冠肺炎疫情防控仍然面临重大挑战，这也推动了区块链在医疗健康领域的应用。随着技术的发展，区块链在医疗健康领域也有了丰富的应用场景。

6.2　区块链＋医疗健康供应链的解决方案

医疗健康供应链存在一些缺陷和障碍，区块链的加入则提供了解决方案。本节具体介绍区块链在药品防伪溯源、疫苗接种全过程供应链管理、以病人为中心的电子健康档案系统、医联体中所发挥山的巨大价值。

6.2.1　区块链＋药品防伪溯源

假药会危害成千上万人的生命，区块链的应用可以有效应对这一问题。产品的唯一数字孪生，可以从源头上杜绝假药问题。全过程的区块链医药溯源体系，可以实现最高水平的透明度，杜绝假药在任何阶段进入医疗健康供应链。

采用 AI 与区块链相结合的方法，可以实现高效率的药品验真和更高水平的透明度。在药品生产线上，AI 系统自动提取高清晰度药品标签照片，可以识别人眼看不到的独特特征，建立一个数字孪生的标签。一旦需要对药品验真，数字孪生标签就可以从区块链系统中被提取出来，与药品进行比对，即便在真实世界中的物理标签已经污损。这个系统可以一直跟踪药品从药厂到病人口中的全过程。

MediLedger 是区块链应用于药品验真的领先案例，让所有企业能辨别处方药的真伪，包括有效期等重要信息，这种系统有三个优势。

一是增强客户信心，可以针对每个批次对药厂、批发商、医药物流企业、药店进行诚信溯源；二是加强合规检验，医疗设备厂家和医药企业承担着保证病人安全的重大责任，将所有供应链信息记录在区块链系统中，各主体可以及时发现违反合规要求的事项，并及时做出法律提示；三是提高供应链优化水平，在 AI 的帮助下，企业可以进行更好的预测。

FarmaTrust 是采用区块链技术的 AI 企业，它建立了一个基于区块链的全医药产业链的完全透明化系统。这个于 2017 年在伦敦成立的企业，致力于建立一条有效的医药供应链，清除假药，减少客户损失。FarmaTrust 系统打通了医药企业、医药分销物流企业、非政府机构和法律执行机构。

FarmaTrust 建立了一个区块链技术平台，用 AI 和大数据分析，建立从药厂到病人的医药供应链体系。区块链技术保证了数据安全和不可篡改，防止了信息欺诈。FarmaTrust 给予了每一个医药产品一个电子的合规追溯通证（Compliance Tracking（CT）token），该合规追溯通证带有一个序列化的产品密钥，以此跟踪医药产品的全物流过程。每个交易和运输仓储过程的信息会被及时传输记录到区块链上，并由区块链实现数据鉴别。

这项技术连接了制造厂、药品监管机构、供应商和客户，每个主体均为自己的运作承担责任。全程溯源避免了每个医药产品在全生命周期的造假和错误使用。FaramTrust 的 "Zoi" 平台实现了药厂和监管机构之间的数据共享，确保每个医药产品符合规定、安全。如果发现任何问题，监管机构可以通过区块链进行追溯，决定是否需要进行产品召回。这种控制能力提高了医药供应链对违规事件的反应效率。

供应链的透明化也使跟踪医药产品是如何、什么时候到达客户的更容易。每个产品都被实时跟踪，杜绝了非法药品进入供应链的机会。现有的没有采用区块链的系统，不能实现药厂、分销商、监管机构的数据互通，所有主体都不能端到端跟踪供应链过程。在这种情况下，不论是非法假药进入供应链，还是供应链上药品的短缺，都不能及时被发现。

药店或者病人可以通过下载 FaramTrust 的手机应用程序来对药品扫码验真，如图 6-4 所示。这个 App 叫作"消费者信心 App"（Consumer Confidence App），任何人都可以免费下载安装使用。如果监管机构或者药厂将任何一个药品标识为不适合使用或者在药品交易过程中出现不一致的情况，消费者就会收到警告，将所购药品退回。

（资料来源：FarmaTrust 网站。）

图 6-4　FaramTrust 的医药健康供应链手机应用程序

6.2.2　区块链应用于疫苗接种全过程供应链管理

疫苗接种是人类摆脱新冠肺炎疫情的最终出路。尽管截至本书成稿的 2021 年 10 月，疫苗对新型变异毒株的有效性还在讨论之中，但有一点可以肯定的是，疫苗会显著降低患者的病情发展为重症的概率。

除了疫苗的研发、生产之外，疫苗配送和物流体系的能力和效率也是疫苗接种效率的关键影响因素。根据美国疾病控制与预防中心（Centers for Disease Control and Prevention，CDC）网站的数据，美国 2020 年 12 月 14 日开始首剂接种，2021 年 4 月 19 日疫苗接种人群开始扩大到 16 岁以上人群，5 月 10 日辉瑞疫苗的接种人群扩大到 12 ～ 15 岁少年。 截至 2021 年 6 月 28 日，全美共交付 3.93 亿剂，接种 3.41 亿剂次，18 岁以上人群的完全接种率为 57%，接种总人数为 1.54 亿。2021 年 6 月初，美国承诺对全球提供 8 000 万剂疫苗，虽然此时尚未公布分配计划，但疫苗的物流与配送问题已经成为一个关注点。

从全球范围来看，本次新冠肺炎疫情的疫苗接种，已经成为人类历史上最大规模的疫苗接种行动。截至 2021 年 8 月 18 日，全球 183 个国家已经接种了 47.8 亿剂次疫苗，大约每天接种 3.73 亿剂次。

疫苗具有特殊性质，为保证疫苗的有效性，运输配送需要全过程在严格的温控条件下进行，大部分疫苗要全程在超低温状态下进行运输配送，如图 6-5 所示。比如辉瑞等企业生产的 mRNA 还需要特殊研发的包装箱，每箱可以储存 5 000 剂，使用干冰，将温度保持在 -70℃ ±10℃ ，最长保持 10 天，带全球定位系统（Global Positioning System，GPS）传感器。

1. 将疫苗用特殊的干冰包装运送到目的地国家或地区，每箱装有 5 000 剂

2. 目的地国家或地区可以选择将疫苗储存在 -70℃ 的 "疫苗农场" 中。最长可以储存 6 个月

3. 在未开封状态下，干冰包装在运送到疫苗接种中心前可以保存 10 天

4. 到达疫苗接种中心之后，疫苗可以在 2℃～8℃ 的冷藏箱中储存 5 天

（资料来源：BBC 网站，根据 MSF、Pfizer、BioNTech SE 资料绘制。）

图 6-5　疫苗物流配送全过程需要在严格的温控条件下进行

疫苗运输的第一步是用特殊研发的包装箱，按照每箱 5 000 剂，在 -70℃ ±10℃

的温度下，将疫苗从生产厂家送抵目的地国家或地区的机场；第二步，目的地国家或地区可以选择储存疫苗，在 -70℃ 的状态下最多可以储存 6 个月；第三步，将特殊包装箱运往疫苗接种中心，干冰包装在未开箱状态下可以保存 10 天；第四步，到达疫苗接种中心，疫苗在 2℃ ～ 8℃ 的温度下最多可以保存 5 天。

疫苗的有效性能否得到保障，能否被公众相信，疫苗的全过程跟踪溯源，以及疫苗配送的速度、可信度、透明度，成为关键。

基于区块链的疫苗配送网络，可以让疫苗生产厂家全程跟踪疫苗配送过程，可以实时主动监控疫苗的温度状态，可以随时在可能失效的情况下启动召回机制。物流配送部门也可以实时监控疫苗状态，对可能的供应链断裂做出及时的调整和反馈。分发部门可以提高库存管理效率和安全监管能力。而接种疫苗的公众，也会建立对接种疫苗的信心。

这种基于区块链的自我报告的系统，可以将疫苗从登记、运输、储存到接种的过程中的状态信息严格、安全地记录在区块链公开账本上，并严格按照生产厂家定义的规则安全操作物流过程，将操作规则定义成为标准的智能合约，嵌入区块链中。区块链解决方案还可以用于疫苗接种，可以提供可信的疫苗负面效应报告、个人身份识别。

这样的区块链系统，可以基于以太坊来实施，包括不可篡改的主题和登记规则，分布式的疫苗配送监控，以及疫苗接种记录、接种负面反应的自我报告过程，如图 6-6 所示。

这样的系统可以有效应对疫苗供应链方面的挑战：一是通过全程透明化跟踪和有效审计过程、储存、交付状态，提高疫苗配送的效率和透明度；二是保证接种登记管理的安全可信；三是提供接种负面反应的自我反馈机制和公共报告系统；四是医疗中心接收疫苗、准备接种上链；五是医生确认疫苗接种人身份，以及疫苗的配送、储存状态，实施接种。

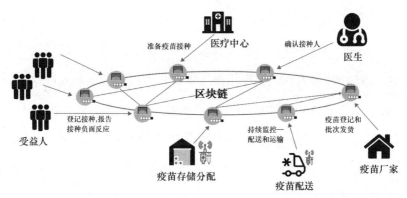

（资料来源：Claudia Daniela Antal（Pop），Tudor Cioara，Marcel Antal，Ionut Anghel，Blockchain Platform for COVID-19 Vaccine Supply Management，arXiv.org。）

图 6-6　基于区块链的疫苗供应链系统

所有过程和操作均记录在分布式账本上，生成区块应对实际操作中的各方的行为。基于区块链的疫苗系统实现了更高级别的透明度，使疫苗接种过程数字化。

6.2.3　基于区块链的以病人为中心的电子健康档案系统

对于健康管理系统来说，每个国家和地区都存在着信息"谷仓"问题，病人和医疗机构对所有的病历均没有完整的记录。不少国家都出现过医疗错误、失误导致病人死亡的案例，这其中包括医疗健康机构之间的协同问题——计划的医疗方案没有执行完，也包括病人医疗记录的错误或者缺失。

这里举一个 Medicalchain 的案例，从中可以清楚地了解采用区块链技术可以有效防止出现医疗错误问题。可以建立一个与现有电子医疗记录软件相连接的区块链系统，作为病历浏览的单一窗口，病历本身不需要上链，而是将医生问诊记录、药房、化验单等转化成为加密的哈希函数，记录在区块链上，形成由字母和数字构成的哈希值。每个哈希值都是唯一的，可以由拥有数据的人来解锁，即由病人授权，才可以接入浏览。

在这种情况下，每次看病或者有病历的更新，只要病人同意分享这部分医疗记录，这段记录就可以写入区块链。

基于区块链的电子健康档案系统有着两点明显的优势：一是建立了单一来源的病人医疗记录，给病人和医疗机构使用医疗记录带来了良好的体验；二是它允许病人每次看到自己病历的更新，在分享给医疗机构之前，必须由病人明确给出许可。病人也可以同意与研究机构、药物研发机构分享医疗记录，或者部分分享医疗记录，可以设定分享的时间长度、是否允许第三方机构获取其医疗信息。

医疗保险机构也可以直接从病人处及时获取已经确认的医疗信息，不需要产生任何第三方的时间和成本。Medialchain 还建立了平台，由第三方提供数字化的健康解决方案，该平台包括虚拟问诊咨询系统、医疗数据交换系统，病人可以选择匿名出售医疗数据，以换取平台上的医疗通证（Medtoken），支持数字化健康应用的研发，比如基于人口大数据级别的医疗分析解决方案。

完整的、数字化的、可分享的病历档案还可以给医疗健康市场带来重大的影响，为更先进的分析提供资源。比如，个性化医药是具有发展前景的领域，但个性化医药的开发受到了缺乏足够高端数据的制约。如果能够获取更可靠的大数据，就可以使更强大的细分医药分析成为可能，进而生产出靶向性更强的药品。

基于区块链的电子健康档案系统还使病历交易成为可能。区块链可以保证将病人的数据从一个医疗健康机构转移到另外一个机构，并保证转移的效率、安全和可信。

这个系统可以成为去中心化的医疗管理系统，它是充分利用区块链技术的一个平台，可用于管理病人档案的接入和分享。

DMMS 作为一个去中心化的网络，是基于 Hyperledger Fabric 建构的一个应用。这个应用将医生给每一个病人的每一个处方以及医疗过程、历史药方都记录在区块链上。Medicalchain 就是这样的一个典型应用。平台经过病人的允许，将医疗健康档案开放给特定的医疗服务机构。平台还会安全、透明、可靠地记录健康专家与病人的数据。

对于研发机构来说，也非常需要寻找到合适的医疗数据，或者用于支持其研发结果，或者将研发活动信息发布出去。

要获取所需的病人信息，医药研发机构一般会找中介（主要是医疗市场营销公司）以找到有相关健康问题的合适的病人。以区块链企业 Embleema 为例，该企业做的就是帮助医药研发机构摆脱中介，并且允许病人拥有自己的医疗数据，帮他们找到要买数据的人。这个平台同时帮助了医药研发机构和最终用户，提高了病历档案的利用价值。

这个区块链平台解决了很多目前法律层面没有解决的问题。美国 HIPAA 法案明文规定，禁止医疗健康机构和从业人员分享病人数据，但很多情况下病人并不知道自己的病历已经给了别人。很多时候，病人在医院或者诊所签了字，但没有注意到是否已经给了授权。在英国，只有三分之一的人知道国家医疗服务体系使用了他们的数据，知道数据被第三方研究机构或者商业机构利用的人更少。

丰溯疫苗溯源架构是基于顺丰区块链医药溯源平台和医药冷链运输能力，使用 "区块链 + 物联网" 技术为疫苗打造的全流程端到端的溯源应用。通过对每一剂疫苗都贴上溯源标签（RFID、GS1 二维码），跟踪每一剂疫苗的出厂数据、仓储和运输数据、疾控中心的出入库和仓储数据、疫苗站的接种数据。同时，采用物联网设备采集疫苗存储和运输过程中的温度、湿度数据，通过与仓库管理系统（Warehouse Management System，WMS）、运输管理系统（Transportation Management System，TMS），以及冷链车的数据进行交互，形成立体的疫苗全流程的质量监管数据。

可以看出，丰溯疫苗溯源架构不仅有序、清晰，还很高效，在信息共享的基础上增强了各方的信任。

值得一提的是，在联盟链的应用场景中，为了让联盟内不同成员之间能够相互查询数据，各成员需要将自己的数据公开存储在区块链上，也可以在区块链上进行信息查询。然而，联盟内各成员的数据可能存在敏感信息，他们可能并不希望这部分信息被公开存储在区块链上，这显然又给联盟链的隐私问题带来了新的挑战。

针对联盟链上的数据隐私泄露问题，丰溯疫苗溯源架构采用基于指纹的、可验证的隐私保护方法，即只将用户数据的指纹公开存储在区块链上。当用户申请查询数据时，查询过程和返回查询结果过程均在链下进行。用户在收到查询结果后，可以将计算返回数据的指纹与链上的数据指纹进行比对，以此来确定查询结果的正确性。这一方案既能有效地保护用户的数据隐私，又能为用户提供可靠的查询服务。

可以说，顺丰区块链医药溯源平台搭建了全程溯源体系，通过对商品运输、销售全流程进行监控，打通各环节信息流，为完整供应链服务提供信任背书，提升了国内消费者对国外商品的信任度及供应链透明度，优化了消费体验，同时也提升了商品竞争力，为客户提供更多的增值服务，也成就了消费者。

6.2.4　基于区块链的医联体

数据不安全、信息孤岛等制约着医疗健康及医保体系。进一步分析发现，当前医疗保障体系和保险体系还存在以下四大问题。

一是数据不安全。医疗健康数据大多储存在数据中心，如果数据中心发生自然灾害、黑客入侵等，那么患者的电子病历就有可能会彻底丢失。

二是信息孤岛。这主要表现在医疗机构之间没有建立起良好的互信机制和分享机制，容易形成信息孤岛，不利于保证数据的完整性和全面性。另外也会削弱信息的可靠性，并且提高了在共享中信息被随意修改的可能性。

三是重复医疗。由于各个医院和机构之间信息不互通，患者每去一家医院就会在该医院建立一份电子病历，使得患者会在各个医院重复做各种检查，既耽误时间、浪费金钱，又浪费医疗资源。

四是无获得感。医疗资料产生于患者却存放在医疗机构，患者对自己的医疗数据既不了解，又无法掌控，也使得患者的就诊与健康管理受有限资料的限制。

在此情况下，医联体的价值就完全凸显出来了。医联体是由医疗、保险、金融等商业机构构建的可信区块链医疗平台，提供个人的实名认证、政务数据的安全共享、在线安全支付、个人征信数据的采集等功能。作为医疗行业实现先诊疗后付费、商保直赔等普惠服务的基础支撑，它不仅可以提升用户的就医体验，还能提高医院的工作和管理效率。

基于区块链技术的医联体平台组网结构如图 6-7 所示。

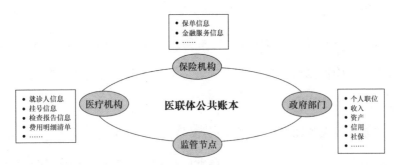

（资料来源：华为区块链白皮书，2021。）

图 6-7　基于区块链技术的医联体平台组网结构

医联体平台由可信区块链网络、应用门户以及政务公共服务三大体系形成安全可信的行业应用支撑平台。其中参与的各机构的功能如下：可信区块链网络利用区块链技术构建普惠医疗网络，实现政府与医疗、金融、保险等机构之间数据的共享与协作；政务公共服务提供就诊人的职业、收入、资产、信用等数据；医疗机构提供就诊人信息、挂号信息、检查报告信息、费用明细清单等数据；金融服务机构借助政务公开数据并利用智能合约的支撑，提供个人就医的创新普惠金融服务，并通过区块链网络公开业务办理关键节点的流转状态。

医联体以应用门户为依托，实现多重实名认证、安全私钥保障、多种支付方式以及各行业功能入口等功能，还能有效地整合各类数据和信息，承担着政府部门与机构间所有数据交互的安全、高效、便利的通道。

可以说，医联体平台既可以实现各个机构，包括医疗、金融、保险等机构，与相关政务部门的业务联动与高效协作，又能提高个人获取医疗服务的便捷性与丰富性，缓解个人就医负担。医联体的主要应用场景介绍如下。

一是"先诊疗后付费"。这是 2013 年起全面推行的一项医疗保险制度，是指患者在门诊、急诊诊疗时，通过预缴一定额度押金的方式，待所有诊疗过程结束后统一进行结算。这项利民惠民的制度，由于户籍制度限制和医保与财政体系不互通等问题，存在结算难、病人身份难确定、诚信制度落后等问题，导致一部分无能力者无法归还高额医疗费用，欠款风险高，而医院切身利益也无法得到保障，在推行时存在一定的困难。基于区块链技术的先诊疗后付费系统，可以整合政府部门、医疗机构、金融机构的数据，用户可通过医联体 App 线上申请先诊疗后付款，银行调用智能合约根据政府提供的个人征信数据和就诊信息给出医疗金融产品，既简捷高效，又能减轻病人就医负担。

二是"商业医保直赔"。 因医院与各保险机构的信息系统是相互隔绝的，所以商业医保报销流程非常复杂。一方面商业医保理赔需要被保险人提交资料，然后等待保险公司受理、审核、放款，周期较长；另一方面报销时被保险人除需提供基本身份资料，还要出具医院盖章的病历、费用清单、化验单、收据等诸多资料。但是，在商业医保直赔系统中引入区块链技术，不仅可以让患者省去复印病历、跑保险公司、等待结账等麻烦的手续，还能让患者在出院后直接在医联体 App 中申请保险理赔。而保险机构自动调用智能合约，根据医院上传的就诊信息和个人缴纳的保险信息给出理赔结果，实时办理商保结算业务，快速完成理赔。区块链在医疗保险中的应用模式如图 6-8 所示。

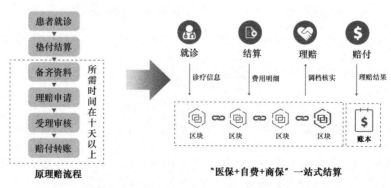

（资料来源：华为区块链白皮书，2021。）

图 6-8　区块链在医疗保险中的应用模式

医联体平台可以完善医疗救助的事中即时结算和事后委托结算机制，提升医疗救助结算管理水平；支持相关各方提供多层次、多样化的医疗服务，推动商业保险机构遵循依法、稳健、安全原则，以战略合作等方式整合医疗服务产业链，探索健康管理组织等新型健康服务提供形式。进一步说，医联体平台将发挥以下作用。

一是医疗数据共享：实现政务数据的对外开放以及医疗数据的实时共享，并且数据真实可信、可追溯，减少保险公司的核验成本。

二是多方业务协同：搭建社保、医院、保险机构间的数据通道，打破医疗行业的数据壁垒，推进医疗医保数据协同，支持商保直赔、快赔、先诊疗后付款等业务的多方协同在线办理，客户可在线上直接申请，理赔流程更便捷。

三是隐私安全保护：个人授权查询医疗数据，智能合约控制查询权限，保证隐私数据的安全。

四是形成开放生态：通过区块链技术建立的可信网络，后期可快速、低成本地接入银行等金融机构，提供更丰富的创新金融医疗服务。

综上，可以看出医联体平台在医疗健康供应链上发挥出的巨大价值，既为患者提供便利和更优质的服务，也能促进多方协同，带动整个医疗行业的发展。

第 **7** 章

区块链＋汽车产业供应链

作为国民经济重要支柱产业，汽车产业链条长、涉及层级多、供应链体系庞杂。本章从汽车产业供应链的角度出发，探讨了区块链对汽车产业供应链的颠覆性变革，并从数据安全、租车与共享车辆、车辆交易与支付结算、汽车保险、汽车金融、整车物流的角度全面展示区块链在汽车产业供应链上发挥出的巨大价值。

汽车产业链条长，涉及的细分板块多，在整个供应链体系中，包括原材料采购、零部件生产、车辆装配、整车物流与销售、售后服务、报废回收等内容，同时，供应链内企业运作处于孤岛状态，信息不流通，极易造成资源浪费，需要各板块高度协同配合。

要想解决这些问题，全方面提升汽车全产业链的价值，区块链技术发挥着重要的作用，它能够打破汽车产业供应链上各企业、各环节之间的信息壁垒，降低协作成本，提高运作效率。

7.1 区块链改变汽车产业供应链

本节主要介绍区块链在汽车产业供应链流程和逆向物流与车辆召回管理上的应用，以及区块链技术是如何颠覆汽车产业供应链的。

7.1.1 从汽车产业供应链到区块供应链

汽车产业供应链是一个复杂的网络，包含了从原材料、零部件、主机厂到分销商、代理商、监管机构、保险机构、整车物流等，构成了一个庞大复杂的供应链体系，如图 7-1 所示。在汽车产业发展的历程中，随着管理技术和科技手段的应用，汽车产业也建立起了以丰田生产方式为代表的精益供应链体系，其成为生产制造业供应链最佳流程标准的典型代表。

区块链既可以完整用于汽车产业供应链流程，也适用于逆向物流与车辆召回管理。具体来说，区块链在汽车产业供应链流程中的应用，首先是将供应链上所有零部件、供应商、主机厂、产品、分销商、代理商、消费者（车主）的信息全

部采集上链，建立一个对所有参与者都共享的信息账本，如图 7-2 所示。区块链
在汽车产业供应链流程中的应用让消费者可以很容易获得任何车型产品的任何特
定信息，让消费者了解车辆是如何设计、如何生产、如何分销到自己手上的。这
种透明化的可信系统，可以促进主机厂改进技术，可以基于客户信任度的提高增
加主机厂的营销和销售。

图 7-1 汽车产业供应链

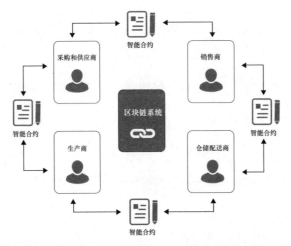

（资料来源：Sanae Yahiaoui，Fayçal Fedouaki，Ahmed Mouchtachi，How Blockchain Make
Better the Supply Chain in the Automotive Industry，International Journal of Engineering and
Advanced Technology（IJEAT）ISSN：2249－8958，Volume-9 Issue-3，February，2020。）

图 7-2 区块链在汽车产业供应链中的应用

基于区块链的汽车产业供应链可以分为多个流程，如图 7-3 所示。

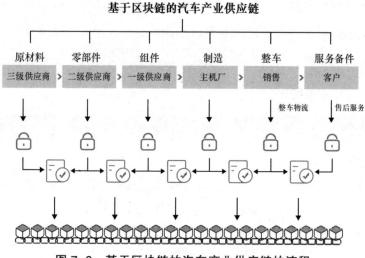

图 7-3 基于区块链的汽车产业供应链的流程

在进料和采购环节，系统将交易信息通过代理发布出去，并通过智能合约协调所有操作过程（进料、采购设备等）。

在生产过程中，系统可以确认所有零部件的身份信息并确保全程可追溯，并且记录所有生产过程。

在成品整车下线之后，代理商将储存和销售交易信息记录上链，实时反馈业务进程。

销售和交付部门要保证将产品交付到客户手中。在这个流程中，代理商还要协调产品销售保证客户满意。

区块链信息平台负责实时更新协同所有流程中的信息，更新区块链记录，保证所有过程中的交易数据、操作数据实时记录在区块链账本上并实现所有节点更新共享。

除了在汽车产业供应链流程中的应用，区块链同样可以应用于逆向物流与车辆召回管理。根据《汽车缺陷和召回报告》（*Automotive Defect and Recall Report*），美国 2018 年有 2 800 万辆汽车被召回。汽车召回是复杂且成本高昂的流程，这个流程可以通过采用区块链技术得到优化。基于区块链的召回记录体系，有助于确认哪些是必须召回的车辆，既可以减少厂家成本，也可以减少给车辆所有者带来的不便。

将召回数据输入基于区块链的协议，每个汽车零部件取得唯一的加密身份标志，可以在公开账本上进行记录和跟踪。厂家可以将产品信息存储在区块链上，一旦需要召回，有零部件缺陷的车辆可以立刻被识别。

7.1.2　区块链如何颠覆汽车产业供应链

颠覆性技术的应用速度在小心谨慎的传统工业领域往往是缓慢的，汽车产业就是典型的案例。这对汽车产业来说并不是件好事情，因为越能快速适应变化的企业往往越能获得先机。区块链技术作为给整个供应链流程带来诚信和效率的颠覆性技术，在汽车产业供应链中应用的潜力是巨大的。但相对于其他产业，汽车产业各企业的行动则相对迟缓。

对汽车产业来说，管理供应链是一个成熟的操作，供应商一旦确定，零部件按批次定期交付就行了，只要东西不被偷走，或者不出现整批次的延误，供应链就等于是可信的。

但这不等于供应链的风险就没有了，在自动驾驶汽车来临的时代，最大的潜在风险就是假冒零部件。如果假冒零部件或者未被验证的不可靠的零部件被用在自动行驶的汽车上，则很有可能出现行驶故障或者交通事故。因此，主机厂在零部件验证上必须进一步采取强化措施，让这些零部件个个保真。在整个供应链生态系统中，要保障供给和需求实时协同，保障生产持续进行，每个零部件必须有唯一的身份识别代码。

区块链技术可以建立可信的信任机制。在今天的汽车产业供应链中，零部件代码仍然是系统所依赖的身份识别标志。区块链系统的应用，就是让这个唯一的身份识别代码加密之后写入区块链，这个代码以及所有流动的过程在主机厂和供应链伙伴之间通过安全可信的区块链账本实现共享。

在企业区块链系统内，所有人都知道零部件身份识别代码是谁创建的，零部件是谁在哪里生产、生产了多少，以及零部件性能信息等所有关键信息。这样就建立了一个覆盖所有供应链社区的核查和平衡系统，通过云服务器确认和记录所有过程，通过数字化的公开账本，实现了透明化和可信化，建立了供应链各方在供应链上所有行为的基础。

汽车产业供应链的区块链应用的最佳方法是从主机厂开始，由主机厂建立一套企业级的区块链架构，然后由供应商接入（系统的可扩展性允许其他供应商加入），再扩展到供应链上其他的合作伙伴。企业级汽车区块供应链系统推进的新商业模式如图7-4所示。每个零部件的身份识别代码是唯一的，并在所有追溯系统中可见。主机厂和供应商均保持着在公开账本中的加密信息，这让错误的部件或者假冒部件得以立即被识别。除了区块链之外，现在没有任何一个系统能够确保单一身份识别不受人为干预。

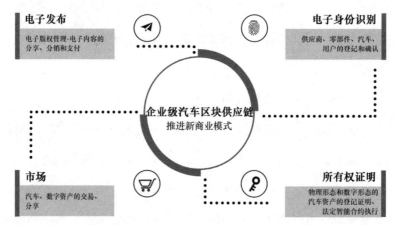

（资料来源：Mahbubu Alam，Blockchain Technology Could Reinvent the Auto Industry。）

图7-4　企业级汽车区块供应链系统推进的新商业模式

在汽车产业供应链体系中使用区块链技术的优势是显而易见的。因为基于区块链的识别和溯源系统可以解决90%以上的安全问题，这样一个架构可以囊括一系列关键功能，比如门户服务、数据服务、通证发行和所有的管理和运营。汽车产业供应链的区块链化，可以想象的空间是非常大的。

区块链在汽车产业供应链中更大的想象空间来自与 IoT 的结合。汽车行业本来就是一个高度自动化的行业，随着 IoT 技术的应用，IoT 与区块链结合，将使汽车制造业和供应链实现质的飞跃。将所有传感器、RFID 和互联网连接起来已经是一大技术进步，但传感器发出的数据如果不能被识别、不可信，不仅不能让数据发挥作用，还可能导致悲剧。IoT 设备产生的数据需要身份识别、信任机制，需要一个定义和处理所有信息的系统，这就需要通过应用区块链技术来解决问题。

基于区块链的架构，可以实现 IoT 系统的透明化，以分布式的方式增加信任和确认过程。想要在系统中加入软件的人，还是需要得到许可，但可以信任已经上链的 IoT 数据，在云端建立新的服务。

当今世界，人与组织都需要新的交易方式，特别是当数字设备和数字网络已渗透到经济社会生活的每一个角落时。有人兴奋地提出，区块链将成为第四次工业革命的核心，直接影响到信用、安全、隐私管理。区块链在汽车产业供应链中的应用，具有非常大的发展潜力，需要引起行业的高度重视。

7.2 区块链 + 汽车产业供应链的解决方案

当汽车产业进入智能汽车时代，随着辅助驾驶、汽车电动化、互联能力增强，区块链作为独特的安全的加密方式，将有助于汽车产业实现飞跃发展。不论是强化汽车金融的信息安全，还是提高所有权共享的信任度，区块链都将颠覆未来汽车数据管理的方式，所以值得关注。

将传感器、RFID 与互联网相结合，已经让互联网进入 IoT 时代，而区块链与 IoT 的结合可以让 IoT 的价值上升到另一个台阶。缺乏身份识别的 IoT 打开了不信任的大门——因为传感器之间没有信任、没有沟通、没有授权。这是一个类似轴－辐的关系，轴作为枢纽或者门户控制点，由 IoT 制造设备的供应商来定义。

独立的第三方软件供应商和其他提供 IoT 解决方案的供应商，就被局限在了这样一个封闭的系统中。当区块链和加密网络空间出现之后，对 IoT 设备所产生的数据的逻辑分析将使汽车产业实现一个巨大的飞跃。

区块链在汽车产业中的应用贯穿汽车生产和消费全过程。首先是数据安全，之后是后市场的应用，涉及费用支付，包括汽车钱包、汽车充电、共享汽车收费；其次是身份识别，包括汽车所有权跟踪、汽车标志、使用记录、二手车贷款依据；再次是汽车贸易，包括汽车交易和敏感单据的数据签名；最后是汽车保险及保养服务，包括汽车状态和事故信息记录、汽车保险及保险代理费结算、维修保养服务记录和结算。

7.2.1 区块链 + 数据安全

麦肯锡咨询公司（McKinsey & Company）曾经预测，如果技术和规则问题能够解决，到 2030 年，全自动驾驶汽车将占到汽车总量的 15%，数据安全问题始终是全自动驾驶汽车的核心。

随着自动驾驶汽车的出现，针对自动驾驶汽车的网络安全攻击事件持续增加，让主机厂和汽车用户都感觉到了安全威胁。区块链的分布式账本，采用了目前最高等级的加密技术，来提高信息安全水平。一旦信息被确认并写入区块链，就不可能再被篡改。

区块链可以用于全球所有的自动驾驶汽车，记录每个行程的详细数据。这些本地化的数据可以包括任何信息，从道路和基础设施的细节到形成交通模式模型。网络上的其他车辆，可以接入并信任这些数据，数据都是经过区块链记录上链，保证了真实性和准确性。数据一旦被确认、记录在区块链上，再增加、修改或者替换数据就成为不可能。由于分享他人数据成为汽车自动驾驶的最快路径，汽车厂商就会很快利用区块链的优势更加安全地分享本地数据。只有授权方才能接入实时数据，因为数据经过了加密处理。对 OEM 来说，网络黑客入侵是个大事件，但对个人不构成威胁。区块链的应用，可以有效防止黑客入侵网络，防止利用自动驾驶汽车的网络来绑架主机厂。

假冒汽车零部件的问题层出不穷。根据《世界贸易市场评论》的报告，2022年全球假冒产品对国际贸易造成的损失将达到2.3万亿美元。欧洲知识产权局公布的数字表明，轮胎生产企业因假冒轮胎每年损失220亿欧元，汽车电池造假损失每年达1.8亿欧元。除了遭受巨大的经济损失之外，假冒汽车零部件还带来了严重的安全威胁。

基于区块链的全程溯源体系可以使零部件的溯源从原生产厂家到主机厂到终端客户实现全程跟踪。分布式账本技术防止了数据被操纵和篡改，确认了零部件身份验真，每个部件、每个动作、每次移动均完整记录在区块链上，彻底将假冒伪劣排除在供应链之外。更进一步的是，多重区块链系统可以同时处理主机厂、供应商每天产生的海量数据。一条区块链记录车辆零部件的提单，另外一条区块链记录在制造过程中所形成的质量检验记录，第三条区块链记录每辆车从初始装配到完成总装的在制品（Work in Process，WIP）工作进程。智能合约可以嵌入制造过程，在制造进程中的某个阶段，可以自动释放采购订单。合同自动释放和执行，使供应链上所有参与者获益，大幅度提高了供应链交易效率，加快了库存流转。

7.2.2 区块链+租车与共享车辆

互联网平台和移动通信应用的快速发展正在颠覆租车出行的方式，各类网约车平台的出现改变了过去几十年出租车管理和运行的方式。在App上点几下，就有车来接你到目的地，下车后费用就自动扣掉了，省去了打车和结算的很多麻烦。而区块链技术的应用，将在不远的将来，把租车出行体验提升到另一个全新的高度。

区块链技术的应用甚至可以颠覆各类网约车平台运行的方式。将支付、乘车选择的流程转移到客观的、安全的区块链平台上，这个自我执行的类生态系统就可以取代平台的中间人角色。智能合约的引入免去乘客和司机之间的第三方，一且满足条件，系统就会安全地执行租车协议。比如，只有乘客到达目的地，司机才能直接收到全款，或者由于乘客取消订单而收到部分费用。与此同时，基于区块链的系统，可以记录司机和乘客的信用信息、用车成本、服务质量等完整数据，乘客可以直接联系司机，查询司机的个人信用记录，根据价格、服务质量和其他自由市场因素选择司机。这对司机来说，未尝不是一个有吸引力的选项。

区块链技术不仅可以改变打车出行的方式，更可以改变汽车所有权，例如区块链可以用于共享车辆产权。汽车主人可以共享汽车所有权，而不是每个人花费高昂的代价购买汽车，或者依靠其他交通方式出行。用车人可以在出行前打开App，在使用过程中，区块链系统将记录车辆所有活动，系统可以根据双方达成的协议，自动完成结算。区块链的安全属性，可以免去车辆使用的任何猜疑，包括车用了多久、跑了多远、去了哪里、开得多快，全都记录在链，这为共享汽车提供了更加可靠、安全便利的保障。区块链上还可以存储司机的驾驶证、驾驶习惯、车辆维修保养记录，这样，每个人都可以很容易地获得证据，知道他们跟谁在共享汽车。

7.2.3　区块链 + 车辆交易与支付结算

区块链为大众所知主要源于"虚拟货币"，"虚拟货币"（或者通证）支付属性仍然是区块链技术应用的主要领域。车主可以借助区块链支付汽车购买费用。

全球公众比较关注的特斯拉就尝试过接受客户用比特币购买汽车。2021 年 2 月 8 日，特斯拉宣布购买价值 15 亿美元的比特币。3 月 24 日，全球网上支付平台 Paypal 创始人之一埃隆·马斯克（Elon Musk）宣布特斯拉接受比特币支付。5 月 13 日，马斯克宣布特斯拉因比特币挖矿污染能源停止接受比特币支付，但他还是坚持支持"加密货币"。他透露，不止特斯拉，他旗下的另一家公司 SpaceX 也持有比特币，但并没有透露具体数量。他还表示，他个人拥有以太坊和狗狗币，并希望比特币获得成功。

7月22日，马斯克在社交媒体上转发了一则自己的采访视频，视频中马斯克抱怨道："特斯拉在欧洲的银行存款已陷入负利率，当你看到自己的银行余额实时下降时，这让人很烦恼，我们肯定会将其转移到比特币上。"虽然在本书成稿的时候，全世界主要国家的中央银行都在限制"虚拟货币"以保证法币的地位，但从长期来看，基于算法算力而自证工作量的"虚拟货币"未来的发展仍值得关注。

除了直接用"虚拟货币"进行交易之外，嵌入智能合约的区块链系统，可以提高车辆交易的效率。现有的车辆交易过户方式基于纸质单证，涉及复杂的检验、登记过程。区块链可以大大简化车辆在个人、企业所有者之间的交易过户流程。所有相关的信息，包括车辆状况、事故记录、损坏记录、保养记录、零部件修理及更换，均可以记录在区块链上，提供了一个可以快速完成可靠核对的可信信息资源平台。

此外，区块链技术也能保证充电、停车、保险等过程的安全支付。比如，客户充电之后，系统自动触发智能合约，完成交易结算，客户账户自动向充电站完成扣费支付，如图7-5所示。同样，区块链技术可以用于停车场的月租结算、汽车保险，以及任意一种汽车消费。

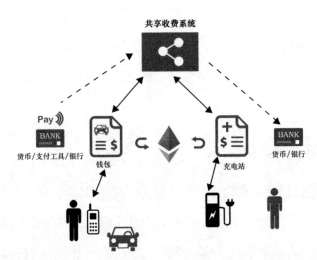

（资料来源：Luxoft，2017。）

图7-5　自动充电结算系统

车内支付可能是未来的一个发展趋势，有些车厂已经公布了采用车内支付系统的计划。车载钱包可以帮助车主在车内解决所有交易问题。比如，将一系列 App 嵌入车载导航系统，车主就可以预订酒店、购买电影票，还可以完成更多的消费结算。

当然，车内交易结算的关键还是安全问题。基于区块链的解决方案，可以保证消费者确定钱付给了应该收到款项的人。在区块链上运行的智能合约，可以自动实现停车收费、保险等安全可靠的支付。

7.2.4 区块链 + 汽车保险

汽车保险也是消费者重点关注的问题之一，区块链技术同样也能在此发挥出巨大价值。存储在区块链上的数据，可以基于司机的驾驶习惯而不是驾驶历史让保险公司建立个性化的保单，实现更加灵活的理赔管理。车载的传感器可以采集司机的加速、刹车等驾驶行为，记录车辆速度、里程、位置信息等，这些记录被实时写入区块链，保险公司可以在需要的时候调取。这就形成了保险的"黑匣子"，或者叫"远距离传送保险"。

通过区块链记录的驾驶人信息，还有助于加快保险理赔流程。针对特定交通事故设置的特殊规则，可以通过基于区块链的智能合约实现管控，一旦发生事故，系统就会自动为保险公司提供关联信息。这类信息不可篡改的安全性，也让申请理赔更容易。

7.2.5 区块链 + 汽车金融

汽车金融是指消费者在购买汽车需要贷款时，可以直接向汽车金融公司申请优惠的支付方式，消费者可以按照自身的个性化需求，来选择不同的车型和不同的支付方法。在汽车金融领域，也会存在一些问题，包括以下几种。

一是小零部件厂商机会少，得到的金融服务差。汽车是一个复杂的组合体，包含上万种零件，通常会伴有五级供应商共同参与，甚至有成百上千家上游供应商来供应汽车零部件。但是这些供应商的金融信用差异较大,通常来说,实力强劲的大企业信用评级较高,也更能得到更优质的金融服务。但是,一些小的供应商因金融信用评级低,就很难拿到利率较低、渠道稳定的融资,进而导致融资难、融资贵的情况。

二是汽车供应链涉及的供应商层级多,且差异较大,使得大小供应商之间存在权利和服务不对等的现象。这一现象一方面会导致彼此间缺少信用传递,另一方面也会形成不良竞争。

三是汽车供应商应收账款的账期很长。例如有的供应商交付货物后,平均80～100天才能拿到6个月的银行承兑汇票,这也表明供应商需要承担时间风险。

在此情况下,区块链的价值也凸显出来。

将区块链引入汽车供应链,各级供应商不仅能有效且快速地传递各种信息,包括合同信息、供货发票信息、服务物流信息等,还能确保整个贸易活动的真实性。此外,各级供应商拿到主机厂的应付凭证后,通常会通过金融机构来将手中的应收账款转变成支付各种费用需要的资金,包括在生产过程中支付工人工资、水电煤气费等。

值得强调的是,在这个过程中金融机构并不是主角,真正的主角是整个链条中的主机厂以及下面的各级供应商。

虽然区块链包含智能合约、密码学等各种复杂技术,但是使用起来和其他应用没有差异。在区块链系统里,供应商可以通过密钥登录系统,查看账户余额、票据情况、与上下游企业之间的关系等。

以汽车制造核心企业为例,汽车商可以通过区块链技术将商票的信息上传到区块链平台并记录到区块链上。此时区块链的价值传递特性能够将商票上的信息传递至上游企业,从而将核心企业的信用传递给上游各级供应商。

此外,金融机构也能在区块链上查找到各级供应商的融资申请,还能追溯到源头融资凭证,进而也能够根据自身的风险评估,给予各级供应商相应的资金服务,汽车产业供应链融资模型如图 7-6 所示。这种方式既可以将核心企业的信用价值传递给各级供应商，又能让其供应商以更低廉的成本获取到资金。

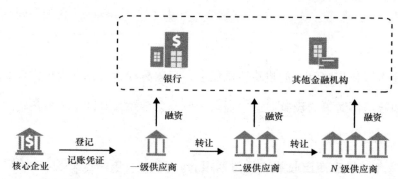

（资料来源：中国物流与采购联合会区块链应用分会，《中国区块链＋产业供应链应用发展报告（2018—2019）》。）

图 7-6　汽车产业供应链融资模型

可以说，传统商票信用无法传递的问题能够很好地通过区块链技术得以解决。区块链技术既可以实现将核心企业的信用逐级传递，还能保证所有的数据都是以真实贸易为依托的，写入区块链并且不可篡改，既不可撤销，又方便追溯查询。

此外，在传统的供应链贸易中，往往存在着某级供应商拖欠账款，从而损害其上游各级供应商的利益的情况。但是智能合约机制能够有效地预防这种情况出现。因为当核心企业兑现了它的商业承诺，就可以触发区块链上的智能合约，从而将该凭证链条下所有的资金按照规则，清算到各个企业、金融机构的账户中。这种方式不但能有效遏制拖欠账款问题，同时还能降低对账成本，实现实时对账。

总之，汽车产业通过区块链技术既可以将供应链上下游成员及金融机构连接起来，又能把物流、资金流、商流信息有效地整合一起，既达成了核心企业、上游中小企业、金融机构多方共赢的目的，又缓解了中小企业融资贵、融资难问题，增加金融机构投资渠道，降低投资风险，还能使整个产业链更健康、高效。

7.2.6　区块链＋整车物流

2018 年 11 月 30 日，上海万向区块链股份公司、中都物流有限公司（以下简称"中都物流")、星展银行（中国）有限公司于上海联合宣布，基于区块链技术的"运链盟——汽车供应链物流服务平台"正式上线。该平台是国内首个区块链技术在汽车整车物流行业的落地案例，目前已有融资款投放完成。

简单地说，该平台由中都物流、上海万向区块链股份公司、北汽新能源联合成立项目组，通过区块链分布式账本与存证技术、电子化运单的发运新模式和结算对账新模式，以及供应链融资服务模式，解决传统纸质运单流转周期长、成本高、对账慢、易丢失等业务痛点。

通过此链，主机厂营销公司能有效地降低纸质单据成本、制单人员成本、运单审核成本、运单存档成本等各种成本，并且能够提高结算效率，而且整个过程信息透明，能够得到迅速反馈。整体上看，基于区块链技术处理运单能够使整体供应链的结算对账效率显著提高，并为物流承运商网络提供更优质的供应链融资服务。

具体来说，该平台采用区块链底层技术开源平台（Be Credible, Open & Secure, BCOS）作为底层技术，BCOS 采用 PBFT（Practical Byzantine Fault Tolerance，是联盟币的共识算法的基础）共识机制，不依据节点的算力，而是通过在节点间运行拜占庭容错协议达成共识，可以容错不超过三分之一的失效节点。作为区块链系统，BCOS 持续接收交易，对区块和交易达成共识并进行验证和处理。

该平台在系统内建立并行运算的机制，以此为基础可提升交易处理性能。采用 Solidity（Solidity 语言是一种面向合约的高级编程语言，用于在以太坊区块链网络上实现智能合约）作为智能合约开发语言，通过 CA 证书提供机构准入机制，使用安全加密通信机制保障系统的安全性和隐私。

该平台于 2018 年 11 月 1 日启动试运行，完成中都物流以及上下游企业系统部署，前期业务将主要依托北汽新能源整车业务，以实际使用效果与经验帮助软件持续迭代，优化用户使用体验。该平台未来将不断扩大平台业务规模，纳入北汽新能源乃至其他汽车集团的整车物流业务，逐步形成本行业细分领域各企业间互信互助、去中心化的商业网络。

为什么运链盟 - 汽车供应链物流服务平台能够成功呢？我们通过深入分析整车物流运输各个业务场景，以及纸质运单在每个业务场景中各个环节的作用，发现它能很好地完成各个环节的交接，将纸质运单起到的交接凭证和结算凭证作用通过电子数字化签单实现，通过基于区块链技术带来业务模式创新，推动整车物流发运效率提升 10% ～ 20%。

另外，该平台实现收入与成本结算数据在平台上自动生成，简化复杂的纸质账单对账环节，提升结算效率 100%（无须返单），对账周期由月减少到天，帮助解决整车物流行业性痛点，实现降本提效与增值。该平台在北汽新能源落地应用后，将持续打造为行业内标杆级应用，推动汽车物流供应链向数字化升级，推进汽车物流行业向绿色物流发展。

第 8 章

区块链 + 航空产业供应链

航空产业是技术难度高、产业链条长、带动能力强、发展机遇巨大的战略性产业。本章介绍航空产业的巨大发展潜力；分析管理复杂航空产业供应链的挑战，探讨区块链如何应对挑战，提供解决方案，并对区块链技术如何应用于航空零部件溯源、MRO 管理、航空联盟收入结算以及积分管理与行李/货物跟踪等具体场景做了分析介绍。

航空产业的生态体系除了航空制造业，还涉及由航空公司、维修服务公司、监管机构、银行和客户组成的复杂的网络。航空产业的发展对国家和普通民众都有重要的影响，尤其是航空制造业更被认为是现代工业的典范，它既是保证一个国家国防安全的重要基础，也体现了一个国家的工业发展程度。但是，从航空制造到航空运输，航空产业供应链结构复杂，在满足复杂的制造要求的同时，又要以最低的成本、最高的效率、最高的安全标准实现供应链的运行。

区块链＋航空产业供应链则能很好地解决此问题。航空产业利用区块链不仅可以有效地应对挑战，还能增加收入、降低成本。此外，区块链在航空领域中越来越多地应用也触及了航空产业的生态体系，包括由制造商、航空公司、维修服务公司、监管机构、银行和客户组成的复杂的网络。这些都充分彰显出区块链在航空产业供应链上发挥出的巨大价值。

8.1　航空市场发展潜力巨大

无论从军用还是民用角度考察，航空产业都是技术难度高、产业链条长、带动能力强、发展机遇巨大的战略性产业。

根据市场研究网站的报告，受新冠肺炎疫情影响，2020 年全球商用飞机市场规模为 2 078.4 亿美元，年复合增长率为 11.5%。

从航空运营的角度，根据国际航空运输协会（International Air Transport Association，IATA）2021 年 4 月的统计数据，2019 年全球航空运输总营业收入为 8 380 亿美元，2020 年受到新冠肺炎疫情影响，骤降到 3 720 亿美元，如图 8-1 所示。

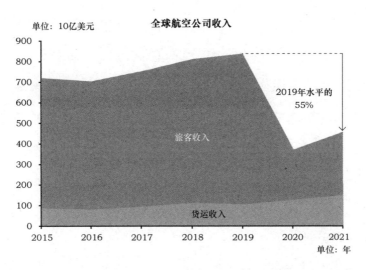

（资料来源：IATA，Outlook for the Global Airline Industry，April 2021。）

图 8-1　全球航空公司营业收入

从中国航空市场来看，全国在未来需要大量的民航客机，如图 8-2 所示，市场价值为 1.3 亿～ 1.4 亿美元。另外，根据中国航空工业发展研究中心《2020—2039 年民用飞机中国市场预测年报》，考虑到机队增长和替换老旧飞机，未来 20 年中国需要补充各型民用客机 7 576 架，其中宽体客机 1 598 架、窄体客机 5 080 架、支线客机 898 架。

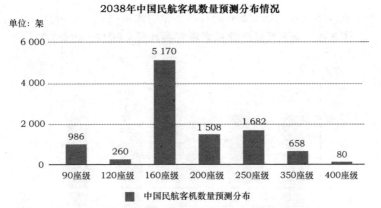

（资料来源：前瞻产业研究院，《2020 年中国飞机制造行业市场现状及发展前景分析》。）

图 8-2　中国民航客机数量预测分布情况

从国内航空运输的情况来看，根据中国民用航空局的统计报告，2020 年，航空运输全行业累计实现营业收入 6 246.91 亿元，比上年下降 41.1%；利润总

额为 −974.32 亿元，比上年减少 1 519.43 亿元。其中，航空公司实现营业收入 3 755.02 亿元，比上年下降 41.9%；利润总额为 −794.46 亿元，比上年减少 1 051.93 亿元。机场实现营业收入 882.97 亿元，比上年下降 28.1%；利润总额 为 −232.98 亿元，比上年减少 400.03 亿元。保障企业实现营业收入 1 608.92 亿元，比上年下降 44.8%；利润总额为 53.11 亿元，比上年减少 67.47 亿元。

2020 年，全国民航运输机场完成旅客吞吐量 8.57 亿人次，比上年下降 36.6%，如图 8-3 所示；全国民航运输机场完成货邮吞吐量 1 607.5 万吨，比上年 下降 6.0%，如图 8-4 所示。

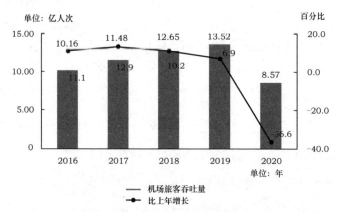

（资料来源：2020 年民航行业发展统计公报，中国民用航空局，2021 年 6 月。）

图 8-3　全国民航运输机场旅客吞吐量（2016—2020 年）

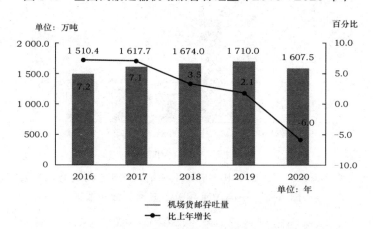

（资料来源：2020 年民航行业发展统计公报，中国民用航空局，2021 年 6 月。）

图 8-4　全国民航运输机场货邮吞吐量

从以上数据，我们可以明显地观察到航空市场有着巨大的发展潜力，能够创造出很多价值。

8.2　区块链有效应对航空产业供应链挑战

航空产业供应链有着很大的潜力，但是其发展也存在局限，包括航空产业供应链本身的复杂性使其会受到疫情的直接影响，给航空产业供应链带来了前所未有的挑战，但是区块链的加入能够帮助航空产业有效应对挑战。本节主要介绍管理复杂的航空产业供应链都面临哪些巨大挑战，以及区块链是如何有效应对航空产业供应链面临的挑战的。

8.2.1　管理复杂的航空产业供应链的巨大挑战

从航空制造到航空运输，航空产业供应链结构复杂。航空产业供应链在满足复杂的制造要求的同时，又要以最低的成本、最高的效率、最高的安全标准来实现供应链的运行。

飞机制造是巨大和复杂的工程。每架飞机包含来自不同公司的上百万的零部件，且每个零部件都要符合严格的要求，这样才能实现一体化的运作。通常情况下，飞机制造采取的是"整机制造商－多级供应商"的制造模式。产业链的第一级为整机制造商，主要负责产品设计、总装制造、市场营销、客户服务和适航取证等工作；第二级为关键航空子系统制造商，主要负责的是子系统，包括机体、发动机、航空电子等主要机载设备；第三级主要包括众多为产业链上层的整机与子系统制造商提供零部件与材料的供应商。

以波音 787 梦想客机为例，它的主要部件供应商多达 45 家。这些部件又依赖更多的材料、电子信息、五金、开关等更多的零部件供应商。可以说，这中间各级工商业供应商（一级、二级、三级）加起来数以千计。

除了航空产业链供应链本身的复杂性，新冠肺炎疫情更是给航空产业供应链带来了前所未有的挑战。整个航空生态体系受到了严重的影响，不仅航空公司濒临破产，其上游的生产企业，如空客、波音等公司由于订单缩减也大幅度降低产能，这种危机还向上传导到一级、二级供应商，全行业均承受了巨大的压力。这给本来就碎片化的航空产业供应链带来了深度冲击。

在新冠肺炎疫情出现之前，过去 10 年，全球航空器的需求稳定增长，这可以从空客公司和波音公司未交付订单的数量体现出来。在疫情之前，两家公司未交付订单数量都已经到了历史新高，如图 8-5 所示。

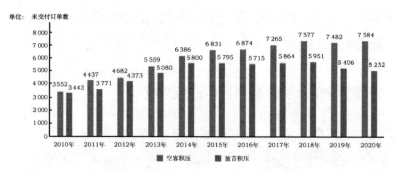

（资料来源：空客、波音网站，转引自 Pierre Razzo，What is the Future of the Commercial Aviation Supply Chain? November 13，2020。）

图 8-5　空客公司和波音公司的未交付订单

订单交付是由精益实践管理的生产来实现的，主机厂将供应商的生产节奏整合起来，各级供应商形成了一个紧密相连的架构，使产业生态系统更紧密、更具效率，减少了生产循环周期的成本，建立了支持生产和售后系统的供应链能力。

整个供应链网络中各级供应商的数量之多可以充分说明这个供应链体系的复杂内涵。空客公司和波音公司在全球范围分别有 7 700 家和 1 2000 家供应商。罗尔斯·罗伊斯作为这两家航空巨头的第一级发动机供应商，要依赖成百上千家供应商为其提供 18 000 个发动机零部件，这足以证明航空产业供应链的碎片化程度极高。这就是航空产业供应链的现实，OEM 将总计三分之二的航空工作外包，必然利用量来压低价格，供应商要获取利润，必然要通过投资设备保证产能来满足需求，而疫情的到来使供应商面临了更大的压力。

疫情的影响虽然大，但像空客、波音这样的巨头会通过融资或者其他渠道获得资金，但为防止供应链断裂，主机厂应在自身保持经营的同时，也对上游零部件厂家做出融资支持。疫情将风险评估和韧性建设提高到前所未有的高度，建立一个韧性强的网络至关重要。

在剧烈的变革中，技术的应用将再次体现价值。第四次工业革命、AI 和物联网、区块链等技术应用将强化航空产业这个超级网络的连接，提升供应商 – 主机厂 – 客户之间的协作能力。供应链数字化转型将会给航空产业带来效率，提高制造系统效率，提升库存精确度和预测能力，提升维修保养的预测能力，增加收入，降低成本，而区块链技术应用成为应对所有挑战的有效手段。

8.2.2 区块链有效应对航空产业供应链的挑战的应用

领先的航空公司正在利用区块链技术增加收入、降低成本。面向区块链的转变，已经触及了航空产业的生态体系，涉及这个由发动机制造商、航空公司、维修服务公司、监管机构、银行和客户组成的复杂的网络，如图 8-6 所示。

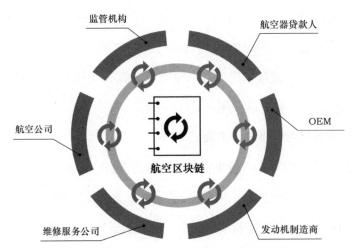

（资料来源：波音、IBM：Monetizing Blockchain - A Tailwind for Aviation，2018。）

图 8-6 基于区块链的航空生态体系

区块链＋航空产业供应链可以说是"一箭三雕"：增加收入、提高效率、促进合规。

增加收入主要包括两个方面。

一是航空器贷款人，财务机构需要依靠未来某个时间点的航空器预测价值。区块链技术可以提供不可篡改的航空器使用和维修记录。可预测的价值可以让航空器的拥有者优化未来使用的决策。

二是 OEM，区块链跟踪所有物理资产的所有过程（溯源），覆盖航空产业生态系统。区块链跟踪从零部件开始，到每个移动过程，再到生产线组装，一直到物理资产到达终点，其中 OEM 最需防范的是假冒零部件。采用区块链智能合约技术，OEM 可以在零部件交付时得到更多收入，比传统的 30、60、90 天条款要快得多。

对于发动机制造商来说，与 OEM 类似，区块链可以用于可再次使用的航空资产的交易。这些资产的价值更多取决于单证的准确性和单证的质量。

对于 MRO（MRO 是英文 Maintenance（保养）、Repair（修理）、Overhaul（翻修）等航空维修业务的简称）供应商来说，区块链可以增强竞争优势，因为区块链可以支持正确的管理协同，从原始设计到售后市场。区块链还可以跟踪员工培训、员工经验和资质，还可以确认物联网设备生产的日期。MRO 也可以计量航空器的飞行时间。采用区块链技术之后，飞机维修保养和飞行表箱都可以跟零部件、维修日期、飞行时间一样可以预测。

效率和合规的机会包括三个方面。

一是保障飞机利用率。一般来说，若飞机意外停飞，每小时的成本可能超过 5 万美元。而航空公司管理者为了保证飞行能力，通常需要准备超过 10 万美元的库存零部件。区块链有助于控制停飞成本，缩小零部件库存规模。

二是提高零部件运输交付效率。一旦停飞原因确定，区块链可以加快运输交付许可速度，可以通过可信机制、共识机制和智能合约提供发货和接收证据。

三是提高监管机构的效率。美国联邦航空管理局（Federal Aviation Administration，FAA）花费了巨大的人力、物力来识别可疑部件或者未经许可的零部件进入航空产业。采用区块链的可信溯源技术，可以大幅度、可持续地降低这一成本。

对于航空生态系统来说，区块链的应用可以决定哪个设备在与哪个设备对话，并解决生态系统中的财务争议。除了能增加收入、降低成本之外，区块链还能驱动自动化结算系统。通过 AI 和机器学习，区块链可以承担数字化第三方的角色，在航空生态系统中实时地支持信息的获取和分配。智能合约是另外一种简化商业流程的工具，从而剔除了"中间人"。

通过对更多场景的机器学习，AI 加上智能合约可以更灵活，更容易避免系统中的造假。随着物联网和聪明的机器的发展，监督制造流程、检查制造流程的完整性和质量就可以系统性实现。这种基于区块链的监督能力，提供了一个可信的档案，记录了人工和机器使用的流程、工具和材料。质量控制从而成为一种设计好的能力，使系统自动改正错误，自动报告制造过程中出现的问题。

除了上述应用之外，区块链还可以用于航空联盟运营、飞行记录系统，以及航空证件的记录和识别等。

区块链用于航空联盟运营。航空联盟需要密切监督航空公司的成本和利润，需要保证各航线的一致性服务水平，需要持续分享信息和技术，需要安全和快速地处理航线信息。区块链的应用，可以基于既定规则实现各航空公司之间的公平、透明的收入分配，可以对每个航空公司进行服务和审计跟踪，可以完整记录飞机的维修历史，可以自动处理航空公司之间的交易。

区块链应用于飞行记录系统。飞行数据需要安全保密、准确无误以及能够快速查询。区块链的应用可以持续维护飞行历史记录，可以不可篡改地维持机组飞行记录，准确跟踪和控制飞机，还可以验证机组的培训证明。

区块链应用于航空证件的记录和识别。区块链可以跟踪旅客出行历史，识别假冒证件，实现实时的旅客数据共享，有效保护了证件免于盗窃和损坏，实现证件的快速自动识别。

图 8-7 给出了一个更高水平的区块链在航空产业中应用的架构。底层代表系统使用者、运营商和监管机构，评估航空公司的合规服务。注册流程保证系统本身不受外来者干预，只允许授权参与主体进入。

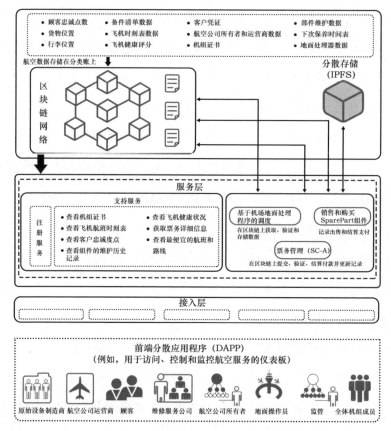

（资料来源：Khaled Salah，etc，The Role of Blockchain Technology in Aviation Industry，IEEE Aerospace and Electronic Systems Magazine. October 2020 DOI: 10.1109/MAES.2020.3043152。）

图 8-7　区块链在航空产业中应用的架构

比如，零部件维修管理中，只有授权制造商可以存储制造商生产某个零部件的原材料数据。其他涉及零部件的主体，包括零部件运输公司、安装公司、MRO 服务公司，只能看到零部件制造的数据。支持服务可以集中处理，并不需要矿机的共识。

综上，区块链在航空产业链上发挥着重要的价值，弥补了缺陷，更高效便捷。

8.3 区块链 + 航空产业供应链的应用

本节主要介绍区块链在航空产业供应链的应用，包括航空零部件溯源，基于区块链的 MRO 管理，区块链航空联盟收入结算，积分奖励与行李、货物跟踪，充分展示区块链在航空产业供应链上的价值。

8.3.1 航空零部件溯源

航空零部件溯源是区块链在航空产业供应链上较早的应用。航空 MRO 产业每年处理 250 亿个零部件，2 万家供应商每年生产 30 亿个新的零部件。按照航空周刊网站 2020 年 2 月的报道，现在没有全球范围的零部件数据库。根据普华永道发布的报告，采用区块链技术，可以将全球 MRO 成本降低 5%，相当于 35 亿美元。

根据福布斯的报道，2020 年 3 月，飞机制造商波音已经将价值 10 亿美元的飞机零部件整合到由航空航天巨头霍尼韦尔设计建立的 GoDirect Trade 区块链平台上，这可以保证零部件的来源可靠和安全合规，将多层级的供应链整合到单一的区块链账本上，实现了透明化溯源。

对于飞机运营企业和 MRO 服务供应商来说，应用区块链技术有以下好处。

一是杜绝假冒部件进入航空产业供应链；二是减少常规检测和维护的时间成本，由此提升机队保障能力；三是提高资产利用率；四是降低库存持有成本；五是强化提供合规检验。

对于机队运营者或者租赁者来说，区块链可以提高二手飞机的价值。对于供应商和制造商来说，区块链可以省去零部件买卖的中间商，降低成本，增加零部件在数字市场上的销售机会。

要想了解航空零部件溯源，首先要了解零部件的生命周期。

初始零部件可能来自 OEM 或者来自数字化的零部件市场。当一个零部件需要修理，不能够再上机工作时，就得废弃。机队运营商会与发动机 OEM 或者其他第三方签订零部件维修或大修协议，有些零部件在运行一定的小时数之后就必须大修。运营商或者拿到一模一样的零部件，或者拿到另外一个经过大修的零部件。航空零部件的生命周期如图 8-8 所示。

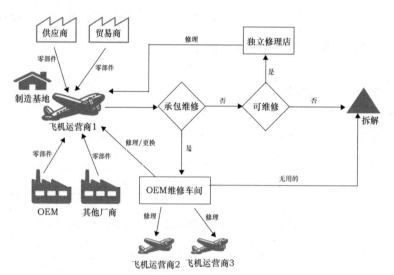

（资料来源：Bib Shukla，Sekhar Mallipeddi，and Tim Murnin，Improve Aircraft Parts Provenance Using Amazon Managed Blockchain，AWS，18 May 2021。）

图 8-8　航空零部件的生命周期

对航空零部件的来源和维护、大修历史保持跟踪溯源，可以提高零部件的使用价值，减少不必要的检查和测试，也可以防止假冒零部件进入供应链体系。

零部件溯源需要多成员参与的、去中心化的跟踪能力，涉及主体包括供应商、运营商、拆解厂家、制造厂家，实现每个成员独立更新信息，全链共享。这样一个分布式的区块链网络可以基于超级账本来构建。只要有成员在，这个账本就一直存在。没有任何成员可以删除账本，直到最后一个成员退出为止。

基于区块链的航空零部件溯源系统的建立，可以先从成立产业联盟开始，MRO 服务供应商、零部件数字市场、OEM、行业交易解决方案供应商都可以参与其中。这个系统一般先在一个紧密协作的小规模团队之间建立，再邀请其他成员加入。

亚马逊网络服务（Amazon AWS）建立了基于区块链的航空零部件溯源解决方案。

图 8-9 是典型的航空零部件维修流程：最初的零部件产生（出生），最初的交付，多次维修周期，一直到零部件生命周期结束，不能再使用之后报废拆解。

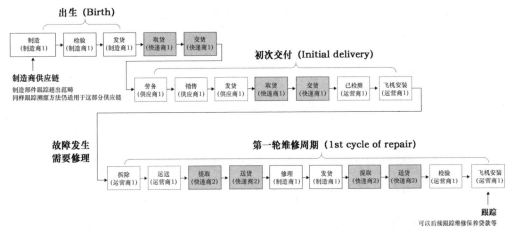

（资料来源：Bib Shukla，Sekhar Mallipeddi，and Tim Murnin，Improve Aircraft Parts Provenance Using Amazon Managed Blockchain，AWS，18 May 2021。）

图 8-9　航空零部件维修流程

航空零部件的区块链溯源过程，涉及多个供应链成员之间的协作，一般包括以下几类供应链参与者。

制造商 1：零部件的原始制造商。原始制造商也可能会有维修车间。维修车间可以用于保养或者大修飞机零部件。有些车间只用于单一零部件的维修，有些车间可以同时用于维修不同的零部件，甚至整架飞机的大修。

供应商 1：运营商采购零部件的来源公司。

物流商（快递商 1 和 2）：负责将零部件交付到最终目的地。有时会涉及多次快递。

运营商 1：经营航线的航空公司，负责客运和货运。有时候运营商也会将维修服务外包给第三方（比如 OEM、MRO 服务供应商）。

作为交付给运营商的第一个交付作业，零部件首先接受检测，确保符合飞机运行要求。零部件使用一段时间后，产生磨损或损坏，需要维修。此时，区块链上已经记录了来自制造商的信息，以及制造商的供应商的其他详细信息。零部件的信息可以根据不同的属性，被供应链其他成员使用。以下两个概念需要明确。

新部件时间：零部件从出厂到当时时点的飞行小时累计时长。

新部件维修周期数：对于有使用生命周期限制的零部件，从出厂到当时时点的累积飞行周期数。

航空零部件的第一个维修循环流程及区块链应用主要包括以下几个步骤，如图 8-10 所示。

第一步，运营商 1 在 MRO 系统中为受损零部件发出一个工作订单，并将其从飞机上拆下。快递商 2 接收系统通知，上门收取零部件。

第二步，快递商 2 接收零部件，并将其快递到制造商的维修车间；制造商 1 收到通知。

第三步，制造商执行工作订单，零部件维修完毕，通知快递商取件。快递商 2 收到通知。

第四步，快递商 2 将零部件交付到运营商 1 的运营基地。

第五步，运营商 1 确认零部件状态，如果有必要，做合规检查。同时，如果有必要，应将零部件装回飞机上，或者发回仓库，以备日后使用。

可以了解到，航空零部件区块链架构，是一个完整的管理服务架构，允许客户建立和部署大规模的专有业务，仅需用流行的超级账本或者以太坊的开源架构按几次鼠标就行。这个系统省去了建立网络或者加入一个公共网络的麻烦。其容量可以满足成千上万个应用，处理百万级的交易量。该系统还省去了客户的硬件负担、安全软件负担，以及管理证书和控制接入的负担，同时解决了网络参数设置等问题。一旦客户设置完成，这个系统很容易管理和维护。系统自动管理证书，让客户很容易邀请其他成员加入。

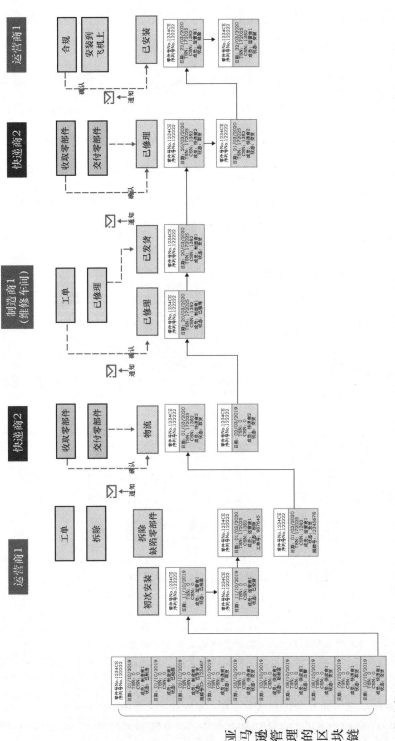

图 8-10 航空零部件维修流程的区块链跟踪过程

（资料来源：Bib Shukla，Sekhar Mallipeddi，and Tim Murnin，Improve Aircraft Parts Provenance Using Amazon Managed Blockchain，AWS，18 May 2021。）

Hyperledger Fabric 的设计可以满足客户的高等级隐私要求，允许一组已知成员集体控制。这个属性刚好可以满足航空零部件的溯源要求。

亚马逊区块链系统运行所有的超级账本 Fabric 组件，包括排序服务、证书审批、Peer 节点，通过亚马逊 API 门户建立 VPC，提供 Web 界面的 API 路由，触发每个路由的 ASW Lambda[1]（λ）函数。λ 函数从 AWS Secrets Manager 获取客户的区块链资质，以此来签署区块链交易。接下来，λ 函数将签署的区块链交易通过 VPC 终端发给亚马逊区块链网络上的 Peer 节点背书。最后，λ 函数将背书的交易发送给排序服务器并记录在区块链上，如图 8-11 所示。

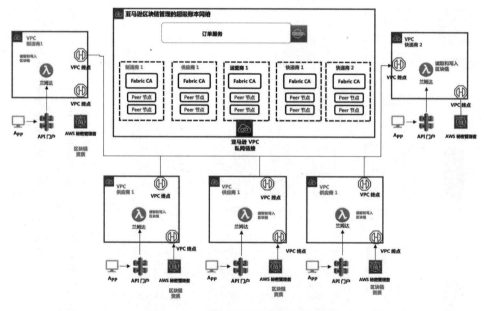

图 8-11　端到端的区块链溯源架构

1　AWS Lambda 是亚马逊网络服务的一种无服务器的计算服务，用户无须预置或管理服务器、创建可感知工作负载的集群扩展逻辑、维护事件集成或管理运行时，即可运行代码。借助 λ 函数，用户几乎可以为任何类型的应用程序或后端服务运行代码，而且完全无须管理。只需将代码以 ZIP 文件或容器映像的形式上传，λ 便会自动、精确地分配计算执行能力，并根据传入的请求或事件运行客户的代码，以适应任何规模的流量。用户可以将代码设置为自动从 200 多个 AWS 服务和 SaaS 应用程序触发，或者直接从任何 Web 或移动应用程序调用。用户可以使用自己喜欢的语言（Node.js、Python、Go、Java 等）编写 λ 函数，并使用无服务器和容器工具（例如 AWS SAM 或 Docker CLI）来构建、测试和部署客户的函数。

有些业务流程，比如合规检测或者通知快递公司上门取件，可以由业务事件来触发，以增加不同成员之间的沟通和自动化联系。区块链事件允许应用程序对供应链活动做出反应，自动更新部署到网络中的智能合约，并实现全网更新，建立新的区块。这些事件可以驱动一整套不同的供应链活动，比如当业务发生时，通过亚马逊通知服务功能通知相关各方，将所有信息协同到商业智能数据库和数据分析引擎（Amazon QuickSight 或者 Amazon Redshift）。用户也可以将数据引流到特殊目的的数据库中，用于事件触发的应用。

8.3.2　基于区块链的 MRO 管理

尽管新冠肺炎疫情给航空业带来了重大冲击，但至本书成稿时，航空业已经显示出复苏的迹象。考虑前文提到的航空业未来发展潜力，MRO 市场也将随着航空业的恢复而活跃起来。

在航空领域，MRO 包括旨在将飞机恢复到安全和原始状态、效能和功能的行政、监督和管理实践。MRO 几乎涵盖所有与确保飞机安全和适航性有关的机身、发动机和部件服务，包括检查、复合维修、脱漆 / 重新喷漆和发动机维护。

通常来说，MRO 公司建有可容纳飞机的宽敞工厂设施，提供包括发动机、线路、机身或飞机部件等在内的定期维护活动。因为要确保遵守航空业的严格规定，MRO 部门及其公司必须获得美国联邦航空管理局或欧洲航空安全局（European Aviation Safety Agency，EASA）等航空监管机构的适航认证。

MRO 包括航空器的日常定期保养，就像汽车的换机油和例行的检测一样。除了日常保养，MRO 还包括飞机内饰的更新（飞机在使用一定时间后，内饰、座椅等设施都会更新）。例如疫情期间的"客改货"，很多航空公司将客机的座椅拆除改成货仓。MRO 还包括将飞机发动机拆下来大修。航空公司一般会根据适航要求和飞机使用情况制定 MRO 计划，有些飞机的飞行周期长，需要定期保养，有些飞机需要定期对起落架、缝翼、襟翼进行维修，有些飞机飞行国际航线，使用时间较长，其 MRO 计划会略有不同。所以 MRO 计划可能短至一两天，长至数周甚至几个月。MRO 公司接到航空公司业务订单后会建立团队，发出工作任务单，直接将任务下达到每个维修技术人员。一架波音 767 的 MRO 检修任务卡可能有 1 700 多张，需要几个月的时间完成检修。

典型的飞机 MRO 流程，从航空器接收到适航飞行再到交付，包括六个阶段：维修保养管理阶段、维修保养支持计划阶段、维修保养准备阶段、维修执行阶段、维修评估阶段、维修提升阶段，如图 8-12 所示。每个阶段的执行均需要核查相关计划、记录，并将维修过程、工作单、工作报告、检验报告详细记录在案，每个环节涉及的主体（客户、MRO 公司/人员、检测认证机构/人员）多，涉及单证的数量大，对准确性的要求高。

在所有 MRO 流程中，数据和单证记录至关重要。数据与 MRO 计划、工作量计算、成本测算、服务质量、收入和利润密切相关。MRO 的数字化需要精确到所有的工作层面，甚至精确到从工具箱领出的螺丝刀、钻头、护目镜和其他易耗装备。在领用装备的过程中，也要出具任务卡，技术人员凭卡打开工具库的门，计算机会登记所取走的执行本项工作所需的工具。MRO 流程中的任何工作都会与员工的工卡和任务卡相关联。维修工人需要用扫描工卡取得工作站的设备，系统会一直记录设备使用的时间，直至设备归还为止。在维修项目终止的时候，系统会核对尚未归还的工具。

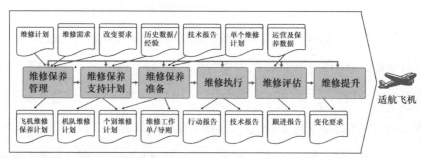

（资料来源：萨博航空技术公司官网，2008。）

图 8-12 飞机 MRO 流程

如果有任何工具没有归还，这件工作就不算结束，所以维修好的飞机就不会交付。数字化的 MRO 系统会显示谁在用哪件工具在哪里进行哪架飞机上的哪项工作，直至将工具交回为止。数字化的 MRO 系统还会扫描和管理所有的零部件，登记和监督零部件从接收到使用的所有过程。单证和档案记录以及认证过程会一直跟随一架飞机，直至飞机停止使用为止。没有任何证书的零部件，只能等待检验。MRO 流程随时可以接受 FAA 的检查，随时提供任何流程和零部件的信息和状态。

鉴于数据的准确、安全对 MRO 公司的重要性，对于 MRO 公司来说，应用区块链技术可以实现维修保养记录更准确，与制造商的零部件登记记录联通，与用户（航空公司）和监管认证机构联通，可以有效提高 MRO 管理流程的效率，提高管理档案工作的效率，以及与客户的结算交易效率。

MRO 公司将所有维修保养记录记录在区块链上，基于时间戳的交易记录可以让所有用户准确追溯维修保养过程，了解所有组件、零件的维修保养记录。基于区块链账本的维修日志，可以实现六点，分别是坏损零部件的确认、维修总成本的确认、下一次维修计划的确认、再维修日期和时间的确认、维修好的零部件的健康状况的确认、维修好的组件的预估服务期限的确认。

基于区块链的智能合约可以协助 MRO 企业和飞机运营商实现维修保障计划的自动计划和执行。飞机零部件的维修保养周期根据飞机运行情况和运行环境会有所不同。图 8-13 说明了基于智能合约的 MRO 运作流程。

上述过程涉及飞机工程师、航空公司、零部件制造商、MRO 服务商等主体。维修过程与信息流记录过程分为几类，包括航空零部件制造商区块链记录；航空 MRO 服务商的零部件 ID、服务日期、下次维修时间等信息；航空公司记录的飞机检查日志、飞机使用日志，乘客和零部件采购数据；飞机工程师对飞行状态的报告。相关信息均写入区块链，实现了实时追溯和信息的实时交换。

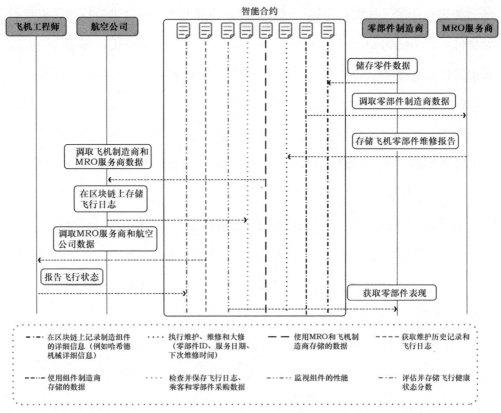

（资料来源：Khaled Salah，etc，The Role of Blockchain Technology in Aviation Industry，IEEE Aerospace and Electronic Systems Magazine. October 2020 DOI: 10.1109/MAES.2020.3043152。）

图 8-13 基于智能合约的 MRO 运作流程

8.3.3 区块链航空联盟收入结算

对于收入共享来说，系统自动计算和完成某一特定售票收入在航空联盟成员之间的分配。系统的设计可以采用动态投标机制，部署在一个许可的区块链平台上。通过动态投标协议，营销航空公司可以基于一组参数（比如票价、信用分值、承运能力）选择承运人。航空公司的信用分值可以由乘客打分的服务质量动态计算。在选择航空公司之后，营销航空公司可以将售票收入发送到承运航空公司的钱包。这个系统可以采用基于合作的支付协议来实现联盟成员之间的自动结算，保证了较高的透明度和可信度。基于区块链的航空联盟收入结算系统如图 8-14 所示。

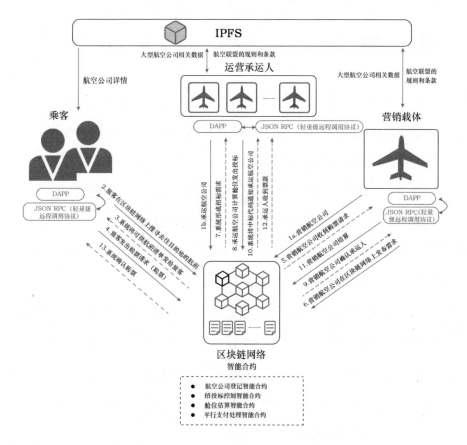

（资料来源：Khaled Salah，etc，The Role of Blockchain Technology in Aviation Industry，IEEE Aerospace and Electronic Systems Magazine · October 2020 DOI: 10.1109/MAES.2020.3043152。）

图 8-14　基于区块链的航空联盟收入结算系统

在图 8-14 所示流程中，IPFS 作为基于内容寻址、分布式的、点对点的新型超媒体传输协议，负责按照航空联盟协议处理海量的航空公司信息交换，沟通旅客信息、承运航空公司信息、营销航空公司信息；区块链智能合约系统包括航空公司登记智能合约、招投标控制智能合约、舱位估算智能合约、平行支付处理智能合约。旅客、承运航空公司、营销航空公司之间通过 DAPP 和 JSON PRC（轻量级远程调用协议）实现信息交换。

8.3.4　积分奖励与行李、货物跟踪

在积分奖励与行李、货物跟踪方面，区块链技术也发挥着重要作用。

（1）积分奖励管理

旅客积分计划是航空公司维持客户忠诚度的重要手段。但积分记录、积分使用、积分在航空联盟成员之间的共享和分配，往往需要使用第三方外部服务，采用传统的中央数据处理协议，导致高昂的系统运作成本。采用区块链技术，可以用标准化的手段，建立一个全新的积分生成、管理和使用系统。区块链系统可以将积分奖励这个碎片化的行业高度整合，创造联盟成员之间高度协同的合作机会。

Loyyal 是基于区块链的积分共享平台。积分奖励的区块链计划基于超级账本区块链平台开发，兼具效率和规模能力，系统可扩展，具有数据韧性，可以实现动态的积分奖励管理。

基于区块链的积分奖励系统可以实现多品牌整合、高水平的责任管理，以及动态的积分发放和积分使用。航空公司可以使用区块链积分共享平台实现实时的、透明的积分划转。系统还可以使旅客通过电子钱包实时查询积分数量和使用情况。更重要的是，区块链实时可追溯的特性，可以让航空公司跟踪旅客的积分使用情况，从而提供更加个性化的服务。

（2）行李与货物跟踪管理

旅客的行李和承运的货物都是航空公司不能丢的重要资产，所以需要在航线运营的过程中实施实时跟踪。对此，航空公司正在采用物联网和信息通信技术跟踪这一资产。

区块链可以给航空公司赋能，将行李移动过程、货物转运和所有权交接或第三方监管过程实时记录在区块链上，让航空公司更安全、更透明、更可靠地追踪这些资产。比如，区块链可以将航空货物数字化，将所有发货品类信息登记上链，将传感器数据上链，将承运人信息、货主信息写入区块链。传感器（比如 RFID

和读写器）随着货物移动采集信息并将信息实时写入区块链，上传到服务器记录在区块链公开账本上，可以实时共享给关联方。传感器采集的温度、湿度、震动、包装状况等信息也可以实时写入区块链。

此外，航空集装箱也可以通过智能传感器将箱内货品状态捕获并记录在区块链上。系统还可以识别非授权的开箱，记录并发出通知，以保护箱内的重要资产。当航空集装箱装载食品、药品等对温度控制有特定要求的货物时，它可以实时记录和报告温度变化的情况。这种情况可以触发智能合约，让货主或承运人及时处理相关情况。

基于区块链的行李跟踪系统，可以有效增强客户信心，同时可以可靠识别丢失的行李，通过区块链上的记录准确追溯最后一个搬运行李的操作人及搬运地点。基于不可篡改的行李丢失记录，可以触发智能合约帮助保险公司更快、更可靠地对丢失和损坏的行李进行赔偿。

第 **9** 章

区块链＋运输物流业

运输物流是供应链中的主要环节和主要活动，是供应链价值实现的重要手段，也是社会经济活动的重要组成部分，同时也是完成生产、经济大循环的必要条件。运输物流包括海、陆、空、铁、水等不同运输方式，也包括包装、仓储、库存管理、流通加工、配送等环节。本章阐述了如何应用区块链技术有效应对运输物流业的诸多挑战，从区块链如何解决运输物流业的主要痛点出发，分别探讨了区块链技术在公路运输、仓储管理、包裹运输、港口航运等领域的解决方案，分析了区块链技术在运输物流业中应用的发展潜力与巨大价值。

运输物流（Transport Logistics）是供应链的主要环节和主要活动，是供应链价值实现的手段。区块链在运输、仓储、快递、港口航运中的应用，为传统行业的转型升级、提高效率提供了有效的工具。

本章讨论的内容主要包括区块链在公路货运中的应用，包括区块链定位应用、区块链跟踪溯源、区块链电子运单；区块链在仓储管理中的应用，包括区块链仓储管理、区块链电子仓单、区块链库存管理；区块链在港口航运中的应用，包括区块链电子提单、区块链港口放货平台等；区块链在包裹运输行业中的应用，包括区块链包裹跟踪和防伪等。

9.1 区块链有效应对运输物流业挑战

本节主要介绍传统运输物流业面临的诸多挑战和区块链在运输物流业的应用。

9.1.1 传统运输物流业面对诸多挑战

运输物流业既是国民经济与社会发展的重要支撑，也是农业、制造业、服务业等比较优势和价值增值的实现手段。运输物流服务体系通常由公路货运、港口航运、铁路运输、航空运输、多式联运、第三方物流服务构成，它具备支持经济社会快速发展的作用。

与其他传统产业一样，运输物流业的技术创新往往是被动的、后知后觉的。但是随着人工智能技术和物联网技术的发展，科技进步和创新提升了消费者的期望值，消费者希望能够更快地以更便宜的价格获得他们想要的产品或服务，这些需求也推动着运输物流业的发展。

除了要应对日益变化的消费者需求，运输物流业还面临着诚信问题、安全威胁、物流管理效率与交易效率低下问题。面对疫情的冲击，外部的变化与不确定性增加，运输物流业必须加快数字化进程，引入云计算、物联网等新技术，提高自动化水平，提高连接度。运输物流业面临的挑战具体表现在以下四点。

第一点是信任机制的挑战。行业诚信问题是每一个行业都有的根本性问题。在运输物流业，衡量物流公司与客户双方信任程度的一个重要指标就是签订合同期限的长短，期限长，不仅代表着稳定的合作伙伴关系，更表现为风险共担的信任机制。单次委托则是随机性交易，无法形成信任机制。

不论是海运集装箱，还是一次性的快递包裹，在物流公司跟客户之间的合约中，往往一次性交易占比较高，常出现针对交付质量、交付时间、交付地点，甚至是否使用自动包裹站的纠纷和理赔。笔者前些年曾调研过粤港澳大湾区300家制造业企业，它们与物流公司的合同期限大多数少于三年，一次性委托占三分之一左右。至于物流诚信缺失给整个行业带来的损失，现在查不到相关的报告和数字。

第二点是成本与效率的挑战。以最低成本提供最优服务一直是物流运作的基本原则，如何降低运输成本也是运输物流业一直以来面临的最大挑战。一般情况下，物流成本的主要部分是交通运输成本，它通常占物流总支出的50%。尤其是随着燃油价格的上涨，这一比例可能还会上升。物流公司虽然无法控制燃油价格，但是可以控制燃油费用。

在运营管理方面，物流公司可以在不影响消费者利益的前提下，为降低运输成本进行合理集运。通过线路规划、运输管理系统等，帮助物流公司选择距离最短、效率最高的路线，有效减少空驶里程，避免交通拥堵，减少磨损和维护成本。此外，物流公司还需要具备卓越供应链和物流运营的知识、经验以及承担合理风险的能力，以更好地改善业务，降低成本，取得长期效益。

第三点是供应链可视性方面的挑战。运输物流过程的全程可视是保证供应链计划高效完成、获取客户信任和保证安全的重要手段，也是保证物流公司每次都能准确、准时地交货的重要措施。GPS、5G、物联网、传感技术与相应的软件平台相结合，才能达到更高的供应链透明度，从而为客户带来价值。例如，完整的24×7全天候跟踪，既能确保车辆遵循规定的路线和时间表，又便于相关人员在出现紧急情况时迅速采取措施。

第四点是财务与融资方面的挑战。运输物流业是投入大、利润薄、回报周期长的行业。特别是在已经形成的业务惯例中，货主企业往往会延迟几个月甚至半年才进行运费支付结算，运输公司在维持运营的资本、人力、安全等方面的投入却是刚性的。

所以，解决资金周转和流动的问题，成为大部分物流企业，特别是中小物流企业的重大挑战。此外，低碳、绿色环保等政策和技术要求，也为企业实施技术改造、车辆更新换代等带来了财务与经营方面的挑战。

9.1.2 区块链有效解决痛点

现实的问题迫使运输物流业必须转型。不论是运输物流业直接服务的生产制造业、商业流通企业，还是作为个体的终端用户，都在要求运输物流企业提供更好的、更可靠的服务。区块链技术的出现很好地为运输物流企业提供了一个有效的技术工具。对于运输物流这样的需要多方紧密协调的行业，区块链的公开账本技术提供了一个更加安全、透明、可靠的业务运行机制，可以生成不可篡改的交易记录，既能跟踪物权变更和支付结算，又能可持续地提高多方协同的能力和效率，进而能够很好地解决运输物流业所面对的主要挑战，具体来说，主要表现在以下几点。

第一，区块链提供了一个强化的安全和信任机制。数据诚信是最基本的诚信。区块链的信任机制包括增强信任、资源接入信任、群体信任、条款信任、基础设施信任等方面。区块链的透明化和跟踪溯源，既可以满足利益相关者的需要，限制非法业务，提高可持续绩效及操作效率、运营效率，又可以加快供应链协同和信息流动，提供更可靠的市场信息，从而增强相关主体的信任。

此外，加密的、安全的、透明的公开账本，可以让公路货运、海运集装箱等各类物流公司获得业务的真实情况，使造假和操纵等行业行为无处可藏。区块链还可以有效减少合同条款的造假和操纵等行为，按照各方达成的协议，为运输服务过程提供不可篡改的记录。全程透明的、可追溯的公开账本，可以有效保证物流公司的信誉，减少争议、纠纷和仲裁事件，也可以迫使有不良记录的物流公司信守承诺。

另外，将重要的数据上链，物流公司可以减少大量的文档输入，允许运输物流各方授权接入。区块链上任何写入的信息，都是经过规则和算法认可、相关各方达成共识的结果。所以，区块链的机制可以让市场更公平，特别是允许中小物流公司参与平等竞争。

第二，提升运输物流的效率。 具体来说，提升运输物流的效率，主要表现在四点。

一是区块链的应用可以提高物流管理生态系统的效率。 区块链在提高供应链全过程可视性的同时，使链上所有利益相关者可以获取供应链动态、支付、位置等信息，让企业更加准确地评估和把控可能影响供应链效率的未知风险。更重要的是，区块链实现了供应商、货运代理、客户和其他利益相关者从单一来源获取真实信息，可以提高交易效率，提高争端解决效率。IBM 的调查报告显示，许多物流公司有较高的意愿投资区块链，如图 9-1 所示。

二是提高物联网设施应用的效率，从而提高运输交付质量和准确性。 比如，冷链运输需要在控制温度的前提下进行，才能保证货物的品质和安全，而采用区块链＋物联网的方式，可以有效减少温度变化引起的品质变化，这在疫苗、药品、生鲜食品的运输物流中尤为重要。根据 Freight Waves 的报道，大约 8.5% 的敏感医药产品会受到温度变化的影响而报废。瑞士的 SkyCell 公司生产了空运温控集装箱，采用了区块链化的物联网传感器，将温度、湿度和位置信息可持续地写到区块链上，将温度变化率降低到 0.1% 以下。SkyCell 公司还将提单、报关单等所有的单证记录到云端的区块链账本上，这样与货物相关的卡口检查、进出关检验等信息可以实现准确的实时共享，为货主、运输公司、关检单位等提供了极大的便利，从而有效提高了供应链整体效率。

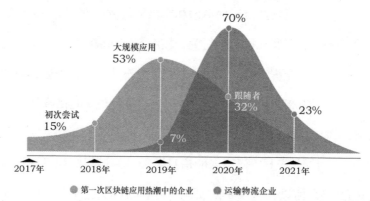

（资料来源：Expedited Delivery: How Transportation Companies Can Thrive with Blockchain，IBM Institute for Business Value Analysis. May 2018。）

图 9-1　物流公司投资区块链的意愿

第三，提高物流资产利用效率，具体表现在两点。一是区块链的应用可以提高车队资产的利用率。通过跟踪每一辆运输车辆的运行记录，可以为分析车辆运行状况、使用效率提供数据。二是区块链的应用可以提高二手货车残值和货车交易效率。在没有区块链技术之前，美国的二手车交易依靠 Carfax 这样的第三方商业服务机构，该机构为个人和企业提供有关二手轿车和货车的报告，客户通过获取第三方的权威报告评估车辆残值。但有了区块链技术之后，存放在区块链公开账本的记录，可以为买卖双方提供真实的信息。实际上，区块链的公开账本可以承担第三方中介的角色，买卖双方均依靠这个信任机制，从而省去了中间人——区块链平台承担了中间人的角色。车辆维修保养、保险理赔也可以上链，从而提高维修保养效率，加快保险理赔速度。如果所有的二手零部件和车辆的信息都存放在安全、不可篡改的公开账本上，就会形成一个更加标准、可靠的渠道，帮助确定二手车的价格和提供购买交易的其他信息。

第四，提高运输物流流动性，支持供应链金融业务。一方面，运输物流的运费审计与运费结算是一项耗时耗力的工作，而且货主往往会延迟 3～6 个月支付运费。运费支付方面的争议，往往使运费支付周期进一步延长。采用基于智能合约的区块链公开账本，可以实时记录物流过程并得到货主和相关方的签名确认，时间戳的唯一性保证了交易真实性，为运费结算提供了一个不可篡改的记录。基于智能合约的自动结算系统可以在条件触发后执行运费结算，可以省去所有人工核对环节和交易支付环节。

另一方面，基于区块链的电子运单、电子仓单、海运提单，实现了多方背书和交易记录的不可篡改，为货物融资质押提供了可靠的真实交易证明和单证保障，从而有效支持供应链金融的发展。本书将在后文进行深入介绍。

9.1.3　区块链在运输物流业的应用

运输物流业的技术应用是一个逐渐演化的过程。就像货物和车辆跟踪一样，几十年前用的是电话联系确认和传真机，后来，发展到用 GPS，用电子数据交换（Electronic Data Interchange，EDI）、API，并且这些已经用了很多年了。但是，用户需要更快的信息更新速度，更快的信息共享会加快决策制定的速度，而信息的真实性就成为决策制定的关键。信息从一个系统转到另一个系统的过程中，很可能会在所有者并不知情、没有同意的情况下被错误解释、更改或者人为操纵，这种情况将造成供应链的灾难。但是，采用区块链技术，就可以在整个运输物流网络范围内实现数据验真，为整个供应链生态系统带来信任机制。与此同时，由于数据是分布式存储的，数据的真实性验证就简单化了，所有链上的参与者均与所有节点连接，参与数据验真的过程同时获得真实的信息。

区块链在运输物流业的应用如图 9-2 所示。区块链在运输物流领域的应用包括货物和车辆的在途跟踪、温度监控、制作燃油税报告、车辆和零部件的维修保养记录，以及司机驾驶记录、物联网设备后台记录、运费合约招投标、电子数据交换、货物交付记录、运费发票和结算等。

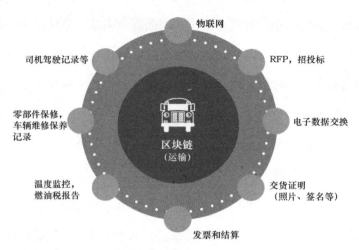

（资料来源：Timothy Leonard，Blockchain for Transportation: Where the Future Starts，EVP Operations and Technology，2017。）

图 9-2　区块链在运输物流业的应用

在区块链技术的先行者中，区块链主要用于以下几个方面，即货物状态/跟踪、支付处理、货物安全管理、海关/边境管控、空箱管理、合作伙伴信息共享和监管确认链，如图 9-3 所示。

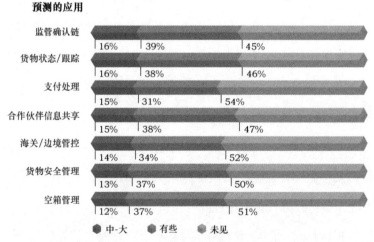

（资料来源：Expedited delivery: How Transportation Companies Can Thrive with Blockchain，IBM Institute for Business Value Analysis. May 2018。）

图 9-3　供应链上的颠覆性技术：区块链应用的机会

在已经采用区块链技术的企业中，有一半的企业将区块链用于多层级有形资产的跟踪。对运输公司来说，将不可篡改的交易记录上链具有巨大的好处，例如区块链可以证明发出的货就是收到的货，中途没有被"调包"。同样的道理也适用于集装箱运输，发货地货主工厂—短途运输到港口—远洋运输到目的港—多式联运到内陆集装箱站—收货人，这一过程会经历非常多的主体、环节。

从多重交易的复杂性考虑，运输物流的过程涉及多个中间商，区块链技术应用将有效提高运输生态系统中多主体多重交易的效率。客户可以看到货物从源头到自己手上的全部流程，可以有效帮助货主企业更好地做出决策。应用区块链技术还可以安全地处理跨境结算问题，提高跨境结算的效率。

从供应链流程的角度来说，从供应商到客户的所有物流仓储过程，均可以实现区块链＋物联网的全过程应用。一方面通过区块链登记参与方关键节点数据，来保障数据的真实性，另一方面利用智能合约来把控关键操作节点。区块链运输仓储全链条应用如图 9-4 所示。区块链可以将物流产业供应链中的各个操作点清晰地展示出来。

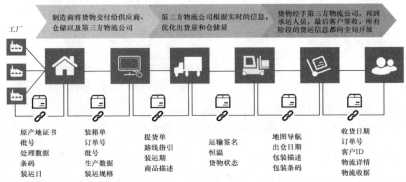

（资料来源：中国物流与采购联合会区块链应用分会，《中国区块链＋产业供应链应用发展报告（2018—2019）》。）

图 9-4　区块链运输仓储全链条应用

综上，区块链技术已经在运输物流企业中得到应用，且获得了良好的效果。

9.2　区块链＋公路运输

本节主要介绍区块链在定位应用、跟踪溯源、电子运单中发挥出的作用和价值。

9.2.1 区块链定位应用

区块链定位与跟踪溯源服务是运输物流领域应用的基本功能。运输过程中的溯源，甚至是运输物流网络规划，有一个重要的基础就是定位的准确性。运输物流网络中的工厂、配送中心、转运中心、配送站、客户交付地点，都是 TMS 重要的组成部分。有了准确的位置信息，才能够进行全过程的跟踪。

区块链货运联盟（Blockchain in Transport Alliance，BiTA）定义了首个区块链定位组件标准。定位服务的应用如图 9-5 所示。区块链定位信息应用是整个跟踪溯源体系或者更大范围区块链运输物流应用的一个组成部分。定位组件作为一个数据结构，是另一个数据结构（母结构）的一个组成部分。定位组件的区块链信息作为区块链系统的一部分，是不能够独立存在的。

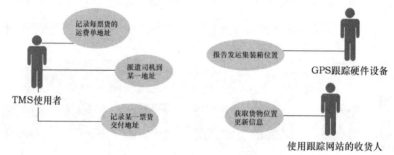

（资料来源：BiTAS Std 120-2019：Location Component Specification。）

图 9-5　定位服务的应用

运输物流区块链架构和应用的目的决定了区块链定位组件的用途。目的包括：跟踪货运集装箱的位置；定位组件记录收货点的地址；记录某一票货开单收费的地址；派遣司机到某个收货的地点。

区块链货运联盟数据格式技术委员会已经将定义位置组件区块链标准列入了区块链货运联盟标准化委员会（BiTAS）制定区块链货运物流标准的优先事项。位置组件工作组在定义区块链位置组件特征和评估定义目标的过程中，主要考虑交付结果、定义、协作 / 协同、时间表和里程碑、有限项、未来版本、技术的不可知性等方面。

BiTA 区块链定位标准的部分内容

定义组件

● 位置组件的定义是什么？代表性的应用案例包括 GPS、标准点位置代码（Standard Point Location Code）、国际地址和国家邮政标准、电子交换格式。

● 组件的变量是什么？ GPS 位置应用的标准格式，能够提供国际化应用的灵活性地址格式（包括邮政编码的不同格式），允许包含最底层的地址信息，比如地区、分区、街道、建筑、楼层、邮箱号码等。位置组件要不要包括前门、后门、月台号码等信息？

组件的有效结构是什么？需要考虑的事项如下

● 组件结构中要包括哪些元素？

● 组件的变体是不是基于业务应用案例？

● 什么是基本的确认原则（是否限制字符数？是否限定地址组件的最长 / 最短规模？）？

● 有没有限定数值的大小？

● 某些元素是否经常需要输入？

GPS 定义需要考虑的事项如下

● 由两个数值构成，经度和纬度，按照十进制格式表示，比如 43.040 833。

● 如果能够得到更高的准确度，也可以用分、秒来代表经纬度数值。

其他要讨论的点

● 时间戳是否要考虑成为位置信息的默认值？

● 高度或者高程是否作为可考虑的选项？

该标准定义了位置组件的数据格式 <meta-data>，以及位置组件的存储格式（JSON string）。<meta-data> 是可以向父组件提供的其他任意数据项的名称值对。一个组件元素可以包含任意数量的 <meta-data> 子元素。

位置组件包括以下三个组成部分。

一是 Name，即定义位置名称。

二是 Qualifier，即单一或者多层的限定（多层限定的地址、GeoCoord、SPLIC 城市名等）。

三是 Positions，即位置，可以有 0 个或者多个位置。如果有多个位置，采用子元素架构。

同时，该标准给出了区块链位置组件标准技术架构，如图 9-6 所示。

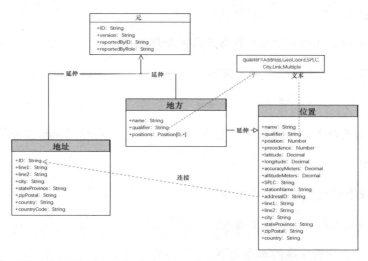

（资料来源：BiTAS Std 120-2019：Location Component Specification。）

图 9-6　区块链位置组件标准技术架构

区块链定位标准是区块链技术在运输物流业应用的底层环节，为精确跟踪溯源和全流程应用奠定了基础。

9.2.2　区块链跟踪溯源

BiTAS 制定了运输网络事件跟踪的区块链技术标准，可以作为运输跟踪技术应用的参考。该标准确定了与跟踪相关的定义、术语和规范，也界定了跟踪应用与其他区块链货运应用标准之间的关系。这些术语包括货物、发货单位、操作单位、传输者、跟踪主体、Meta 分级、测量种类、参考资料等。BiTAS 标准强调了使用者需要关注与其他 BiTAS 标准的一致性属性和相互关联性。

BiTAS 的运输跟踪标准数据定义了核心的数据架构以及与其他数据架构关联所要回答的基本问题。例如：我的货在哪儿?

货运跟踪是一个涉及范围十分广泛的应用，涉及多个运输物流流程、多个主体、多个系统，以及传感器、软件应用。它的目的是提供充分的信息，迅速决定某一票货的位置，显示货物如何按照规划的路径向前运动，直到它达到最终的交付地点。BiTAS 标准主要关注货物在运输网络中位置变化的过程，其他跟踪方面的应用会在未来标准中再考虑。该标准定义了货物跟踪的核心数据架构，包括跟踪事件、跟踪主体、跟踪参与者、测量种类、维度和参考资料。技术标准描述了数据格式、数据集和数据关系。

图 9-7 说明了位置状态数据从设备传输到财务／操作接口的过程，其中按照跟踪时间数据结构进行了编码，相关数据按照时间顺序存储在区块链上。TMS、数据接口、App 等可以按照区块链账本上存储的跟踪数据决定货物现有状态和位置。

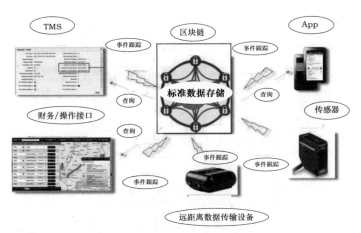

（资料来源：BiTAS Tracking Data Framework Profile，2019。）

图 9-7　区块链跟踪系统在不同设备和系统之间的应用

货物跟踪可以分为单件货物跟踪和多个包装跟踪。

我们先说单件货物跟踪。图 9-8 说明了单件货物（1 ShipUnit，SU1）跟踪过程。首先是建立 SU1 的编码并上传到区块链上，然后建立事件跟踪（TrackableEvent（Evt））。跟踪主体 ID 将跟踪事件属性对应连接到 SU1 上。

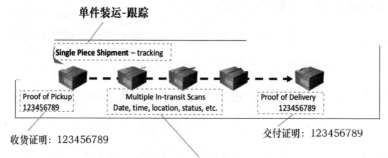

（资料来源：BiTAS Tracking Data Framework Profile，2019。）

图 9-8　单件货物跟踪案例

接着，我们再说多个包装跟踪。我们举一个包含两个纸箱和一个托盘的三件货物跟踪案例。三件货物作为一个跟踪主体，包括三个货运单位（SU），其跟踪系统如图 9-9 所示。

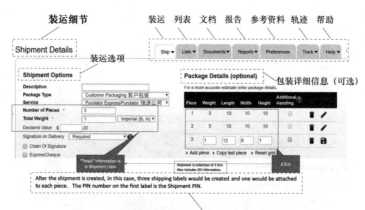

图 9-9　包括三个货运单位的跟踪系统

在收货之后，三件货作为一个主体建立货物代码，系统打印三个标签，每件货物一个标签。每个标签均含有这票货的身份识别码（Personal Identification Number，PIN）。多件货物跟踪流程如图 9-10 所示。

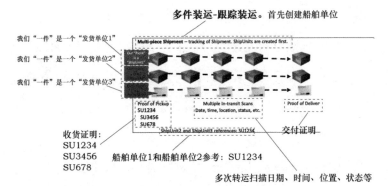

多件装运-跟踪装运。首先创建船舶单位

我们"一件"是一个"发货单位1"

我们"一件"是一个"发货单位2"

我们"一件"是一个"发货单位3"

收货证明：
SU1234
SU3456
SU678

船舶单位1和船舶单位2参考：SU1234

多次转运扫描日期、时间、位置、状态等

交付证明

（资料来源：BiTAS Tracking Data Framework Profile，2019。）

图 9-10　多件货物跟踪流程

三件货（SU1、SU2、SU3）作为一个跟踪主体（TE1），每件货物均带有 TE1 的身份识别码，在多重运输过程中每件货物的时间、地点、位置、状态等信息都实时上链，每件货的扫描信息也同时记录在 TE1 项下，实现多件货物的同时区块链跟踪。

9.2.3　区块链电子运单

本书第七章提到了北汽新能源的整车业务。北汽新能源商品车运输单据采用的是多联纸质单据，在交接传递过程中，传统纸质单据容易损坏、丢失，并且自 2017 年开始，铁路及水路运输方式已成为趋势，基于一单多车的纸质运单模式发运的流转速度慢、发运效率低，传统纸质运单无法完全支持铁路及水路联运、中转发运的工作。传统运单模式如图 9-11 所示。

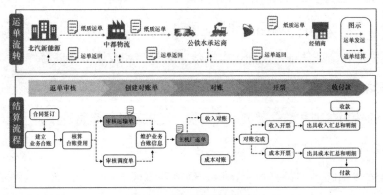

图 9-11　传统运单模式

随着铁路、水路发运的比例逐年提升，发运数量逐步增加，基于一单多车的纸质运单模式发运的弊端已愈发显现。一张运输单据会关联多台商品车，在处理质损问题时，因为一台车存在争议，经销店会将整张运单扣押，影响整张运单的结算。北汽新能源、中都物流及中都承运商投入较多的人力对运单进行收集、整理及审核结算。

另外，整车物流运输现应用纸质运单进行流转，纸质运单作为物流完成交付的唯一凭证，是运费结算的依据。运输单据采用的是多联纸质单据，在交接传递过程中，存在运单损坏及运单丢失的现象，纸质运单流转周期平均达 30 天。

面对这样的情况，电子化运单发挥出了独特的价值。电子运单应用新技术解决现有业务运营的痛点，通过基于区块链技术的电子运单平台，构建全新高效的业务模式，实现降本、提效、增值的目标，向智慧化供应链升级。电子化运单模式下的整车物流业务模式和流程再造，取消现有整车物流业务模式中纸质运单的作业及流转，实现基于电子运单的物流运营和供应链相关方在全程的监控，同时规避了纸质单据损坏、遗失的风险，既减少了对单据收集、整理及审核工作的人力投入，又缩短了运输单据审核的周期，进而达到降低成本、提高效率和提高工作准确率的目的。

进一步说，电子运单的创新点表现在以下三点。

一是业务运营模式创新。深入分析整车物流运输各个业务场景，以及纸质运单在每个业务场景中各个环节的作用，解决各个环节的交接问题。将纸质运单起到的交接凭证和结算凭证作用通过电子数字化签名和区块链存证替代。

二是结算模式创新。详细分析整车物流纸质运单对账与结算关系，以及各个业务场景的费用类型和结算规则，实现收入与成本结算数据在平台上自动生成，既能简化复杂的纸质账单对账环节，又能提升结算效率。

三是流程创新。通过订单、运单、结算数据的实时交互，实现整车电子运单平台、销售公司 DMS、整车物流运输系统、整车物流结算系统的信息透明。

通过电子运单信息平台，北汽新能源、中都物流、中都物流承运商及经销商进行商品车物流过程的交接和运输费用的结算，保证交接流程的顺利进行，避免单据的丢失，管理者通过平台界面采集分析呈现的数据，加强各个交接环节的管控。

可以说，北汽新能源是国内首家使用电子运单，基于区块链技术解决汽车物流行业纸质单据流转长、结算慢、成本高等痛点的企业。

我们下面具体介绍电子运单。

（1）建立公共账本平台运行模式

公共账本平台运行模式涵盖对象包括销售公司、中心企业中都物流、承运商、经销商，其取消了纸质运单，并通过运链盟平台，使公共账本平台替代原有纸质运单，将关键流程节点数据接入平台账本，把运输环节、收车环节、对账环节串联起来，如图9-12所示。

（2）确立电子运单流程

电子运单流程包括以下几点，如图9-13所示。

一是订单流程。核心环节是订单发布和订单确认。销售公司将订单发布至运链盟平台，接着中心企业业务员进行订单确认，订单进入中心企业业务系统。

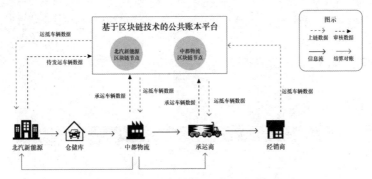

图9-12 公共账本平台运行模式

二是运单流程。核心流程是运单发布和运单确认。中心企业业务系统将运单发布至运链盟平台，承运商在运链盟平台确认运单。

三是收车流程。核心流程是收车发布。经销商小程序收车后发布至运链盟平台。

四是对账流程。核心流程是对账单发布和对账单确认。中心企业财务人员在运链盟平台创建对账单并发布，上下游财务人员确认对账单。

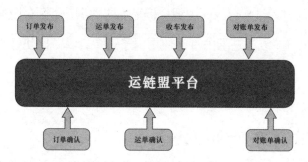

图 9-13　电子运单流程

（3）采用运链盟平台

运联盟平台包括以下几点。

一是整体架构。电子运单架构涉及运链盟平台、接口、业务系统三大部分（见图9-14），以基于区块链技术的运链盟平台为中心，通过接口对接上下游各业务系统，将公私钥加密的数据发布到运链盟平台，对数据进行上链，最终完成在线对账。

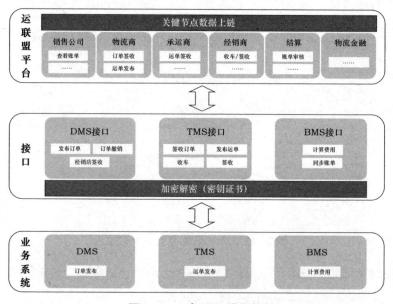

图 9-14　电子运单架构

二是数据存储。平台上每个企业用户有自己的私钥，通过信息加密保存和解密显示，保障信息的隐私性。数据存证上链，保障具有法律效力。

三是电子存档。平台生成电子格式的运单，下载保存至本地用于电子存档和审计。

电子运单信息平台代替传统的纸质运单，覆盖整车物流业务全过程，包括商品车运输计划订单的发布和确认，以及相关方对账。管理者通过电子运单信息平台的数据分析，更好地管控交付环节。

运链盟平台的创新变革模式既能为汽车供应链各参与方带来显著的效率提升和成本降低，又能帮助主机厂营销公司提高发运效率和结算效率。

基于区块链的分布式账本和存证、数字签名、密码学等技术打造的汽车供应链服务平台，可满足供应链多方可信和数据隐私、数据安全需求，实现以下两大目标。

一是基于区块链技术实现整车物流运单电子化作业模式（电子化运单服务）。

二是实现基于电子运单模式的整车物流业务在线对账（在线对账服务）。

经过近半年的推行，电子化运单项目基本实现了 5 个基地全面实施，运输网络覆盖全国 300 多家经销店，涉及 23 个省（自治区、直辖市）等。电子运单信息平台代替传统的纸质运单，覆盖整车物流业务全过程，包括商品车运输计划的下达、签收、计划调度、在途、经销店签收订单，以及相关方对账、开票付款。基于电子运单结算结果实现物流融资服务，管理者通过电子运单信息平台的数据分析，更好地管控交付环节。

9.3 区块链 + 仓储和库存管理

本节主要介绍区块链在仓储管理、库存管理、仓库控货系统、电子仓单上发挥的价值。

9.3.1 区块链仓储管理

仓储是物流与供应链体系的主要环节。卓越的供应链绩效的实现需要所有利益相关者共同协作，但供应链多主体、多重交易的复杂性往往会降低技术的协同性和透明度。区块链技术的应用可以让所有关联方共享同一个数据平台，实现信息的安全和可靠交换。

区块链与物联网设备的结合，可以使仓储物流环节的数据自动更新、写入区块链公开账本。比如，新鲜肉类产品在运输过程中温度要始终保持在 4℃ 以下，将物联网传感器采集到的信息实时写入区块链，可以实现在供应链每个过程中安全、可靠地记录肉类产品的温度。换言之，区块链的安全可靠记录实现了新鲜肉类产品状态的可靠性验证。

基于区块链的智能合约，将合同语言转化成为自我执行的程序，可以用于仓储自动化确认和支付结算，如图 9-15 所示。比如，当装有物联网设备的智能托盘在交付之后，收货确认、交付时间、货物交付状态等信息即时发送给区块链系统，只要这些数据满足前置条件，系统就会自动确认，并将数据写入区块链。一旦信息经过区块链验证，触发智能合约，货款就会自动由买方支付结算给卖方。这种自动化过程极大提高了效率、诚信和安全性。

① 运输物流伙伴之间的商业关系作为代码写入区块链。所有主体都是匿名的。但相互之间的联系是通过公开账本实现的

② 类似有效期到期、达到预定价格等触发事件触发编码化的合约自动执行

③ 监管机构可以利用区块链了解市场活动，同时保护了每个参与主体的数据隐私

（资料来源：Blockchain in the Warehouse。）

图 9-15　智能合约在仓储中的应用

从仓储管理流程的角度，仓储管理的主要功能就是收货、储存、发货，需要投入大量的精力，来维护、审计、记录存货的成本、库存、断货、差错等数据。

区块链的设计使供应链上的品牌商、制造商及其供应商、生产基地、分销零售渠道全部连接起来，帮助所有供应链网络上的主体管理和跟踪产品的来源、移动轨迹、召回，以及产品的销售周期，形成了完美跟踪的仓储管理系统。区块链在仓储管理系统中的应用如图 9-16 所示。

（资料来源：Blockchain Technology，the Future of Warehouse Management System。）

图 9-16　区块链在仓储管理系统中的应用

从更大范围的仓储行业来说，不论是储存还是存货管理，仓储都不是一个产生更多价值增值的环节，而是一个降低成本的环节。以分布式的去中心结构取代僵化的中心化供应链机制，区块链实现了为货物和信息跟踪记录过程赋能。在仓储管理系统中使用区块链技术，需要建设智慧化的基础设施，将所有仓储物流过程进行排序、贴标签、建立档案记录，形成覆盖所有过程的公开账本。这样做不仅使仓储物流过程具备不间断检查监督能力，而且实现了从原材料到消费品甚至到召回、再利用的全生命周期管理。

9.3.2　区块链库存管理

根据物资搬运协会最新的 2021 年的报告，库存管理行业区块链应用的比例在 2018 年为 5%，该报告预测未来五年这个比例将增加到 54%。区块链在提高库存管理效率方面的增长趋势已经确立，主要的原因是区块链技术能够使供应链上每个环节的公司以安全、透明、永久记录的方式解决仓储管理团队面临的最大问题。

虽然区块链最初的设计不是用来管理仓储和优化库存的，但技术的应用同时达到了这两个目标。区块链使供应链网络内的所有仓储公司、制造业企业、供应商和生产基地、配送中心、零售商通过一个永久的交易记录相互连接。基于这样的连接方式，制造商得以更好地管理产品的起源，同时更好地跟踪和管理生鲜品的生命周期，相关主体不仅可以看到消费端需求的实时数据，还可以更加准确地预测需求、计划制造流程和制订补货计划。

在区块链技术之前，库存管理主要是基于被动式预测模型，库存减少再下补货订单，或者基于预测模型，在库存消耗完之前下单补货。在有了区块链技术之后，库存管理可以实现精准预测，保证了总有恰当种类和数量的库存预期的需求。区块链技术帮助企业提高收入和利润，同时降低风险、减少销售损失。

现有库存管理系统主要是基于供给 - 需求方法，而企业面临的最大挑战就是缺乏对下游供应链需求的可视度而限制了需求预测的准确性。供应链上下游包含多层次的供应商和多层级的客户、配送中心、分销商、零售商。每个主体均按照自己的方法和系统管理供应链交易和货物的移动。这种方法效率很低的主要原因就是往往预测的结果会延迟于市场需求，导致企业的收入减少。对市场需求趋势预测的准确性非常关键，不论是过度库存还是库存不足，企业都会遭受损失。与此同时，如果供应链沟通出现失误或者错误，大量的时间和人力成本就会被浪费。数据被操纵或者员工有意犯错是部分企业面临的严重问题。

区块链作为去中心化的公开账本，提供了一个完全安全透明的记录，记录了区块链上每时每刻发生的实时交易。每个认证过的供应链主体都可以将交易储存上链、获得链上的交易记录。一旦数据上链，在没有获得所有参与者同意的情况下，是不能改变数据的，而区块链上每一个变化都是可追溯的。这有助于避免雇员的故意行为产生的错误。即使出现人为的问题，区块链系统也提供了一个时效性很强的可追溯流程。采用区块链技术，企业可以更加准确地预测市场需求。这样的结果就是，库存管理团队可以更加主动地计划补货行为，而不是被动地等库存消耗完再补货。基于区块链的库存管理如图 9-17 所示。

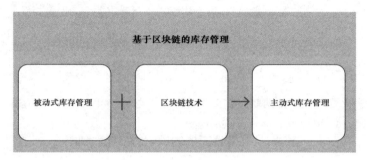

（资料来源：How Manufacturers Can Use Blockchain for Inventory Management。）

图 9-17　基于区块链的库存管理

因此，区块链的应用可以帮助企业改变目前的库存管理方法，即采用基于区块链的库存管理。结合物联网等技术手段，可以让被动式库存管理转变为主动式库存管理。

9.3.3　物联网 + 区块链仓库控货系统

易融云仓通过区块链登记参与方的关键节点数据，实现仓库安全、智能控货，保障数据的真实性。通过智能合约对关键操作节点进行把控，使整个业务过程清晰透明、真实可靠，从而达到智能高效、真实可靠的仓库控货目的，并且将原本在金融场景中风险较大、控制缺失的不动产资料转换为过程透明、控制风险相对较小的物品。

易融云仓物联网仓库控货系统的功能主要包括参数管理、订单控制、库内货物管理等，通过物联网 + 区块链 + 大数据，实现交易风险管理、流动性管理以及金融平台对接为一体，为仓库内的动产赋予不动产属性，如图 9-18 所示。

（资料来源：中国物流与采购联合会区块链应用分会，《中国物流与供应链产业区块链应用白皮书》，2019年。）

图9-18　易融云仓仓库控货系统的功能

易融云仓仓库控货系统结合RFID、雷达、电子围栏、视频监控等多种物联网手段，合理规划仓库操作流程，有效控制仓库内业务操作流程，对风险进行实时分析预警，将关键节点业务上链，通过区块链对操作进行登记，通过智能合约控制约定操作可行性，在提升仓库操作自动化程度的同时，通过后台智能数据分析，对货物是否需要控制以及如何控制给出指令，增强仓库内货物的金融属性，如图9-19所示。

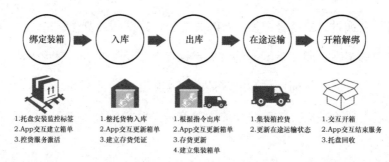

（资料来源：中国物流与采购联合会区块链应用分会，《中国物流与供应链产业区块链应用白皮书》，2019。）

图9-19　易融云仓的关键操作方式

根据以上信息我们可以总结出，易融云仓具有以下几点价值：一是借助区块链登记关键操作节点信息，参与方通过区块链进行真实的操作过程溯源；二是通过物联网手段加区块链特性，叠加大数据分析控制，增强仓库内货物的金融属性；三是拓展信用体系，利用区块链对数据真实性的保证，将金融业务中的主体信用为主转变为交易信用为主，将原有封闭的不可作为信用体系一环的仓库操作纳入进来。风控核心逻辑如图 9-20 所示。

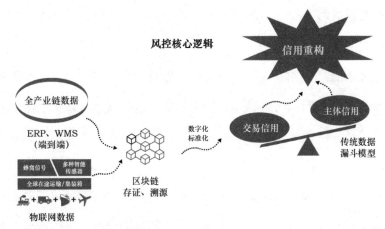

（资料来源：中国物流与采购联合会区块链应用分会，《中国物流与供应链产业区块链应用白皮书》，2019。）

图 9-20 风控核心逻辑

可以看出，易融云仓利用区块链实现了对信用的客观传递。基于物联网 + 区块链的黄金组合范式，能更好地整合分析商流、物流、信息流、资金流，相对传统模式具有明显的优势，特别适用于参与方众多、流程复杂的控货场景。与传统架构相比，区块链的分布式架构让各方在弱信任状态下依然能进行交易，使信用建设成本降低，可以更容易地连接各个参与方，在降低系统建设改造成本的同时提高效率。

此外，智能合约公开执行，系统透明，记录可追溯又不可篡改，既能有效降低系统性风险，又有助于实现降本增效。

9.3.4 区块链电子仓单

上海源庐加佳信息科技有限公司（以下简称"加佳"）成立于 2015 年，是一家创新型产业区块链技术服务商。它依托于区块链、人工智能、物联网等核心技术，创新商业模式，打造"商流、物流、信息流、资金流"一体化的互联网电商平台，力求为全产业链客户提供全方位的技术服务。

加佳大宗供应链管理系统通过区块链技术，追踪记录大宗商品仓单等的全周期数据，包括物流信息、库存信息、交易信息、融资信息，保证数据真实有效且不可篡改；同时又解决了大宗商品行业因信息化发展不均衡产生的仓单数据流转不畅、仓单数据造假等行业问题。

加佳区块链的主要功能如下。

一是仓单存证。通常来说，仓单流转的物流信息、库存信息、交易信息、融资信息等数据均会被写入区块链中，所有数据一旦上链就无法被篡改。并且，物联网也会采集货物的入库、在库、出库等信息，并将生成的哈希值实时上链，同样也能确保仓单源头数据无法造假。

二是仓单数据共享。利用加密技术及区块链分布式存储技术，所有参与节点均会保存加密后的仓单数据副本，在保证用户隐私的同时，也能方便各参与节点通过身份密钥查验仓单数据，能有效地解决传统模式下仓单数据的信息孤岛问题。

三是仓单数据溯源。区块链上的仓单数据包含仓单从入库到出库的全过程中产生的数据，且每条上链的数据都是在多方参与共识下产生的，为仓单上链数据进行背书。仓储机构、资方也可以实时查看仓单全周期的数据，一旦产生仓单数据造假的问题，就可以通过区块链快速追溯定位到篡改数据的环节。

四是大宗商品行业系统快速接入。提供标准化的仓单数据接入 API 及软件开发工具包（Software Development Kit，SDK），用户可以按需嵌入自己的应用系统，同时提供可视化的仓单查询及验证界面，无须二次开发，快速部署，快速使用。

以下详细介绍什么是大宗商品以及相关内容，以便大家更好地理解相关概念。

大宗商品是指可进入流通领域，但非零售环节，具有商品属性并用于工农业生产与消费使用的大批量买卖的物质商品。在金融投资市场，大宗商品是指同质化、可交易、被广泛作为工业基础原材料的商品，常见的如原油、有色金属、钢铁、农产品、铁矿石、煤炭等。

大宗商品仓单是仓储机构收到仓储物后给存货人开付的提取仓储物的凭证，其特点主要表现在以下五点：它是保管人向存货人出具的货物收据；它是仓储合同存在的证明；它是货物所有权的凭证；它是提取仓储物的凭证；它是保管人与存货人或提单持有人之间处理仓储合同纠纷的依据。

纵观国内外，金融与实体经济脱节的情况普遍存在。一方面大量的流动资金由于无法有效对接大宗商品行业优质的资产而在金融体系里空转，另一方面大宗商品行业中小企业融资难、融资贵的问题尚未得到解决。究其原因，并不是金融机构不愿意支持实体经济的发展，而是在现有的基于企业主体信用的风控模式下，金融机构很难在支持大宗商品行业的同时，又能控制住风险。因此，中间金融和实体、资金和资产脱节这一症结的核心就在于风控。

在大宗商品行业，基于仓单的金融服务业务的核心风险点主要有四个：货物的真实性、货权的清晰性、对手违约时处置变现的能力以及持有大宗商品期间市场价格的波动风险。关于对手违约时处置变现的能力，大宗行业的产品天然具备较好的处置渠道；关于持有期间市场价格的波动风险，金融机构亦能够通过有效的金融市场手段来实现风险应对。

因此，一直以来困扰着大宗行业甚至整个金融市场的难题便是大宗商品的真实性和货权的清晰性并没有有效的技术手段得以保证。

但是，区块链技术对解决这一行业痛点有天然优势，区块链技术的去中心化、不可篡改、安全加密等特点，既能确保货物的交易信息真实存储且不可被篡改，又能保证货权的清晰性。在大宗商品交易领域引入区块链技术的电子仓单体系，一方面有助于大幅减少可疑交易，降低监管成本；另一方面也有助于逐步实现从基于企业主体信用的风控逻辑向基于实物流、资金流和信息流三流闭环的全链条的、动态的、基于货权的风控逻辑的转变。这些对大宗商品交易的发展都大有裨益。

可以看出，仓单的电子化具有十分积极的作用和意义，它也能有效规避传统模式下的电子仓单所带来的仓单真实性和安全性的隐患，因为区块链仓单的分布式记账、多方共识的属性，可以有效避免类似情况的出现。

加佳联盟链以区块链及物联网为技术基础，联合具有公信力的交易参与方和第三方企业，包括生产型企业、贸易商、仓储机构、银行、行业协会等，构建大宗商品区块链联盟，打造大宗商品领域的可信联盟链。加佳联盟链及加佳区块链技术分别如图9-21、图9-22所示。下面从大宗商品角度，展现区块链电子仓单的独特价值和作用。

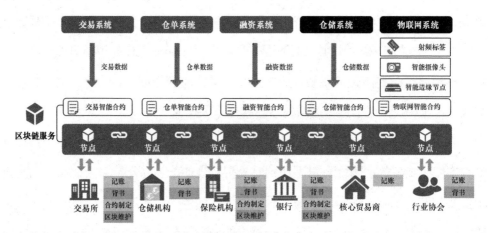

（资料来源：中国物流与采购联合会区块链应用分会，《中国物流与供应链产业区块链应用白皮书》，2019。）

图9-21　加佳联盟链

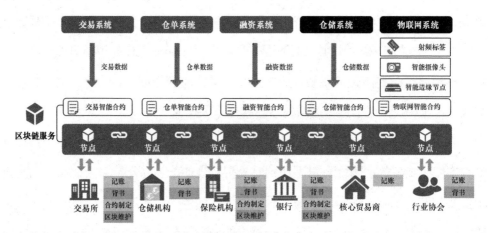

图9-22　加佳区块链技术

（1）仓单数据存证

大宗商品存在行业信息化发展不均衡、行业缺乏成熟的统一标准等现象，使得企业之间与企业内部存在相当严重的信息孤岛问题。但是，区块链技术的去中心化的分布式账本技术、多节点存储、多节点验证、共识节点背书等特性，能够为产业链生态中不同角色的企业提供区块链仓单服务，具有仓单数据共享和仓单存证功能，进而能有效地解决该行业的痛点。区块链仓单链上背书如图9-23所示。

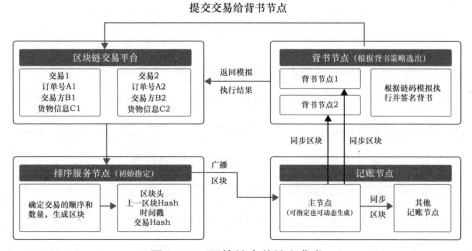

图9-23 区块链仓单链上背书

（2）仓单数据可信采集

大宗商品行业监管方式落后，各仓储公司的系统一般以独立部署为主，存在极大的人为篡改或造假风险。此外，因仓储管理和作业大多采用人工操作方式，业务数据的真实性缺乏有效的验证机制。利用物联网技术，将仓储管理及作业流程及数据第一时间同步至区块链，确保源头数据的真实性，且一旦数据上链，所有数据将无法被篡改。区块链+物联网示意如图9-24所示。

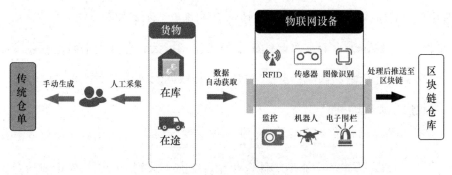

图9-24 区块链+物联网示意

（3）仓单数据溯源

传统仓单数据通过人工手动录入，存在极大的人为篡改风险，而随着物联网技术的日臻成熟和硬件成本的不断降低，物联网技术已经在大宗商品行业得到大规模、低成本的应用。

区块链技术利用加密及分布式存储技术，使仓单数据不可被篡改。另外，区块链中存储的数据天然具有时序属性，每次数据变更均会产生一条新的记录和与之相对应的唯一哈希值，并打上时间戳，放在区块末端，使每次变动都将在区块链上留下记录。可以说，基于智能视频识别算法的物联网系统自动生成仓单数据，确保仓单源头数据真实可靠，且上链数据无法被篡改，有效地降低人为造假风险。

另外，区块链技术使得同一件货物的全生命周期溯源成为可能，最终用户将能通过区块链随时查看货物数据的变更情况。货主、交易对手、资方可以借助区块链查询和验证仓单状态及流转的全过程，实现仓单数据的全流程监管和追溯，打造真正意义上的可信仓单，帮助大宗商品产业链的参与各方降低风险，提升监管效率，增加收益。

（4）多方共识多方背书

通过区块链技术出具的仓单有别于传统由仓库单方面出具且只能由仓库进行记录及维护的标准化仓单，区块链仓单由各个参与方按照共识机制进行共同记录和维护。同时背书节点通过智能合约，可以对仓单进行校验和背书，提升供应链全流程中的造假成本，在实质上降低虚假贸易的存在风险，帮助有资金需求的客户提升资产品质，顺利获得融资。区块链仓单参与方示意如图 9-25 所示。

综上，区块链大宗商品平台的研发与实施，将大大提升大宗商品行业产业链上下游的交易、仓储、物流、资金等关键业务数据的融通效率，有效地解决大宗商品行业信息孤岛的问题。

未来，物联网将携手区块链，打造真正可溯源仓单管理体系，满足金融风控要求，帮助有资本需求的中小型实体企业和有资产需求的金融机构实现有效对接，让金融反哺实业，以实业做强金融，促进国民经济的高速发展。

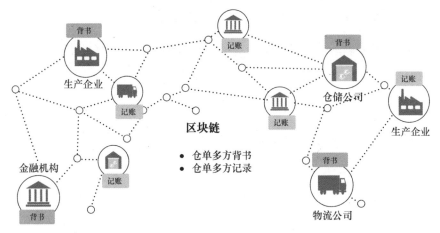

图 9-25　区块链仓单参与方

9.4　区块链 + 包裹运输

本节主要介绍在疫情影响下区块链在快递业的加速应用，并介绍区块链在包裹跟踪和防伪上的应用，以及在数字邮费方面发挥出的独特价值。

9.4.1　疫情加速区块链在快递业的应用

随着电子商务呈现出爆炸式增长的态势，包裹运输业也一直保持着较快的增长势头。同时，新冠肺炎疫情也加快了快递业的发展。

新冠肺炎疫情造成几十亿人保持社交距离和居家隔离，电子商务和最后一英里（1 英里 ≈ 1.6 千米，后同）配送成了确保货物安全至关重要的生命线。根据 CSCMP 2021 年美国物流年报的数字，2020 年美国电子商务市场规模扩大了33%，达到 7 920 亿美元，占美国零售总额的 14.0%。包裹和最后一英里配送量呈爆炸式增长，美国物流成本中，包裹配送领域的市场规模 2020 年增加了 24%，达到了 1 186 亿美元，五年复合年增长率达到 8.4%。

联邦快递预测，包裹市场到 2023 年每天将达到 1 亿件包裹，而美国包裹市场的增长中 96% 来自电子商务。到 2024 年，美国当日达的市场规模有望达到 71 亿～ 156

亿美元，年复合增长率约为 22%。另外，2020 年，笨重 / 散件货物快递市场同比增长 12%，达到 130 亿美元，并且到 2023 年底可能达到 160 亿～ 180 亿美元。

在电子商务快递业增长的同时，烦恼也随之而来，甚至更加频繁。想象一下，网上下单之后，等待包裹上门的过程。或者你的包裹在你上班时到了家，或者你的包裹投递到邻居家，或者通知你到包裹站去取，或者你拿到的东西根本就不是你要买的东西，或者你要退货而不能立即收到退款……如果采用了区块链技术，上述问题都会迎刃而解。

快递运输的区块链应用在物流行业中属于较早的。早在 2016 年，美国邮政总局（U.S.Postal Service，USPS）就发布了区块链快递包裹应用的研究报告。之后，澳大利亚、新加坡、俄罗斯邮政部门都开展了相关实验项目，联邦快递、顺丰速运等国内外主要快递企业也开展了区块链应用。

USPS 的报告将区块链技术应用分为四个主要领域，分别是金融服务、设备管理、身份识别服务和供应链管理，如图 9-26 所示。

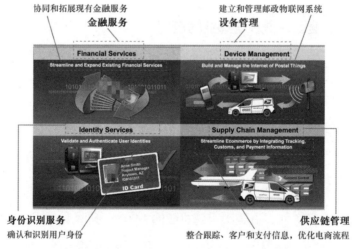

（资料来源：Blockchain Technology: Possibilities for the U.S. Postal Service，Report Number RARC-WP-16-011。）

图 9-26　USPS 区块链快递领域主要应用

从金融服务的角度，鉴于邮政企业都提供一些基本的金融服务，包括国际电汇、邮政储蓄等，该报告的设想是建立基于区块链的金融平台，通过发行"邮政币"（Postcoin），让全球的国家邮局联合起来，形成更加安全、可靠、透明的跨国汇款处理系统。

身份识别服务是保证交易真实性的基础。邮政局可以通过网点识别客户的身份信息，将其编码配置上链，形成虚拟的个人邮递地址。客户可以用加密身份登录网站、公证文件、参与智能合约。

设备管理是通过区块链与物联网相结合，形成安全可靠的互联设备网络环境，形成"邮政物联网"，将所有邮政设备的移动和交易过程记录在案，也可以通过记录所有车辆和设施的操作过程，降低设备和系统安全风险。

在快递包裹行业，供应链管理是指利用区块链确认包裹身份、实现收寄人与包裹协同确认。邮政物流涉及不同的快递单位、承运单位、长短途运输和最后上门快递，区块链技术的应用能够有效提高所有参与者之间的协同度。

9.4.2 区块链在包裹跟踪和防伪的应用

如果说上述应用暂时还处于区块链物流应用的早期阶段，那么区块链在快递领域中的应用案例则更加凸显了技术应用的现实感。

首先是包裹的全程跟踪。区块链溯源和跟踪应用是该技术在物流与供应链中主要的应用手段。读者在之前的章节中可能也发现了众多应用案例，包括疫苗接种全过程、斐济金枪鱼、航空零部件等的溯源与跟踪。

现在想象一个跨境电商的情景。你在位于深圳的家里浏览网站，发现某个知名化妆品品牌的某一款产品很令你心动，而你要买的化妆品在韩国首尔市。假如有一个区块链快递跟踪系统，让我们看看你下完订单会发生什么。

首先你跟化妆品厂家确认购买之后的订单信息会由卖家发送给与他们相关联的物流公司，这个订单信息会被记录上链，包括买卖双方信息、产品信息、发货人及收货人等物流信息。订单信息触发发货人仓库的 WMS 的分拣指令，你买的产品将准备好发货，这些动作和时间戳都会记录在区块链上。快递公司会收到仓库备货的信息，上门取走货物，货物经过短途运输到达韩国仁川机场，经过国际货站办理清关手续，准备装上飞机运往中国香港地区。这一系列动作伴随着时间戳，二者会同时写入区块链。

货物到香港地区中转，通过两地牌直通车到达深圳宝安机场货站，进入跨境电商清关申报阶段，然后由本地快递将货物送上门。这些过程也都会写入区块链。在这个过程中，你实时看到了这个动态的过程，你的购买记录、货物运输记录、实际发货时间、转运时间、收货时间，都一点不差地记录在案。不仅是你知道所有的信息，卖家、陆运公司、空运公司、配送公司等所有相关方都实时接入这个真实的信息系统，你可以确信你收到的东西就是你买的。

其次是快递过程中的防伪问题。全程包裹跟踪会涉及快递防伪的问题。不仅是全程溯源为产品验真提供了保障，区块链智能合约更是后台起作用的工具。如果网购的过程中出现了产品质量问题，卖家会换货或者给消费者退款；如果你购买的产品在运输途中被盗，有信誉的商家会自己承担物流成本，再给你寄送一个同样的产品。但是，如果遇到不良商家，或者没那么容易再发货，消费者可能就没那么容易收到退款了。远在天边的卖家根本不受左右，另外这里面还涉及多层次物流责任划分不清的问题。但是，有了智能合约的介入，情况就大不相同了。

在电商快递情况下，智能合约是买卖双方和第三方物流公司共同达成的交易条款，将各方同意的前置条件写入区块链。当客户在网上购物的时候，货款并没有马上支付给卖方，只有客户确认准确无误地收到货物之后，智能合约被触发，货款才会支付给卖方和物流公司。这里，智能合约充当了第三方担保人的角色。如果买方寄了一个空盒子，自然就不会触发智能合约，客户的钱就不会被划走。

9.4.3 NFT 作为数字邮费

"非同质化代币"（Non-Fungible Token，NFT）是一种基于以太坊智能合约、记录在区块链公开账本上的加密数据单位，每个"代币"可以代表一个独特的数码资料，是映射特定资产的非同质化通证。NFT 可以代表数位文件，如画作、声音、影片、游戏中的项目或其他形式的创意作品。

虽然文件（作品）本身是可以无限复制的，在其底层区块链上可以被追踪、被交易，但其本身具有唯一性，成为所有权的唯一证明。部分"加密货币"有自己的代币标准，定义了 NFT 的使用范围。

NFT 通过区块链标记了用户对于特定资产的所有权，使得 NFT 成为该特定资产公认的可交易性实体，同时 NFT 的价格比较高昂，这也反映了市场对该 NFT 所映射的资产价值和稀缺性的认可。NFT 的出现提高了有形资产的价值数字化和数字化资产本身特别是数字化版权的可交易性。

本节说明的不是 NFT 在艺术品、游戏版权等领域的应用，而是在邮政快递领域的应用——USPS 宣布首次采用 NFT 区块链电子邮费。

2021 年 4 月 13 日，总部位于美国加利福尼亚州的 CaseMail 公司宣布，该公司成为 USPS 认证的区块链电子邮票生产商，全球第一张 NFT 邮票由此诞生，如图 9-27 所示。

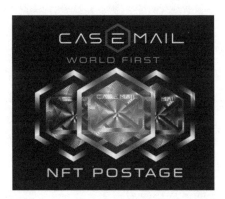

（资料来源：CaseMail 网站。）

图 9-27　全球第一张 NFT 邮票

NFT 邮票的出现揭开了 NFT 技术的神秘面纱 ——它就是区块链上印出来的邮票。

开发者认为，USPS 认证 NFT 邮票意味着区块链技术进入更广泛的产业和生活领域。邮封信或寄个包裹，贴张邮票、支付邮资，简单的流程有了新的内涵。NFT 以数字化的方式贴在电子邮票标签上，再贴到寄送的物品上。这个数字标签将邮件寄送和运输的所有过程写入区块链，建立一个数字标签和有形邮件的所有过程的、可验证的数据链。

经区块链技术验证的邮包内容和交付历史，可以进行加密验证，保护寄件人、收件人的隐私。在此之前，NFT 技术已经被用作法律物证的唯一性标志。

NFT 邮票还省去了"虚拟货币"的参与，消费者可以直接用美元购买 NFT 邮票。开发者预计 NFT 邮票的应用范围很快将扩大到全球个人和企业。

9.5　区块链 + 港口航运

本节主要介绍区块链是如何有效应对港航物流挑战的，以及在电子提单、港口放货平台、航运联盟等方面，区块链技术发挥出的重要价值。

9.5.1　区块链有效应对港航物流挑战

港口作为跨境国际贸易和全球供应链生态体系中的核心枢纽，仍依赖大量单证的工作，涉及众多利益相关者和合作伙伴，仍依靠传统的通信手段，涉及数量众多的交接和交互运作，这一切都影响着港口的运作效率，减慢了港口的操作速度。

以上都是区块链技术迅速在港口航运业得到应用的原因。所以，近年来区块链在港口航运业中的应用场景越来越丰富，更多的区块链项目和区块链应用联盟在整个港航物流范围内出现。

首先是单证处理业务的区块链应用需求。单证处理的成本占了集装箱港口成本的一半。马士基集团是集装箱航运业的领导者之一。2017 年，马士基集团与 IBM 建立了战略伙伴关系，开始实施在海运流程引入区块链的计划。IBM 也与其他企业一样，在此之前已在寻找将区块链应用于海运物流流程、清关和跨境供应链的机会。

在马士基集团和IBM考虑更加广阔的区块链应用的同时，安特卫普港启动了T-Mining区块链集装箱港口物流应用，以吸引像马士基集团一样看到区块链在海运物流生态中是基础应用的企业。

其次是从区块链集装箱放箱到智慧数字港口的区块链应用。

T-Mining从完成一个具体的操作开始——集装箱的安全放箱。这个项目的一个目的是提高效率，但主要目的是应对现实中的重大挑战——保证在集装箱放货过程中的安全、可靠和效率。

T-Mining的安全集装箱放货解决方案（Secure Container Release，SCR）更加安全和有效。每天有来自20多个国家的1 000多家公司使用该项基础设施。T-Mining采用了区块链的分布式技术，引入了自我权利识别（Self-Sovereign Identity，SSI）、商业隐私（Commercial Privacy）的实施概念，给港口物流企业提供了一个简便易行的工具，保持了对其数据的控制权。

与所有港口一样，拖车到港口提取货柜需要身份识别。安特卫普港采用了叫作"Alfapass"的身份识别系统。港口操作系统给每个集装箱配置了唯一的身份识别码，发送到码头操作员，操作员安排装柜上车，并把识别码发送给船公司。在这个过程中，所有参与方都知道这个识别码。因为船公司还可以将提箱短途运输任务分包给其他运输公司，这个识别码通过好几种方式发送，所以中途可能被截获，或者转发给没被允许提箱的人。

区块链系统的应用省去了发送识别码的过程。

第一阶段，在识别码生成的初始阶段，应用程序增加了一层安全保障，即增加了地理栅栏。地理栅栏的目的在于如果拖车司机没有到正确的地点（即正确的集装箱将要提交的码头区域）就会出现拦截。

第二阶段，在系统中完全去掉识别码，提高效率，同时与智能合约相结合，让系统更加自动化。

T-Mining的系统搜集了放行一个集装箱需要的所有数据。只有授权方才能接入这些数据。同时，区块链建立了数字产权。只有拥有对应权利的所有者才被允许到码头提取集装箱。数字产权可以在集装箱交接的过程中转移，这种情况下，接受产权人可以确定产权已经不在发送人手里。所以，也就能保证不会再有第二个人到码头追索这个集装箱。这一切已经记录在区块链上。

区块链放箱仅仅是区块链在智能港口和智能航运中应用的一个具体案例。区块链应用的关键在于，在竞争激烈、利润微薄的航运市场上，它能应对港口航运业真正的挑战。

笔者有幸于1991年到安特卫普港参加了中华人民共和国交通部（简称"交通部"）和比利时安特卫普港合作举办的集装箱码头管理培训。安特卫普港先进的管理理念和技术给我留下了深刻的印象。而在区块链技术应用的今天，港口和城市、所有的利益相关者均对基于区块链的智慧港的建设充满理想和抱负。将区块链应用覆盖到一个集装箱的物流流动的端到端的全过程，涉及所有单证、所有应用。

在T-Mining之后，安特卫普港、新加坡港均在探索区块链在港口航运物流领域更加广泛的应用，覆盖了船、货、箱、港和关联方，以期全面提升港航物流全球运作的效率。后续部分将重点介绍区块链电子提单和区块链港口放货平台、区块链航运联盟等具体案例。

9.5.2　区块链电子提单

作为一种有法律效力的单据，提单是货物所有权的凭证，也是托运人与承运人之间所订的运输契约的证明，是最重要的信用证交单文件之一。提单（Bill of lading，常缩写为B/L或BoL）在国际海运和国际贸易结算中的应用已经经过了几个世纪，它改变了跨国交易的格局，同时也被快速演化的技术改变。

随着通信技术的发展和数字化进程的加快，首先出现的是提单数字化的早期形式"电放"（Text Release）。所谓的电放就是发货人将提单等全套单证交回给承运人，或者不到承运人那里领取提单，而是填写电放申请传真给船公司，船公司凭收货人身份证明放货的一种形式，如图 9-28 所示。但这种"数字化"仍然存在物理形态的正本提单，也存在安全和信息保密的问题。

1. 承运人（船公司）向发货人签发纸质提单

航运公司　　　提单　　　托运人

收货人　　　　　　　　　提单

2. 将正本提单快递到银行结算，最后交回给承运人放货

（资料来源：Seatech。）

图 9-28　传统提单流转流程

区块链技术出现之后，就有了将提单转化成为程序语言、写入加密的分布式账本，由授权接入各方相互验证并在满足前置条件时自动执行的有效工具，从而促进了提单的彻底数字化。

从比特币区块链到以太坊，区块链智能提单应用的案例已经比较丰富。其中较早的应用是 CargoX 于 2018 年推出的智能提单解决方案（Smart Bill of Lading™），与此同时，TradeLens、全球航运商业网络（Global Shipping Business Network，GSBN）等区块链航运联盟也都提出了区块链电子提单解决方案。

区块链智能提单系统取代传统的纸质正本提单，优化了提单在发货人、收货人、银行和其他关联方之间物权转移的流程，提高了货物在供应链上流动的透明度和可追溯性。基于智能合约的区块链技术，实现了提单物权转移流程的自动化，减少了完成支付结算的时间，减少了开发票结算的失误。

基于区块链的电子提单流转流程有效提高了单证流转的安全性和结算支付的效率，如图 9-29 所示。

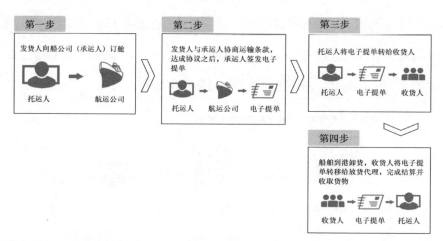

（资料来源：Seatech。）

图 9-29　基于区块链的电子提单流转流程

作为区块链航运联盟的一部分，TradeLens 平台的工作文件部分给出了比较详细的电子提单工作流程，包括不同角色的使用者界面（User Interface，UI）。

所有参与方经过确认和系统接入点授权，发货人、收货人、承运人、单证接收人，需要证明已经确认了业务关系。发货人通过发货指令先向船公司申请提单，承运人接受申请签发（生成）电子提单，并将其通过文件传输系统上传到平台上。电子提单工作流程正式开始，如图 9-30 所示。

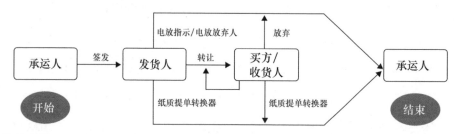

（资料来源：TradeLens。）

图 9-30　电子提单工作流程

承运人动作。承运人发送提单内容，系统在平台上签发电子提单，并将发货人作为提单持有人。

发货人动作。发货人可以通过订阅网站信息获知提单签发状态，或者通过通知系统来得知签发状态。货主可以浏览或者下载结构性的 JSON 文档，或者下载一个可打印的提单文件副本（pdf、jpeg 或 png 格式）。发货人可以将电子提单转让给买方 / 收货人，告知承运人电放提单，通过电放的通知确定受让人，或者通过转化成纸质文件的指令，将电子提单发回给承运人，将电子提单换成纸质提单。

买方 / 收货人动作。买方 / 收货人可以通过订阅检查状态，或者通过通知系统获知提单状态。收货人也可以浏览或者下载结构性的 JSON 文档以及可打印的副本。收货人可以将提单转让给第三者，或者通过纸质提单转换器将提单还回给承运人，获取纸质提单。

承运人始终是电子提单的签发人。一旦提单转让，持有者就不再是提单所有人。当持有者电放提单，系统登记最后一个持有人时，承运人就可以开始放货流程。一旦持有人电放提单，就等于承认和接收提单条款。提单条款作为智能合约的程序语言已经写入和记录在区块链的公开账本之上。TradeLens 系统也支持电放。电放的过程让发货人放弃提单权利，交回给承运人。在电放提单的同时，发货人可以指定收货人作为货物接收方，可以采用格式文件，或者用灵活的文本文件输入收货人的名称、地址。

纸质提单转换器功能可以在电子提单处于签发状态或者转让状态时触发，可以满足有些参与方没有使用电子系统、仍需要纸质文件的情况。目前持有者可以要求将电子提单转化为纸质提单。一旦电子提单电放，或者转化为纸质提单，承运人将收回提单，这也标志着电子提单工作流程结束。

TradeLens 系统也兼容代理人作为电子提单第一接受人的角色。TradeLens 也在平台上给出了使用者界面，供发货人、承运人、收货人等不同角色的参与方输入提单的智能合约条款。有兴趣的读者可以做深入了解。

从效率和效益来说，传统交易需要在所有参与方中间邮寄、核对，提高了提单丢失的可能性。提单与货物之间的多次核对降低了物流操作的效率。在流转的过程中提单内容和条款有可能被外部第三方获得，从而增加了商业机密泄露的风险。单证的丢失成为货物延期交付和延期结算的经常性原因。

采用电子提单的好处是将提单流转周期缩短 5 ～ 10 天，提高了贸易单证流转效率，保证电子提单不被篡改，实现了提单的即时交接，避免了提单被复制和盗窃，使货物验放更加简便，提高了提单流转的透明度，流转成本降低 10 ～ 50 美元。纸质提单与电子提单优势对比如表 9-1 所示。

表 9-1　纸质提单与电子提单优势对比

	纸质提单	电子提单
所有权转移	邮寄纸质正本提单	从 DAPP 即时获得
周转时间	5 ～ 10 天	即时
有可能被盗	是	否
有可能丢失	是	否
档案管理	较贵的纸质存储	记录在链
货物信息自动化（位置、温度等）	无	有

（资料来源：CargoX 网站。）

除了基于区块链的智能提单应用之外，区块链电子提单的法律适用性问题也成为学术界和航运贸易界关注的问题之一。一方面区块链原本是用来产生和交易"虚拟货币"的新的颠覆性技术，另一方面提单作为一个经历了几个世纪的"古老"单证抵制了很多变革，二者之间的融合不仅依赖于技术解决方案，更存在法律适用性的问题。

现有的研究表明，区块链电子提单虽然被广泛采用，但没有形成一个完整系统的法律架构，不过区块链系统与提单的融合是符合联合国国际贸易法委员会及示范法（UNCITRAL Model Law）框架下的国际商业惯例的。

区块链技术有可能结束纸质提单及其系统的使命，如果电子提单得到广泛的应用，则区块链技术会将所有应用潜力覆盖到完整的供应链领域。区块链电子提单需要在全球范围内一致的解决方案，而联合国国际贸易法委员会，基于国际商务的丰富经历，可以发挥全球统筹的功能，从而加快区块链电子提单在全球范围内统一应用的进程。

9.5.3 区块链港口放货平台

大连集发环渤海集装箱运输有限公司是辽宁港口集团旗下专业经营集装箱运输的航运公司，运营 15 条内外贸航线，挂靠国内外 20 个港口，主要业务为公共支线运输、内贸线运输和日韩外贸线运输。"蓝迈"是其 2016 年上线的航运电商平台，主要功能包括内外贸全程订舱、货物跟踪和多式联运（公路运输）等，与全球各大航运公司全部实现数据联网。

大连集装箱码头有限公司经营大连口岸全部专业集装箱码头，航线网络布局完善，软硬件设施完备。公司的自营内贸业务主要涉及 DBR、收货人和码头三方，其放货业务流程如图 9-31 所示。

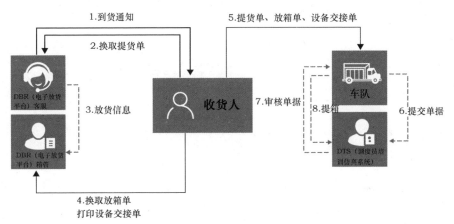

（资料来源：中国物流与采购联合会区块链应用分会，《中国物流与供应链产业区块链应用白皮书》，2019 年。）

图 9-31 放货业务流程

首先，收货人在收到到货消息后，持运单到船公司换单柜台换取提货单，并交纳相关费用；其次，收货人会到船公司箱管处，根据提货单开具放箱单并打印设备交接单；再次，收货人将提货单、放箱单以及设备交接单交给车队，委托车队到码头提箱；最后，车队持提货单、放箱单以及设备交接单至码头窗口，提交单据供码头审核后结算相关费用，提箱出港，之后码头把箱动态反馈给船公司。

从以上四个流程可以看出，整个操作链条路程远，耗时长，效率低，客户体验差。其一，大连口岸从市内船公司到大窑湾港码头单程就有 50 多千米，需要耗费一小时；其二，纸质单证不便于流转、检索、存储和再利用，并且操作成本高、技术含量低。其三，由于现在企业多已实现计算机管理，各节点企业的信息会分散在不同的系统中，相互之间数据流没有打通，既容易造成信息分散、割裂，全链条信息难以互通的问题，限制了数据的潜在价值利用，又会增加后期人员对账的复杂性，增加各种成本；其四，从各节点企业的内部看，单证部门因人数众多，工作复杂，很容易出现差错，甚至出现票据造假的问题，这也增加了风控成本；其五，从公信的角度来看，船公司、码头、货主以及平台是不同的信用主体，所以各主体的信用也备受各方关注，并且出于各种原因很难保证数据的真实性、安全性和准确性。

为了解决这些问题，大连集发环渤海集装箱运输有限公司与大连集装箱码头有限公司等企业合作，对港口进口放货模式进行变革和创新，在大连九州创智科技有限公司的技术支持下，在国际上首次将区块链技术应用于港口提 / 放货场景中。2019 年 4 月正式上线"区块链电子放货平台"并开始试点运行，实现提货单的电子化流转，推动传统生产组织形式向供应链创新模式转型，全面推进实现信息流转无纸化。具体的内容包括以下四点。

（1）建立无纸化放货的业务模式

在港口原有业务模式下，通常客户需要申领一票货物，里面涉及各种文件，包括提单、提货单、放箱单、设备交接单等。这些纸质单据不仅不便于流转、检索、存储和再利用，还有可能出现票据造假，进而增加风控成本。

于是，大连集发环渤海集装箱运输有限公司按照逻辑和顺序厘清复杂的流程，并分解到每个角色，化繁为简，建立了无纸化提货的业务新模式，将原有的线下操作全部改为线上操作，实现提货过程中船公司放货、收货人（代理或车队）提箱和码头放箱整个流程的电子信息交互，并使其具备与口岸其他相关环节电子信息对接的能力，从而替代现有纸面单据人工流转的业务模式并可扩展至更多业务场景，既能提高提货效率，又能节省时间成本和人工成本。

（2）建立区块链电子放货联盟链

大连集发环渤海集装箱运输有限公司在船公司、码头和口岸公共信息平台之间，建立区块链电子放货联盟链和信息存储与交换体系，既能确保数据的安全性、完整性和一致性，又能实现全程可追溯，满足口岸业务中对放货操作的安全性和准确性的要求。另外，建立数据隐私保护机制，能有效提升数据的私密性。

（3）构建去中心化的信任体系

船公司、港口、货主，包括货代和车队以及信息平台，是不同的信用主体。区块链技术从根本上改变了中心式的信用创建方式，构建去中心化的信任体系，既能帮助相关各方构建一个公开透明且能充分保护各方隐私的开放网络，又能形成安全、永久的交易记录，为交易和流程提供了"共享版本"，它不可删除、不可更改，因此有助于提高操作效率，加强多方协同，避免产生争议。

（4）打破信息孤岛，实现系统无缝对接

大连集发环渤海集装箱运输有限公司打破信息孤岛，重构业务流程，将区块链电子放货平台与船公司系统和码头系统无缝对接，将分散在各节点的数据流打通，保证全链条信息互通，使得客户的操作更顺畅。收货人（代理）收到船公司通知后，在船公司系统手机端发起放货申请；船公司受理申请后，将电子放货信息发送至区块链平台，码头和收货人可同时收到放货指令；码头调用区块链平台接口查询放货信息，对舱单信息进行核对，通过后直接发送至客户放箱。

为了让大家切实地感受到应用区块链技术进行业务重构后的内贸放货／放箱

流程的价值，我们用图 9-32 进行展示。

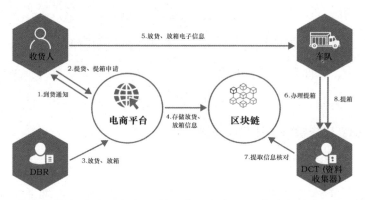

（资料来源：中国物流与采购联合会区块链应用分会，《中国物流与供应链产业区块链应用白皮书》，2019 年。）

图 9-32　区块链电子放货平台流程

从图 9-32 中可以看出，收货人（货代或车队）在"蓝迈"平台收到到货通知后，根据到货通知发起放货申请，同步输入预约提箱的协议车队。此外，"蓝迈"移动端集成了 QR 二维码识别、光学字符识别及人脸识别技术，实现了电子/纸质提单的扫描识别及用户的身份认证功能，以为客户提供更好的操作体验。客户在完成身份认证后，只需要扫描二维码，就能向 DBR 发起放货申请。

船公司在收到并受理申请后，会将电子放货信息发送至区块链平台，并为提箱申请人生成提箱码，同时向码头发送放货指令。

码头 TOS 在接收到客户的提箱码之后，调用区块链平台接口查询放货信息，并核对 TOS 的舱单信息，核对通过后会在线完成费用结算，然后准许客户提箱。

为支撑流程重构后业务解决方案的实现，平台的整体架构可分为区块链支撑与业务实现两大部分。区块链支撑部分提供相应的记账节点、排序节点、共识机制、CA、智能合约以及整体分布式集群调度等基础功能；业务实现部分在区块链基础功能集群的基础上提供单据办理、信息对接、业务校验等功能。各功能模块相互衔接，从而高效可靠地支撑电子放货业务的开展。区块链电子放货平台技术架构如图 9-33 所示。

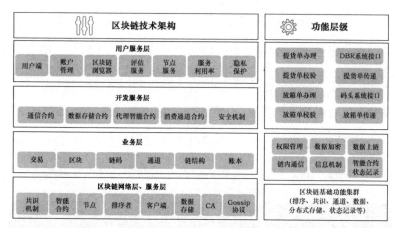

（资料来源：中国物流与采购联合会区块链应用分会，《中国物流与供应链产业区块链应用白皮书》，2019 年。）

图 9-33 区块链电子放货平台技术架构

在大连口岸集装箱放货作业场景下，大连集发区块链电子放货平台已有效地连接了放货业务相关方，包括货主、车队、船公司、码头等。未来，可利用联盟链本身的技术特点以及"跨链"技术，随时接纳新的组织，与业务链条上其他"外链"相通，拓展外贸、金融等新场景，向供应链上下游延伸，形成图 9-34 所示的覆盖整个供应链的可靠、稳定、具备公信力并且确保信息完全融合的电子放贷平台。

（资料来源：中国物流与采购联合会区块链应用分会，《中国物流与供应链产业区块链应用白皮书》，2019 年。）

图 9-34 大连集发区块链电子放货平台

利用区块链技术在电商平台进行电子放货，为公司和客户带来了显著的经济效益。港口进口业务每年处理的纸面单据数以万计，且均需人工临柜办理，每笔业务起码需要 4 次临柜办理。大连集发区块链电子放货平台上线后，放货数据全程电子化流转，同时减少甚至取消与之相应的人工办理临柜业务的需要。收货人在平台上操作，从启运港订舱到目的港提货，省去了以往需要耗费 1 小时的 50 多千米路程，全在"网上 + 链上"进行；船公司和码头不再需要设立专人进行纸质单据的核对，结合电子支付 / 网上支付，可完全实现客户自助化操作。模式效果如图 9-35 所示。

		原有模式	新模式	整体效果
经济效益	路程	50多千米	0距离	绿色低碳 智慧口岸 节约成本 1 600 万元以上
	耗时	1小时	即时完成	
社会效益	客户体验	4次临柜办理	移动端操作	
	业务流程	复杂的纸面办理	简化的电子流程	

（资料来源：中国物流与采购联合会区块链应用分会，《中国物流与供应链产业区块链应用白皮书》，2019。）

图 9-35　模式效果

区块链电子放货平台的新模式，让曾经几小时才能完成的放货过程用几分钟就可以完成，在加快口岸集装箱货物转运速度的同时，提高了客户操作效率，降低了客户运营成本，大幅提升了客户体验，为客户创造出新的价值空间。根据对人工成本、车辆成本、单据印刷及打印成本的不完全测算，大连集发区块链电子放货平台全面推广应用后，每年可为口岸用户节约成本 1 600 万元以上。

而且，大连集发区块链电子放货平台的建立，树立了高效优质的服务型港口形象，营造了绿色低碳的物流环境，为建设智慧口岸提供了强有力支持。

9.5.4　区块链航运联盟

从单证、操作到港口航运生态圈，区块链技术的应用拓展到港口航运物流的上下游，区块链航运联盟应运而生。联盟旨在推动行业数码化转型以及新标准的制定。

目前，主要的区块链航运联盟有两个，一个是 TradeLens，另一个是 GSBN。

其中，TradeLens 由马士基集团和 IBM 宣布组建，于 2018 年 1 月发起，旨在通过区块链技术改善全球贸易，实现供应链数码化。同年 8 月，区块链贸易平台 TradeLens 正式推出。GSBN 于 2018 年 11 月由中远海运集运、东方海外、达飞集团、上港集团等在内的 9 家国际知名港航企业，以及软件解决方案提供商货讯通（Cargo Smart）在上海共同发起成立。两大平台成立之后，均致力于去除发起者的背景，纳入航运、港口、代理等多元化角色，向第三方平台化转型。其中不乏船公司和其他企业同时加入两个联盟。

从区块链航运联盟所承担的角色看，强调平台的中立性、开放性、真实可靠性是这类平台生存和运作的基础。基于区块链技术的航运联盟，旨在通过真实的信息分享和向供应链上下游伙伴延伸的合作，推进行业创新，减少贸易摩擦，推动全球贸易。

第一，区块链技术保证了平台上所有参与者的信息安全、不可篡改、可全程追溯。

第二，平台应基于开源的技术构建，给所有参与者提供一个基于开放的、标准的底层技术平台参与创新的机会，既能推进标准化实践，又能有效提升系统间的交互运作能力。

第三，平台应具有包容性和可拓展性。平台不仅应有船公司、港口企业，还应该包括货主、货代、内陆运输的铁路公司、公路货运公司、海关和监管机构。

第四，平台的技术架构能够保证信息和状态的实时跟踪和真实可靠。区块链技术的优势是将供应链事件发生的信息实时上链，实时共享给所有参与方。区块链航运联盟的平台提供了船舶、货物的实时信息和自身数据，包括所有航运贸易单证和所有传感器、监控器产生的实时数据。这样可以使用户通过预测和处理特殊情况下航运物流中的问题，化解供应链风险，增强供应链韧性。

一个好的区块链航运平台，应该由原始数据生成者直接从源头上链，保证整个平台信息的真实性和实时性，同时，平台打破所有贸易伙伴的信息谷仓，将伙伴之间的长期信息分解共享，并简化每一票货的单证流转过程。

从区块链航运联盟功能的角度，基于区块链的航运平台可以承担不同的角色。

（1）信息共享的平台

所谓的"平台"，一定是按照区块链公开的技术标准建立的，采用云计算的存储手段保证信息的安全可靠分享。因此，平台首先应该是"开源"的底层架构，允许使用者建立自己的应用，实现自己的商业操作，同时进行点对点的安全共享。

（2）公开交易的市场

货主、船公司、码头公司、货代、拖车公司、第三方物流公司，不仅需要一个信息共享的平台，也需要一个信息对称的市场。只有经过确认的伙伴才可以上链，进行信息共享，在信任机制基础上，使交易成本大幅度降低。

（3）拓展的供应链生态

现在很多信息系统和企业的网站都自称为"平台"，但真正的平台得是基于建立生态的"公心"出发的，能够让参与者得到"生态"的好处并生存和"繁荣"的。区块链航运平台，自然都希望将功能拓展到完整的供应链领域。但从目前航运联盟的功能来看，还是以提供"供应链物流"的功能为主，这从平台的名称和发起者就能够看出。平台的核心当然是航运公司（船公司），港口码头、货运代理、短途运输，以及海关、监管机构等。

因此，平台的功能是从核心航运功能向外拓展的"圈层结构"。在这个生态体系中，每个货主的每一票货，每个功能主体上传的每个数据，都可以通过平台进行完整的生命周期的跟踪，实现所有对应接入者、受众之间的实时安全共享。

为了进一步展现区块供应链系统的价值，下面分别从港口码头运营商、船公司和承运人、货主、货代和第三方物流公司、多式联运服务商、金融服务机构、政府和监管机构的角度做出说明。

对于港口码头运营商来说，可以通过提前建立的连接，获得船公司航线信息，实现航运通道上端到端的信息透明，实时的信息可以提升港口作业计划能力和作业协调能力。

对于船公司和承运人来说，可以减少客户服务和网络整合的成本，减少收入流失，减少货物误报风险，数字化的端到端的记录和审计轨迹可以保证货运和单证的准确性。

对于货主来说，联盟平台改善了供应链运作机制，提高了相关问题的可预见性，使货主提前发现问题、获得通知；也实现了费用和附加费的完全透明，可以减少安全库存。

对于货代和第三方物流公司来说，通过接入已经构建好的生态系统，可以得到更好的工具处理清关代理功能，依靠实时的端到端供应链数据，提高跟踪溯源工具的安全性和可靠性。

对于多式联运服务商来说，通过端到端的供应链事件可视性，可以提升计划整合能力，提高资产利用率。

对于金融服务机构来说，接入确定的数据源，可以获得贸易信息的关键数据，可以将人工确认过程自动化，简化操作流程，提高交易结算的效率。

对于政府和监管机构来说，接入实时信息，可以提升风险评估能力，提高不同监管机构之间的信息共享效率，减少人工纸质单证工作量，还可以提高对单一窗口的接入度。

从区块链技术应用的角度看，区块链航运联盟的功能主要强调了信息的安全度和技术的标准化。

首先，从安全的角度，区块链平台采用了接入许可制，每个成员都是一个可信主体，均有唯一的加密识别身份代码。每一票货的关键的货运数据和信息，仅对授权方开放。关键单证转化成为哈希值公布在区块链账本上，保证了高透明度和不可篡改。采用企业级的安全措施，可防止入侵和其他威胁。

其次，从标准的角度，平台强调的是信息之间的交互操作能力。比如，数据格式和接口控制采用 UN/CEFACT 标准。好的平台还可以通过分享 API 提高不同公司系统之间的兼容度。货主的 e-BL 开放 API 登录界面如图 9-36 所示。

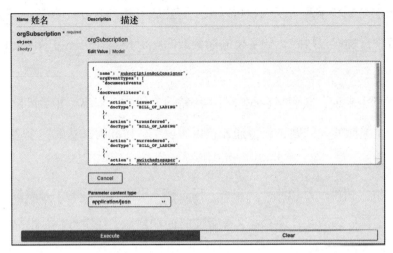

（资料来源：TradeLens 工作文档。）

图 9-36　货主的 e-BL 开放 API 登录界面

开放 API 可以有效地将用户的企业内部系统通过公开的程序界面更好地接入，相关主体可以更好地使用平台功能，可以更方便地发布、预定、查询和共享文档，可以通过公开标准的应用程序提高实时数据交换效率，可以降低 EDI 维护成本，可以有效应用 EDI 锁定的能力。

9.5.5　从区块链港口到单一窗口

港口作为物流运作的枢纽节点，也是信息、数据的枢纽节点。港口连接从制造商到消费者的典型过程，涉及制造商、贸易商、船代货代、进出口报关代理、物流供应商、金融机构、海关、检验检疫等所有机构。港口在连接所有参与方的同时，也连接了所有参与方的数据。一个典型的进口或者出口流程，都需要一系列的单证来支持其移动的过程，每个主体都要提交、申报一系列的文件，并与其他人共享。单证由不同主体输入和生成需要大量的重复劳动，而且，不同主体之间输入的信息需要保证完整无误，这也是一项艰巨的工作。流程管理和控制是一个数据密集的过程。

采用区块链技术，可以在一个可信模式下，实现所有参与方端到端对业务网络获得全面和及时的可见性。从制造商到消费者的所有过程，不论是货主，还是进出口报关员、进出口经纪人、物流供应商、海关代理人和金融机构，通过消除第三方多余的数据检查和评估，可以加快单证输入和申报共享，同时仍然保持每个相关流程的完整性。商品的价值、内容产品的描述、商品分类等物流信息，也将随着单证的流转在区块链上记录物权转移的过程。

图 9-37 和图 9-38 分别说明了实施区块链解决方案前后的情况。实施前需要多主体重复录入单证，需要大量的人工操作。实施后，单证可以实现一方输入，多方共享。

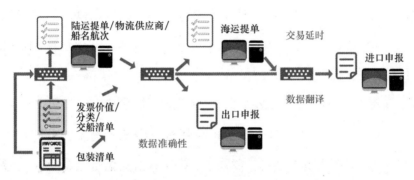

（资料来源：IBM，PAS，Applying Blockchain Technology to Customs Decalratiion，2018。）

图 9-37 区块链应用于港口——提高单证输入和共享的效率（实施前）

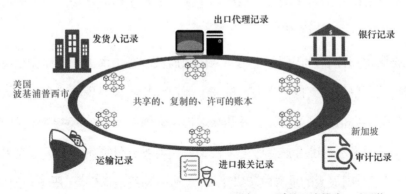

（资料来源：IBM，PAS，Applying Blockchain Technology to Customs Decalratiion，2018。）

图 9-38 区块链应用于港口——提高单证输入和共享的效率（实施后）

区块链港口应用可以拓展到基于港口的国际贸易单一窗口。上海电子口岸就是一个很好的案例。

上海电子口岸的前身源于 2001 年 10 月在上海举行的亚太经合组织第 9 次领导人非正式会议期间，中美双方同意共建"上海示范电子口岸"（Shanghai Model E-Port）项目，该项目成为中美双边贸易能力建设的一部分。该项目基于"公私伙伴关系"（Public Private Partnership）模式，通过整合供应链上包括生产、物流、营销环节上公共部门和私人企业在内的所有利益攸关方的需求，依托平台型信息通信技术基础设施，为跨境贸易提供"一站式服务"（One Stop Shop）。

经过多年的实践，这一项目已经演变成目前的上海电子口岸。上海电子口岸的出现，更新了人们对信息分享与整合的传统理解，为实现包括"国际贸易单一窗口体系"（Single Window System for International Trade）和信息通信技术应用于供应链互联互通，提供了新的动力。

在上海市人民政府的全力支持下，上海亿通国际股份有限公司整合了包括原上海市 EDI 中心、上海港航 EDI 中心和上海经贸网络科技有限公司在内的三家通信企业的业务、市场和客户资源，联通了上海市经济与信息化委员会、上海市发展与改革委员会、上海市商务委员会、上海市交通委员会、上海海关等政府管理部门以及上海国际港务集团、上海机场集团、中铁上海铁路局、中国电信集团上海公司等管理机构和相关单位。

根据国家口岸管理部门和上海市人民政府授权，上海电子口岸在相关政府部门和国际航运单位的支持下，大力推动上海口岸物流信息资源整合，积极参与上海国际航运中心信息网络建设，并陆续承担了大通关平台、海关特殊区域联网监管系统、洋山深水港综合信息服务平台、口岸电子支付系统等市级重大项目建设任务，建成了全国最大的地方电子口岸平台，服务网络覆盖广泛，服务功能贯穿"交易""监管""物流""支付"四大业务环节，为上海国际贸易中心和航运中心建设提供了重要的支撑。上海电子口岸的功能如图 9-39 所示。

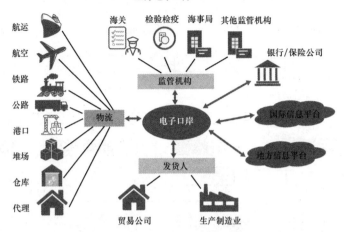

（资料来源：亿通国际，上海电子口岸。）

图9-39 上海电子口岸的功能

现在考虑区块链应用电子口岸单一窗口的情形。所有进口申报的单证和操作的过程可以实时记录在区块链上，实现了信息的准确、安全、实时共享，而且保持了信息主体各自的独立性。基于区块链的进口单证和信息流程如图9-40所示。

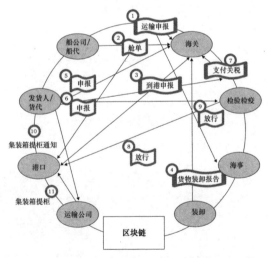

（资料来源：改编自 Dr. Prof. Weiqun Yao（姚为群），Realization of APEC Goals & Targets on Trade Facilitation via Asia Pacific Partnership in the Context of Global Value Chains，2016。）

图9-40 基于区块链的进口单证和信息流程

从技术的角度看，港口区块链的实施可以基于现有的流程改造升级，在现有流程中增加一个区块链的底层数据系统，记录所有各方单证数据和操作过程。图 9-41 是一个相对简化的区块链港口实施的概念架构。

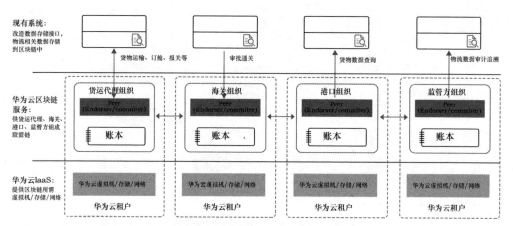

（资料来源：华为云、综合开发研究院物流与供应链研究所联合团队，2019 年。）

图 9-41　区块链港口物流系统——基于现有系统的改造方案

区块链技术在单一窗口的应用，同样适用于公路港、铁路港、一带一路多式联运一单制系统。其核心价值在于在保证数据安全、有效共享的同时，保护数据所有者的"主权"，这对跨境国际物流尤为重要。

第 **10** 章

区块链 + 供应链金融

　　金融科技是区块链最早应用的领域，而供应链金融作为具有金融属性的供应链活动，自然也成了区块链在供应链上典型的应用场景。本章基于国际商会供应链金融概念标准体系，从区块链是如何改变供应链金融的入手，重点介绍了区块链存证与征信、区块链 + 供应链金融整体解决方案等典型案例和具体应用。

供应链金融，指围绕核心企业，以核心企业信用为依托，以真实交易为背景，为产业链上下游企业提供的金融服务。作为将供应链商流、物流、信息流与资金流紧密结合的一种产融创新模式，供应链金融发挥着非常重要的作用。随着区块链等技术的应用，传统供应链金融的弊端日益显现，其商业模式也正发生着深刻的改变。

10.1　区块链改变供应链金融

本节主要介绍金融科技是如何成为区块链最早应用的领域的，以及供应链金融和基于区块链的供应链金融各自的特点和价值。

10.1.1　金融科技成为区块链最早应用的领域

尽管目前不同的国家政府与中央银行对"虚拟货币"的立场不同，但是从区块链进入应用领域开始，它就一直具有"虚拟货币"的身份。金融机构对区块链技术的先知先觉，不仅仅是因为基于算法和算力的工作量证明会以"虚拟货币"的形式表现出来，更多的是技术本身与金融领域有着天然的结合优势。

在 2014—2016 年期间，主要金融机构先后不同程度地应用了区块链技术。其中，2014 年 1 月 Overstock 网站率先采用比特币支付，并通过比特币区块链发行股票。之后，主要金融机构先后宣布了引入区块链技术的计划，投资区块链初创企业，开始研究区块链对金融行业和金融业务的影响。瑞银集团（UBS）成立了区块链技术金融应用实验室，花旗银行开始进行区块链技术实验并测试发行花旗币（CitiCoin），摩根大通开始研究区块链技术应用与技术安全和贷款数据的准确性，纳斯达克当时也宣布跟踪应用了区块链系统的私人公司的交易情况。

以行业巨头高盛为例，大型投行金融机构对区块链技术应用率先做出了反应，并在 2014—2015 年开始认真地考虑投资区块链技术，提高金融运作的安全性和效率。高盛认为，在支付、投票系统、车辆登记、学术记录、贸易结算、艺术品所有权判定等方面，分布式账本技术可以让交易提速、开支减少，并且安全可靠。高盛也是全球最大的区块链金融行业联盟 R3CEV 的发起人，负责制定区块链金融行业标准和协议。

区块链技术在金融业应用的优势是显而易见的，表现在以下五点。

第一，降低交易成本，这也是最主要的优势。基于去中心化的本质，金融行业用户采用区块链进行线上交易，其手续费可能仅仅是现有金融中介机构或者法律中介机构所收取的手续费的零头。以信用卡为例，信用卡公司按照交易笔数收费，这个费用通常是由商户承担的，但商户可以通过抬高商品价格而将费用转移到消费者身上。电汇服务一般收取汇款人 8% 的汇款手续费。西班牙的银行估计区块链技术可以为全球银行业节约 150 亿～ 200 亿美元的交易费用[1]，包括结算、跨境支付、监管等费用。

第二，加快交易处理速度。区块链比传统数据传输系统的交易处理速度要快很多。区块链技术的应用消除了类似于清算机构等中介，实现了银行与其他合作伙伴之间准确的数据对接。这种方法在支付结算上尤其具有效率，采用传统的方法往往需要耗费几小时、几天甚至几周。以股票或者债券交易为例，客户往往需要 3 天才能完成交易结算，得到可以使用的现金。

同样在电子交易过程中，信息交换所需时间虽然很短，但收到款项需要 3 天。房地产销售也需要耗费大量的时间和较高的成本，往往需要几周时间达成交易，交易成本也非常高。如果采用智能财产，买房子就跟支付一个硬币一样简单。其

1　Santander Innoventures report，The Fintech 2.0 Paper: Rebooting Financial Services，June 2015。

他的应用，像需要本人到场的投票或者文件公证等，也可以利用区块链技术节约时间，加快速度。所以说，区块链技术的出现，提高了交易的速度、效率和灵活性。

第三，使交易实现"地理自由"。 区块链上的交易不受地理位置的限制。基于系统的虚拟性质，一个人将数据发给邻居和发给地球另外一边的某个人并无区别。而且区块链不需要第三方参与，可以减少跨越国界的干预，因此在跨境数据流动、跨境结算方面具有天然的优势。

第四，通过不可逆性或者不可篡改性有效降低交易风险。 基于区块链系统的交易是不可逆的。一旦完成支付，要想退回费用的唯一办法就是，让收款方在另外一笔交易中支付同样数额的费用。这种特性对降低支付交易中收款人的风险最为理想，让商家可以确认在提供了货物或者服务之后，买方不能不付钱。而传统的信用方式就做不到这一点。这就消除了欺诈的风险，降低了维护支付安全的成本。

买家可能并不认为这是一种优势。这是因为传统的结算系统往往代表买方利益，在发现商家多收钱或者商品有瑕疵的时候，可以进行逆向交易。但是，不可逆性不仅有利于商家，在其他领域也同样有益处，如在不动产交易中，卖房子的人不可能在卖完房子收完钱后再反悔。因此，基于区块链的金融交易是不可篡改的，一旦完成是不可撤销的，这使区块链成为一个可审计的档案管理工具。

第五，保护交易的隐私。 信息被盗在电子商务交易甚至信用卡交易过程中，都是一个防不胜防的问题。在现实的金融市场环境中，电子商务的交易或者签署合法保护的合同需要参与方向对方或者电商平台披露个人信息。而在区块链上交换信息与支付现金是一样的：无须披露任何个人信息，包括姓名、地址、卡号、信用记录等。个人只需要披露其电子钱包的信息，即字符串的"地址"。可以说，区块链技术既保护了用户隐私，又极大地降低了信息被盗的风险。

随着区块链技术的发展和应用的进展，区块链技术在金融业得到了广泛应用。除了银行的支付、结算等日常业务之外，还有融资（包括"数字货币"首次公开募资（Initial Coin Offering，ICO））、证券交易、贷款和信用管理、贸易融资、企业间会计和财务整合、企业间应收款和应付款管理，订单到现金、采购到支付到整合，以及收入周期管理、流动资本和现金周期管理、资本计划与绩效管理、保险理赔管理、欺诈和风险探测，等等。

本章仍然基于供应链的视角，分析介绍区块链技术在供应链金融中的应用。

10.1.2 供应链金融

在介绍区块链在供应链金融中的应用之前，最重要的一件事就是"为供应链金融正名"。中国国际经济合作学会供应链金融委员会主任、中国银行原副行长张燕玲在《财经》杂志上发布的文章称，得益于市场和技术等多方面力量的推动，供应链金融市场的参与者众多，已成为国内和国际贸易越来越重要的"新生"金融领域。正如本书第一章所介绍的，人们对供应链金融的理解受到一些企业案例和业务操作的影响，甚至将供应链金融上升到"商业模式创新""金融创新"的高度。

但是，也正如张燕玲在其文章中所指出的一样，由于供应链金融的理论研究滞后，出现了标准化缺失和法规、制度不健全的一些乱象，供应链金融的核心价值观被绑架，经过演变的"创新"产品充斥市场；与此同时，不规范的市场操作引发的金融欺诈事件也影响了正规的供应链金融操作，影响了整个供应链金融行业的规范化发展。

中国最早期的供应链金融实践始于新千年后第一批在深圳出现的、以供应链作为企业名称的企业和部分具有创新意识的商业银行。对当时的供应链金融实践系统进行总结和分析的就是由当时深圳发展银行 – 中欧国际工商学院编著，于2009 年 3 月出版的《供应链金融——新经济下的新金融》一书。该书是国内首部系统阐述供应链金融理论框架、全面分析供应链与金融融合业务实践和供应链金融实证研究的著作。

根据深圳发展银行当时的网页介绍（现平安银行网站仍可以看到），供应链金融最早出现于 2003 年，深圳发展银行时年 7 月推出了"1+N"供应链金融（融资）

服务。2005 年，该行提出"面向中小企业、面向贸易融资"，发展供应链金融服务的公司业务发展战略。随后，围绕供应链上中小企业迫切的融资需求，中国多家商业银行开始效仿发展"供应链融资""贸易融资""物流融资"等名异实同的类似服务。但回顾供应链金融的发展历程，除了银行业开展供应链金融业务之外，真正以供应链金融作为业务主体的还有一批供应链金融公司，其中不乏从物流和商贸转行将其作为"主业"的公司。而围绕供应链金融监管和健康发展的话题也经常被相关物流和供应链政策规划提及。

国际上供应链金融标准技术定义的推出是在 2016 年。2016 年 3 月 15 日，国际商会（International Chamber of Commerce，ICC）在荷兰海牙召开的第 151 次执行委员会议上审议通过了由 ICC 银行委员会提交的《供应链金融技术的标准定义》（以下简称《定义》）。该标准由 ICC 银行委员会、金融与贸易银行家协会（Bankers' Association for Finance and Trade，BAFT）、国际保理商联合会（Factors Chain International，FCI）、欧洲银行业协会（European Bankers Association，EBA）及国际贸易和福费廷协会（International Trade and Forfaiting Association，ITFA）等五家国际组织共同制定。随后，中国人民大学重阳金融研究院、中国银行、中国国际经济合作学会供应链金融委员会三家机构共同推出了《供应链金融技术的标准定义》（中文版）并推动了标准术语在中国落地。

按照国际商会的标准定义，供应链金融是指：利用（第三方）融资和风险缓释的措施和技术，对供应链流程和交易中投入的营运资本的管理和流动性投资资金的使用进行优化。供应链金融通常用于赊销交易，由供应链事件引发。融资提供方对基础贸易流程的可见性是这种金融安排必不可少的组成部分，此项融资安排可以（通常）通过技术平台来实现。

可以看出，这一定义构建了一个完整的供应链金融概念层级体系，包含所有供应链金融技术并明确其所属范畴及对应层级。供应链金融标准术语架构如图 10-1 所示。《定义》所给出的供应链金融总定义还包括产品组合、赊销、当事方、事件驱动、发展及灵活性这五个贯穿《定义》的措辞（或称概念），应该视同供应链金融的基础定义或总定义的有机构成。

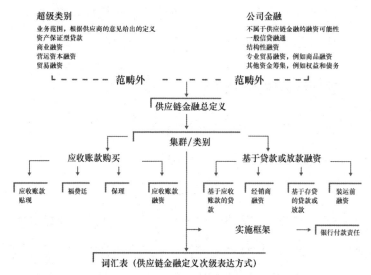

（资料来源：全球供应链金融论坛，《供应链金融技术的标准定义》（中文版）。）

图 10-1 供应链金融标准术语架构

国际商会的定义强调了供应链金融基于供应链管理、服务与实体供应链流程的重要性。《定义》将供应链金融的性质解释为：供应链金融是一种针对商业活动提供的融资、风险缓释手段及技术组合金融服务模式，涵盖范围广泛的产品、项目及解决方案，参与者众多，涵盖供应链上供应商至经销商等各参与方，主要用以支持商业供应链从采购到支付的端至端的贸易、资金及物流全流程各个环节的金融需求。

了解实体供应链对正确认识供应链金融至关重要。

基于真实供应链运作的供应链金融具有精准性、包容性和安全性等特点。

精准性：供应链金融的其他特征及其衍生的功能都建立在精准性基础之上，是供应链金融区别于其他金融产品、项目、方案的最大特征。

包容性：供应链金融的包容性体现在它对不同规模、不同性质、不同水平的企业，采取相同的客观评价标准，将融资与否、融资多少与具体融资项目挂钩，对事不对人。

安全性：供应链金融的安全性体现在融出去的资金具有很高的自偿性，违约风险很低。这主要是因为供应链金融有基础贸易作为支撑，融资提供方在前期的风险评估环节就已经充分考虑了融资项目本身未来创造现金流的能力。因此，尽管供应链金融门槛很低，融资对象更广，其资金安全性却更高。

10.1.3 基于区块链的供应链金融

通常来说，供应链金融的主要作用就是为买方和供应商提供低成本的外部融资，解决流动资金短缺的问题。因此，外部流动性就可以在供应链金融机构的参与下注入供应链。出现这种商业机会的原因就是供应链金融机构的平均资金成本低于买方或者其供应商的平均成本，当然也包括很多中小企业没有通过抵押或者担保获得相应的流动资金。供应链金融机构资金成本低的原因是，相对于供应链上的企业，其具有较高的信用评级和相对较低的信用风险。

供应链金融的主要目标就是增加由同一供应链连接起来的买方和供应商的净流动资金。对于供应商来说，这主要是通过缩短现金循环周期来实现的。现金循环周期是指从现金离开公司购买投入品到客户支付发票时现金返回公司的时间。对于供应商而言，可以通过降低库存水平以及要求买家及时支付来缩短现金循环周期。也就是说，缩短收到应收账款所需的天数（未完成销售天数）。相比之下，买家可以通过延长现金循环周期来增加净营运资本。具体来说，通过延长向供应商付款的天数（应付未付天数）。因此，在分享传统双边贸易交易中潜在的营运资本收益方面，供应商和买家之间存在利益冲突。

供应链金融通常适用于"记账交易（O/A）"条款的交易，即出口商（卖方）将货物发送给进口商（买方）并立即发送发票。与传统的基于单证的贸易（例如基于信用证的贸易）相比，出口商承担与进口商兑现发票的能力和意愿相关的全部风险，原因是货物在付款前发货。此外，银行在此交易中的唯一作用是执行进口商的国外支付指令。由于记账交易相对于信用证交易效率提高且交易费用更低

（每笔信用证交易可能会产生 5 ～ 10 笔银行费用），这一趋势迫使银行向其企业客户提供供应链融资，以应对传统贸易融资工具的需求减少。

一般而言，基于区块链技术的供应链金融可通过以下方式增加供应链内的财务和信息流：降低供应链风险（伪造发票和双重支付）、减少了解客户（Know Your Customer，KYC）成本和反洗钱（Anti-Money Laundering， AML）合规成本，并通过同步订单执行周期等操作，改善供应链中所有利益相关者之间的协作。

基于区块链的供应链金融，将改进传统的基于单证的交易（信用证（L/C）、提单和保理），以加密签名的电子发票代替烦琐、劳动密集型的单证处理流程，将单证和交易过程盖上"时间戳"，按时间顺序记录在链上（区块）。此外，存储的区块一旦被记录就不可更改，但可以随着新的经过身份验证和授权的信息分配给存储在分布式账本中的交易而增加。

与信用证类似，区块链技术可以降低供应商面临的信用风险，杜绝买方提货但拒绝向供应商付款的行为。例如，风险分析师可以使用区块链数据库通过以下方式估计买方拒绝支付有效发票的可能性：识别与行业平均财务报表比率不一致的可疑财务报表，标记异常的订单，以及识别虚假文件。基于区块链的供应链金融模型，主要流程包括如下步骤[1]。

在买方主导的供应链金融流程的区块链模型中，将发生以下交易序列。

第一，买方通过传统方法或者区块链方法直接向供应商订购产品。

第二，供应商收到订单，同时通过区块链自动收到买家的信用评分。

第三，嵌入区块链的智能合约根据买家的信用评分确认或者拒绝供应商发货。

第四，供应商发货，并通过区块链确认发票将由买方付款。

第五，交易在创建新的哈希值并经过网络验证后记录在区块链中。在这个过程中，有三点注意事项：一是每笔交易代表一个新的"区块"。区块需要网络批准，使用哈希和验证函数以及共识机制；二是一旦被网络批准，新的哈希值被插入新

---

1 Templar，S.，Hofmann，E.，& Findlay，C.（2016）. Financing the end-to-end supply chain. London。

区块的头部，并成为区块加密链的一部分；三是一个新的区块被添加到链上，提供了一个不可篡改且透明的交易历史记录。

第六，资金通过区块链从买方转移到供应商。付款方式可以是法定货币或者是"加密货币"。

基于区块链的供应链金融有明显的优势。区块链可以为供应链中的利益相关者，包括商品的消费者，增加价值。基于区块链的供应链金融的主要优势包括以下八个方面[1]。

一是流经供应链的任何类型的对象都会获得其活动的永久、不可更改的记录。也就是说，供应链会说明对象做了什么，谁处理了它，它如何成为更大对象的一部分。可以在供应链的每个阶段进行更准确的风险评估。交易流程的这种数字化还消除了对几个与交易相关的纸质单证进行烦琐、高成本的人工处理的过程。因此，提高了发票审批的速度和准确性，并降低了交易欺诈的风险。

二是卖家的身份和声誉可以被追踪，即使是在跨境交易的情况下，也可以创建开放参与的共享经济的新形式。

三是由于区块链技术本身能够完成这些过程，因此可以简化供应链中的几个过程，包括开票、验证、批准、付款请求、交易和清算。

四是区块链与智能合约相结合，可以实现所有权的透明转移，从而降低金融风险。

五是区块链可以近乎实时地结算交易，处理费用接近于零。

六是区块链不要求必须重新发明现有的供应链。供应链自身必须演变成一种新的形式，以有效地解决在演变过程中遇到的挑战。

七是区块链可以存储信用评级和供应商评估的相关数据。任何关于不付款或不交付的买家和卖家的欺诈和非诚信信息，都准确记录在链上，从而使所有利益相关者都能访问相关信息。

---

1 Rudy Yaksick，Overcoming Supply Chain Finance Challenges Via Blockchain Technology，in Book Disruptive Innovation in Business and Finance in the Digital World（ pp.87-100 ），2019。

八是区块链创建了唯一且不可变的文档。也就是说，发票被"通证化"，以便通过互联网有效交换。因此，此类单证可用作抵押品的安全对象，从而降低欺诈风险，降低融资成本。

10.2 区块链电子存证与征信

本节主要以京东数科和京东服务家为例，介绍区块链电子存证与征信的价值和优势。

10.2.1 区块链电子存证

京东数科依托于京东丰富的区块链技术研究及落地实践经验，针对企业大量电子化数据需多方共识、不可篡改、确保可信的业务需求，通过区块链、哈希验证、电子签名、可信时间戳等技术保障电子数据法律效力，打造了平台化区块链存证解决方案——智臻链数字存证平台。

基于智臻链数字存证平台，京东数科电子存证联合司法鉴定中心、公证处等提供取证、存证、备案、出证、调解、诉讼、强制执行全流程解决方案，如图10-2所示。

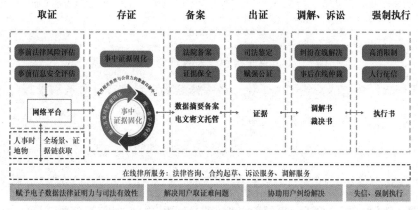

图10-2 京东数科电子存证业务模型

下面以智臻链数字存证平台的电子的知识产权领域，展示区块链技术在电子存证上的优势。

在知识产权领域，氢舟数字资产产权服务平台通过智臻链数字存证平台实现了版权确权登记信息、侵权信息、交易信息等的存证，并且借助权威机构的司法服务、维权服务，有效地提高了知识产权保护的效率。在确权环节，将版权内容、确权信息全部上链，用户还可按需申请存证证书以及权威机构发放的数字版权唯一标识符（Digital Copyright Identifier，DCI）证书等。

在维权环节，通过人工智能检索系统，可在全网对侵权作品进行扫描，并能精准锁定侵权对象，一旦发现侵权行为，通过区块链将其侵权证据固化；确权、侵权等存证信息形成完整可信证据链条，为用户维权及纠纷调解提供有力证据。并且，确权记录、交易记录、侵权线索等存证信息形成完整证据链条，可以让出证、调解、诉讼等环节更加高效。京东数科电子存证版权场景流程如图10-3所示。

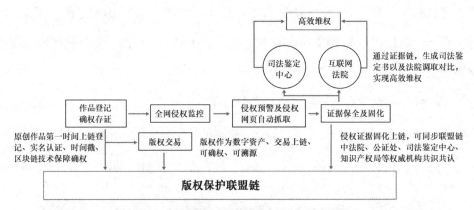

图10-3　京东数科电子存证版权场景流程

京东数科将这些契约的电子化，统一概括为泛数字存证服务需求，并通过区块链技术，实现多方的数字存证安全透明、高效流转、便捷验证，以及更高效的第三方存证。此外，京东数科还与仲裁司法互联网服务打通，形成证据数据化、区块链存验一体化、司法服务互联网化的新兴商业社会契约管理模式，极大提升契约管理效率，为广大客户带来便利的同时，也节约了大量成本和时间。

通过结合电子存证，企业可以低成本构建可信的数据资产，并且在纠纷发生时高效维权。以知识产权领域为例，基于区块链的版权登记、基于区块链的侵权证据保全能大大降低成本，而且对于侵权线索能够实现自动抓取存证、保证其不可篡改。基于电子存证的版权保护模式价值如表 10-1 所示。

表 10-1　基于电子存证的版权保护模式价值

	传统模式	区块链模式
版权登记费用	数百元	低至一元以内
版权登记时间	30 天	秒级登记
侵权线索	难以保全	自动抓取存证，不可篡改

从表 10-1 中可以看出，无论是在版权登记费用、版权登记时间，还是在侵权线索上，京东数科区块链模式都优于传统模式。

通过京东数科的案例可以看出区块链技术在电子存证上能发挥出巨大的价值，也成功地解决了传统供应链模式下的痛点。

10.2.2　区块供应链征信

在介绍区块供应链征信时，我们以京东服务家为例。京东服务家是京东服务产品的旗舰店，提供家电的清洗、家居产品的安装等服务。目前，京东服务家已经签约 20 余家服务商，有十分到家、轻松到家、中铁信息等，重点产品已覆盖一线城市到五线城市 95% 的市场。

京东服务家在 2018 年发起安维工程师职业资质上链项目，目前已完成工程师的背书、评级结果信息及证件盖章图片指纹哈希值上链，通过汪师傅 App 进行展示，上链数据超过 4 万条，通过京东金融、公安部第三研究所等权威机构背书，形成围绕安维服务人员的信用评级体系。

通常来说，工程师的服务质量、服务态度对于用户的体验至关重要。一线的安装工程师提供家电、家居等商品的上门安装、维修、清洗保养等服务，但是对于提供服务的工程师来说，目前缺少行业认可的信用评级及背书。因此，建立一套工程师的征信评级体系，对于提升用户体验，建立服务商品牌，甚至对工程师个人的职业发展，以及对整个安维服务行业的规范发展都是大有益处的。完善的征信平台可以在一定程度上避免各类负面社会事件的发生。

目前市场上各个安装服务商和物流服务商都掌握了部分的工程师服务质量等征信数据，但因为担心工程师个人隐私和企业的商业敏感信息外泄，大家都不愿意共享数据。不过，区块链技术有力地解决了这一问题。

京东物流准备牵头搭建基于区块链的联合征信平台，邀请行业内的物流服务商和大件安装维护服务商加盟，各个商家作为节点加入区块链联盟，可以将自己的原始数据保存在自己的中心数据库，只需要从中提取少量非敏感摘要信息，保存在区块链中。当商家有数据查询的需求时，可以首先查询自己所在节点中公开透明的摘要信息，通过区块链转发查询请求到数据提供方，数据提供方在获得工程师授权，并收到商家支付的费用后，从本地数据库中提取详细的明文信息给商家。

随着参与方越来越多，联合征信的生态越来越完善，可以实现数据的交叉验证，提高评价的可信度，实现同一行业互利互惠的数据共享。

京东服务家将联合行业内的各个第三方安装服务商，搭建基于区块链的征信数据共享交易平台，既能提升信用数据的存储和交易效率，又能促进参与交易方最小化风险和成本。

此外，京东服务家的存证与征信还表现在，详细的服务记录原始数据均保存在自己的中心数据库，数据上链时，从中心数据库中提取少量摘要信息（工程师编号、总体评级、评价等），通过区块链广播保存在区块链中。详细的服务记录和工程师联系方式等信息只把内容的哈希值提取上链，具体内容不上链。这样各个服务商不用担心自己的核心数据资产泄露，各个服务工程师也不用担心自己的隐私信息泄露。

当一个服务工程师要加入一家新的服务商时，可授权服务商查询自己之前在其他服务商工作时的详细记录。首先，服务商把查询请求通过区块链转发到之前的服务商处，服务商向中心数据库申请工程师的详细明文数据；其次，在收到数据需求方支付的费用后，数据提供方可以用数据需求方的公钥加密后把明文数据发给数据需求方，数据需求方在收到密文后用自己的私钥解密数据得到详细信息的明文，并且可以将明文的哈希值和链上存证的哈希值做对比，验证后存入自己的中心数据库；最后，数据需求方完成对工程师的信用评估，并在区块链完成对数据提供方的数据质量的评价。这样一来，各方既能查询到外部的数据，又不用担心自身核心数据资产泄露。

当然，企业在提供物流与供应链征信服务时，需要注意以下三点。

一是数据真实性。区块链只能保证数据不被篡改，如果上链的数据因为利益问题被人为操纵做假了，将破坏所有参与方对联盟链的信任。因此，从源头保证数据的真实性，对建立整个联盟链生态有着非常重要的意义。在邀请行业内的物流服务商和大件安装维护服务商加盟时，他们需签署联盟加盟协议，保证在收到其他服务商经授权的查询请求和费用后，提供真实和客观的数据。并且区块链还将永久记录所有数据交易的评价信息，促进联盟生态的良性发展。同时京东服务家还会邀请一些金融机构和政府机构加盟，在获得工程师授权后，可方便地查询工程师的金融评级信用数据和是否有犯罪记录等可信的第三方数据。这些来自各方的数据综合验证后，可以客观地反映工程师的信用状况。

二是数据隐私保护。征信数据上链时，只从中心数据库中提取少量摘要信息，主要包括工程师的编号、总体评级、评价等，通过区块链广播，保存在区块链中。详细的服务记录和工程师联系方式等信息只把内容的哈希值提取上链，具体内容不上链。这样各个服务商不用担心自己的核心数据资产泄露，各个工程师也不用担心自己的隐私信息被共享的区块链账本泄露。同时利用区块链的不可篡改性，还可以帮助各个服务商完成上链数据的确权。

三是数据私密共享。数据提供方在把明文的详细服务记录发送给数据需求方时，需要用数据需求方的公钥加密，数据需求方在收到密文后，用自己的私钥解密数据，进而得到详细信息的明文。这样就保证了数据只在数据提供方和数据需求方之间私密地共享，其他联盟链的参与方是看不到明文的敏感信息的。京东服务家作为联盟链的发起方，其和所有参与方的地位是平等的，不存在利用平台收集其他服务商数据的问题，体现了区块链去中心化和开放的特性。

物流与供应链征信若使用区块链技术，不仅解决了已有信用主体及征信数据不准确的问题，还很好地保护了各方的隐私不被泄露，解决了供应链管理中关于征信的痛点。

10.3 区块链+供应链金融整体解决方案

本节主要以华为供应链金融、宝供一站网"物流金融链"、磁云科技"区块链+供应链金融开放融通平台"、蚂蚁的双链融合的供应链金融平台、普洛斯基于场景金融和区块链的金融技术平台、腾讯云动产质押案例介绍区块链+供应链金融是如何提供整体解决方案的。

10.3.1 华为供应链金融

某能源集团因其供应链环节（有招标采购、金融保险、物流运输等环节）多，且每一个环节出差错都会造成重大损失，所以将整个能源供应链搬到"云"上，构建集中采购平台、电商销售平台、智慧物流平台、金融科技平台及大数据云平台等体系，实现商流、物流、资金流及信息流的"四流合一"，打造能源物资智慧供应链集成服务平台。

该集团结合华为云区块链服务，打造行业区块供应链金融服务平台，基于区块链技术建立起来的供应链信用机制被称为"能信"。在此基础上，双方还联合开发了一种分层加密的功能，使供应链信用变得更透明，业务也更简单。"能信"不仅提升了供应链信用度，还能为链上企业省钱。例如，某发电厂在进口煤炭业务中使用了"能信"，获得供应商让利，一吨煤就少花两元钱，供应商融资成本可降低4%左右，还能提前近一个月回笼资金，综合物流成本降低约10%。

一般来说，传统供应链金融面临的问题主要有以下四个。

一是造假风险——仓单、票据等造假。

二是信息孤岛——企业间系统不互通，贸易信息主要靠纸质单据承载，四流难合一。

三是核心企业的信用不能跨级穿透——核心企业信用只能传递至一级企业，而其他供应商无法利用核心企业信用进行供应链融资。

四是违约风险高——单凭合同约束，融资企业的资金使用及还款情况不可控，存在资金被挪用、违约拖欠或恶意违约等问题，违约风险高。

以上问题可借助区块链实现信用穿透、助力供应链企业融资，区块链＋供应链金融的系统架构如图 10-4 所示。

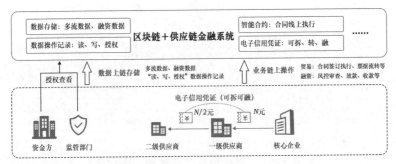

（资料来源：《华为区块链白皮书》，2021 年。）

图 10-4　区块链＋供应链金融的系统架构

区块链＋供应链金融对比传统业务模式，优势主要体现为以下四点。

一是实现四流合一，提升安全性和可信度，降低风险和难度。

二是业务执行线上化，周期短、效率高。

三是解决非一级供应商的融资难、资金短缺问题。

四是智能合约固化资金清算路径，极大地降低故意拖欠资金等违约行为发生的风险。

该集团的"能信"体现核心企业的商业信用，是核心企业基于应付账款向其供应商在线开立的应收账款债权凭证。持有人可以将"能信"拆分流转、在线融资或持有至到期收款。"能信"到期，开立"能信"的核心企业会将"能信"结算资金支付至"能信"所有最终持有企业的支付账户。

华为基于区块链技术搭建的供应链金融区块链服务平台，节点包括运营方、核心企业、供应商和资方。使用区块链技术可在各参与方之间共享安全可信的"能信"数据，并实现"能信"数据的不可篡改和可追踪溯源，支撑应用层实现"能信"的开立、转让、融资和兑付等业务场景。供应链金融的整体方案框架如图10-5所示。

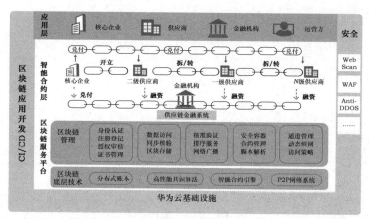

（资料来源：《华为区块链白皮书》，2021年。）

图10-5　供应链金融的整体方案框架

平台运营方建立联盟链，联盟链参与方包括运营方、核心企业、供应商和资方。由核心企业基于应付账款申请"能信"开立，运营方经过审批和复核之后，"能信"开立成功，全部转让给一级供应商，供应商可以发起转让、融资业务申请，"能信"到期兑付。

所有参与方全部参与背书共识记账，共同见证，杜绝篡改和伪造。"能信"的业务流程与归属清晰，从开立、转让、融资到兑付均可完整追溯。供应商可以随时根据其持有的"能信"发起融资申请，资方可以依据共享的"能信"数据进行快速审批放款，有效提升供应链金融的整体效率。

根据需求描述进行分析，华为的供应链金融区块链服务平台包含存证交易信息、多签地址信息、"能信"开立信息、"能信"票据信息、"能信"转让信息、"能信"兑付信息等的上链需求。

在区块供应链金融的业务部署中需要关注的问题，主要有三点。

一是与核心企业关联的企业上链的沟通问题，相关企业要作为联盟节点接入区块链，需要承担一定的产品和运营成本。

二是区块供应链金融建立的是以核心企业为依托的信用穿透。核心企业开具可信的债权凭证，供应商不能申请开具债权凭证，只能对收到的债权凭证进行拆分、转让和融资。因此方案设计中要保障核心企业债权凭证的开具上链成为区块供应链金融的关键。

三是产品开发及部署后，面临专利区块及知识产权的归属问题。客户有时会表示希望拥有相应知识产权。因此，可考虑助力客户对相关专利的申请，也可考虑借助相关技术实现专利共享，以满足客户对专利的需求。

总之，华为供应链金融的解决方案实现了供应链金融最重要的环节——风控，并为平台上的企业及金融用户的金融服务提供可信的参考数据；同时，结合物联网手段，实现供应链金融服务，既保证了数据不被随便篡改，又为核心企业、供应商、运营方和资金方四方机构提供了更便捷的服务。此外，从银行角度看，作为资金方的银行也不需要单独授信某一个企业，只要供应商提供平台上核心企业开具的票据，银行便可以直接兑付。

10.3.2　宝供一站网"物流金融链"

一站网是宝供物流企业集团的核心子公司，是以线下标准化运营为基点，以线上信息化技术为支撑的物流＋互联网公路运输服务平台，为用户提供门到门的一体化公路运输服务。"物流金融链"是一站网对区块链＋供应链模式的首次探索。

该项目是在广东省现代物流研究院指导下，联合诺也科技（广州）有限公司打造的新型物流供应链平台，旨在用区块链技术解决物流供应链中基础交易背景真实性考察和金融资产流动性的问题，以科技创新和模式创新相结合的方式解决中小企业融资难、融资贵的问题。物流金融链通过开放、透明、互利的金融协议，将资金方、物流平台、运力供应商等行业内参与方吸纳进来，形成一个经济互利的生态系统，如图10-6所示。

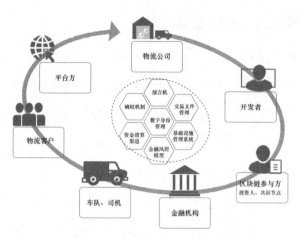

图 10-6　经济互利的生态系统

物流金融链底层采用自主研发的 Vector.Link 区块链技术以及数字金融资产协议，它在区块链的性能、功能、安全性上做了优化增强，也更安全可控。同时它根据物流行业数据和金融产品的特点，对系统高频数据进行加速和高可用性优化，对存证数据进行持久化同步，兼顾性能和数据的隐私性和安全性。

一般情况下，金融业务常见流程环节包括：申请、专业审核、审批、风险、资金流转、对账和材料归档，如图 10-7 所示。在各个流程上都存在一定的痛点，例如在材料归档环节，存在纸质材料存储困难、检索麻烦等痛点。但是使用 Vector.Link 后，在材料归档环节，就可以快速实现永久保存、不可篡改、电子签名、可追溯、快速检索等功能。

图 10-7　Vector.Link 的功能

除此之外，物流金融链通过 KYC 机制，为链上用户确认唯一数字身份并分配 CA 证书。借助区块链的特征，物流金融链可保证贸易背景数据真实有效、链上数据不可篡改以及业务数据具有可追溯性，为中小运力主体提供基于物流数据链的灵活多样的金融服务。

在物流金融链中，运力值锚定确权后的应收账款由平台方提供担保。在应收账款账期内，运力值可以在参与者之间进行流转、交易以及清结算。在基于运力值的物流金融活动中，资金方和平台方根据链上数据可进行多维度风险控制并将风控结果、信用评级和联合授信额度等信息上链共享，确保金融业务的安全可靠。物流金融链的操作方式如图 10-8 所示。

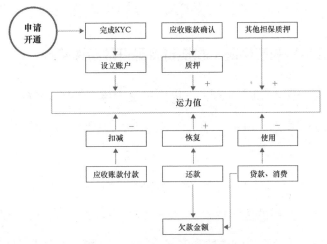

图 10-8 物流金融链的操作方式

物流金融链首次实现了"链权"在物流金融领域的应用，在资金方、平台资源方、技术方、投资者以及其他参与角色中实现初始链权分配，链权比例对应收益分配和社区投票权力的比例。参与者可以通过投入资金、技术、资源以及激励等方式获取并持有链权，链权在参与者之间可以交易和流转，同时平台会根据收益情况定期回购链权，链权的初始分配比例以及后期获取方式的设计，会鼓励平台方参与者持续投入物流金融链的建设以及扩张，确保系统的稳定和健康运行。区块链可以将核心企业（一站网）应收账款及时转化为"运力值"，进而能够将原先上游中小物流供应商期限短而分散的应收账款及时转化为有效的数据价值凭证，这样一来，中小物流供应商也能快速获得融资。

对于金融机构来说，物流金融链可以扩大贷款规模，提升贷款效率，降低风险，依靠科技助力服务于长尾市场；对于贸易企业，物流金融链可以解决基础贸易真实性证据链的问题，使之享受更便捷的金融服务；对于运力企业或个人，物流金融链可以解决融资难、融资贵的问题，盘活资产。

借助"运力值"，运力主体可以享受多种灵活且高效的金融服务，包括运力贷、运力消费、加油贷、贷款买车等，这些将与物流行业相关的消费场景、服务商户引入链上，共同打造一个以区块链技术为根基的数字资产化平台，切实以流通性、高效性、标准化解决了中小运力主体全方位经营所面临的问题。

10.3.3　磁云科技的区块链＋供应链金融开放融通平台

磁云科技是一家于 2015 年创办的以区块链为核心的科技金融公司。2017 年，磁云孵化项目唐泉金服获得了中华人民共和国工业和信息化部（以下简称"工信部"）评比"可信区块链"第一名。2018 年，磁云科技开发了区块链＋供应链资产融通平台——磁云唐票，聚焦发力区块链＋供应链金融，发布了磁云唐票产品。磁云唐票基于自有区块链核心技术，将行业上下游的账期资产数字化和信用化，从而实现了数字资产的拆分、流转和融通。磁云唐票的价值链如图 10-9 所示。

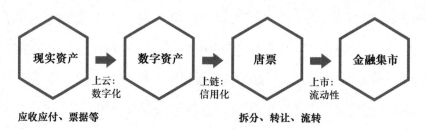

图 10-9　磁云唐票的价值链

具体来说，磁云唐票通过供应链、产业链的数据及资产"上链"增信，利用区块链的防篡改、可追溯、分布式账本、可加密等技术特性，实现业务数据化、数据资产化、资产金融化、金融场景化，解决了中小企业融资贵和融资难的问题，同时也让整个产业生态更健康，真正做到金融脱虚向实。

"区块链 + 票据"应用在供应链中，可让所有参与者，包括核心企业、多级供应商、多级经销商都能加入基于区块链架构的供应链平台中，整个平台的订单、商品、仓储、物流信息高度透明。信息一旦被添加至区块链中，就会永久地存储，并确保供应链上的所有行为、合同、票据都可以追溯、不可篡改，磁云唐票业务流程如图 10-10 所示。

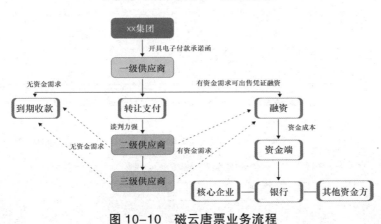

图 10-10　磁云唐票业务流程

可以说，磁云科技通过利用区块链技术建立可信的大数据基础设施，杜绝一单多融和数据欺诈。进一步结合场景 + 科技发展的科技金融的主要业务闭环、大数据闭环，构建新一代风控体系。并在交易层通过 AI 技术实现资金和资产的智能匹配，最终实现量化交易和智能金融，对资产实现动态评级、动态定价，有效地解决了问题。

10.3.4　蚂蚁的双链融合的供应链金融平台

为了让读者更加理解区块链在物流与供应链金融上发挥的价值，以下以蚂蚁的双链融合的供应链金融平台（以下简称"双链通"）为例展开介绍。

双链通是开放的、高效协同的平台，该平台以核心企业的应付账款为依托，以产业链上各参与方之间的真实贸易为背景，核心企业的信用可以在区块链上逐级流转，这样一来，可以有更多在供应链上游的中小企业获得平等高效的普惠金融服务。平台以蚂蚁区块链全自主研发的区块链底层技术为依托，并结合蚂蚁区块链业内领先的隐私保护、数据存储、共识算法、智能合约设计。

供应链协作和供应链金融开展的核心是企业、金融机构的多方协作。传统的应收账款无标准流程，确权困难、流转成本极高，传统的票据无法拆分，中小企业的使用成本高，结算工具不能附加管理能力。这些使得传统的技术和业务手段很难高效运转，双链通使得这一领域的多方、高效、互信协作成为可能，将极大促进业务的发展。

双链通平台的架构如图 10-11 所示。

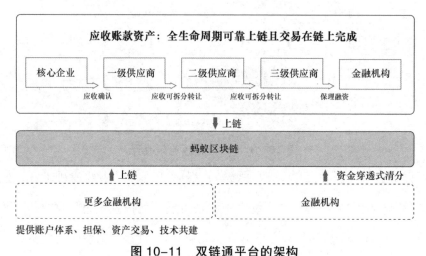

图 10-11　双链通平台的架构

具体来说，双链通的价值和创新表现在以下三点。

一是架构描述。通过蚂蚁区块链硬件隐私保护技术，确保多方参与的安全性、隔离性；基础服务集成支付宝核身与企业网银核身能力，通过网银 U 盾签名，确保交易可靠无纠纷确权；业务中台核心服务实现云化，更多联盟参与方可以直接通过简单 API 加入网络。该架构基于支付宝企业账户与企业网银 U 盾的交易安全保障体系，确保交易可靠确权。架构支持硬件级别的交易安全隐私合约链，通过可信执行环境，确保多方参与隐私计算与数据隔离。

二是模式创新。2019 年，蚂蚁区块链对双链通进行升级开放。这一基于区块链技术搭建的供应链协作网络，力图解决"萝卜章、假合同"等供应链金融的痛点，同时让供应链的上下游商家，尤其是小微商家，能得到高效便捷的金融服务。双链通模式如图 10-12 所示。

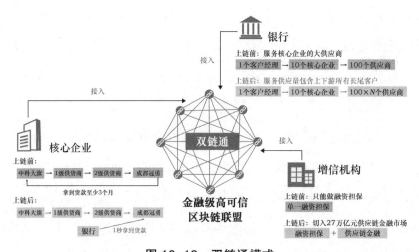

图 10-12 双链通模式

在中国，有很大比例的中小企业并不在传统的以大型企业为核心的供应链上，传统的供应链金融很难覆盖到这些企业。但是在双链通模式中，政府担保机构提供增信、地方银行提供融资，形成区域性供应链金融生态，可以把很多原来不在任何供应链金融视野中的中小企业纳入，成为区域供应链金融的核心企业，同时把这些中小企业产业链末端的小微企业纳入，形成新的供应链金融模式。

三是流程创新。双链通基于区块链技术和融资需求，搭建了信用流转平台。

这一技术是基于区块链的联盟链方式，即相当于链上的各级主体在一个熟人圈，而不是在完全公开的公链中。在双链通模式中，数据不会被恶意复制、泄露、篡改，这些数据经过每一个参与企业、金融机构的合法、不可抵赖的授权，实现高效协作——验收凭证可以自由拆分、转让，解决了应收账款流转困难、大额商票使用不便的难题，让供应商可以根据实际资金需求融资，降低了企业的融资成本和操作风险。

在双链通模式中，违约证据更有说服力，企业的造假成本更高。在中国保理或应收账款质押风险事件中，传统审核模式主要是靠提交发票和合同，但发票和合同都会有造假的风险，所以各家银行在做类似业务时，一般会要求核心企业再次确权或采取增信等附加手段。双链通并不完全依赖于发票和合同，因为很多采购合同是框架合同，真正的采购订单不一定是正式订单。

在这个流程中，双链通有三个要求。

第一，双链通要求购销双方一定都要在线上做确权，在线上严格进行身份核实，即必须根据《中华人民共和国电子签名法》的三要素做电子签名，双方联合确权，这规避了单方面不认合同或发票的问题。

第二，双链通要求在数字签名的基础上，再额外签订合同，对此前合同有冲突或者有瑕疵的条款重新补充，或基于基础合同的专门条款额外约定，以避免基础合同的瑕疵，避免以后可能出现的抗辩因素。

第三，引入中小担保机构。一方面，通过担保机构审核其会员单位中小核心企业的资质能力；另一方面可以同时帮助审核上游采购贸易的真实性，再加上购销双方的严格确权来确保真实贸易背景，这极大地降低了企业联合串通造假的概率。图10-13从获取难易程度、融资价格、时效、申请便利度、是否支持拆分五个维度对传统小微企业融资和双链通小微企业融资进行了对比，我们可以看到双链通区块链的小微企业融资方式解决方案对传统融资进行了很好的优化。

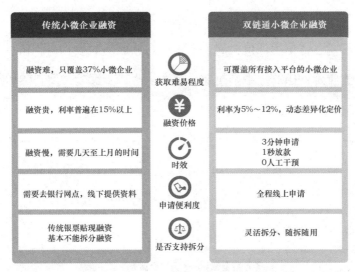

图 10-13 传统小微企业融资和双链通小微企业融资对比

对于各个参与方而言，区块供应链金融模式有以下独特的价值。

一是对于核心企业而言，区块供应链金融模式可以很好地改善其子企业的资金使用效率。

二是通过区块供应链金融模式，企业与供应商间可以建立密切的协作关系。

三是通过区块供应链金融模式可以建立一种新的协作方式，它使得供应链的中间渠道变得更顺畅。

四是对于双链通而言，区块链技术可以让供应链上的小微企业得到更好的融资服务。

综上可以看出，双链通兼具社会和经济价值，既能改善融资环境，使各级企业便捷地获取应收账款融资，解决末端小微企业融资难、融资贵的难题；又能优化流动性管理，通过应收账款的灵活拆分、转让，协同上下游账期，帮助各级企业有效提升流动性管理能力、资金使用效率，获取额外收益，降低风险。

10.3.5 普洛斯基于场景金融和区块链的金融技术平台

普洛斯是全球领先的专注于物流、不动产、基础设施、金融及相关科技领域的投资管理与商业创新公司。普洛斯金融构建基于区块链的信用联盟，利用场景和数据优势建立主体信用评价机制，连接生态领域内的核心企业和平台型企业，以及这些企业所延伸出的上下游企业，打通从生产、运输，到仓储和销售各个环节产生的底层数据的通道。

与此同时，普洛斯也和各类大型的运力平台合作，通过系统对接获取运力平台上各类订单信息、交易信息、车辆信息、位置信息；通过数据对接和各类信息的交叉验证，对平台上的融资人的应收款信息有更多的数据抓手，从而形成一套切实可行又高效的数据信贷模型，如图 10-14 所示。

普斯洛金融资产平台"全流程"管理服务

图 10-14　普斯洛金融资产平台"全流程"管理服务

具体来说，普洛斯金融利用区块链技术的智能合约、数据不可篡改等优势，服务于普洛斯体系内外部的物流仓储资产、供应链金融资产等优质资产，通过打造资产证券化产品等方式吸引市场资金，如图 10-15 所示。对客户的实时、动态监管及交叉验证过后的真实业务数据，利用区块链上数据不可篡改的特性，联合中小企业将核心风控数据写入链上。基于实时入链的数据，平台也会借助大数据、机器学习等方式对资产进行风险定价、动态预警及监控，助力中小企业健康发展。

以区块链技术作为风控保障，将供应链上的资产方、资金方、监督方等各参与方作为区块链上的各个数据节点，随时穿透底层资产，使得资金方能了解底部资产，中介机构能实时掌握资产违约的风险，监管方也能有效把控金融杠杆，提前防范系统性风险。

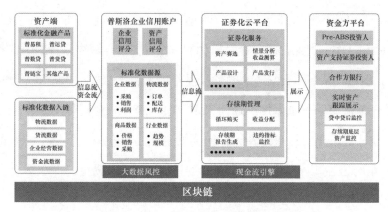

图 10-15 区块链与普洛斯金融

10.3.6 腾讯云动产质押

腾讯云融资易——动产质押区块链登记系统方案（以下简称"本方案"）是一款聚合"区块链 + 物联网 + 人工智能"的产品，旨在改变传统动产质押领域"信任和低效流通"的困局，是以仓单质押为核心的供应链金融解决方案。本方案通过对仓储进行智能化改造，将与仓单记载货物关联的各类相关智能设备采集的数据、仓储监控中的视频数据等，动态实时地上链，使其最终形成数据可溯源、难以篡改、真实可信的区块链电子仓单，满足各方共识机制，从而大幅度提升仓单信用效力，可广泛支持金融、保险、证券、大宗商品交易所、电商等专业机构基于大宗商品仓单的供应链金融服务业，其业务逻辑如图 10-16 所示。

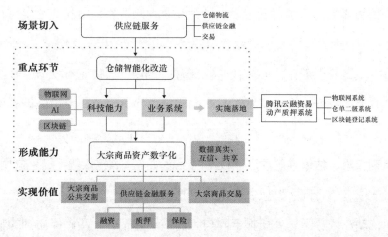

图 10-16 腾讯云融资易——动产质押区块链登记系统方案的业务逻辑

由于中小企业风险管理能力较差、不动产资产普遍不足，动产仍为主要的资产，因此其可以动产作为担保物获得金融机构的资金支持，以解决自身的融资难、融资贵的问题。但是大宗商品贸易商的融资过程存在多个难点，主要包括以下四点。

一是仓单造假，一单多押。通常来说，贸易商在融资过程中，资金方向贸易商提供资金时，需要贸易商提供能够作为抵押证明的仓单。但是，如果贸易商与其上游商品供应商和下游商品购买方联合起来制造虚假仓单，那么资金方就会承受很大的风险。

基于此，资金方为了规避风险，通常不愿意为贸易商提供资金。除虚假仓单外，在融资过程中，可能也会发生贸易商将一单业务的仓单向多个资金方进行抵押的情况。资金方无法有效地保证仓单质押的唯一性，所以为了避免一单多押的风险，也不愿意为贸易商提供资金。

二是种类难识，虚假抵押。大宗商品普遍存在种类难识的问题，例如钢材品种多达1 000余种，其品质各有不同且价值也存在很大差异，依据外观很难分辨。这也使得在融资过程中，如果贸易商为获得更多资金而提供虚假钢材，那么资金方无法轻易对这些钢材进行一一核对。如果资金方所提供的资金的抵押物的价值无法为其融资金额提供足够的担保，那么资金方就会遭受很大的损失。在这种情况下，资金方不愿意为贸易商提供资金。

三是挪用资金。这种情况主要表现为在获得融资后，贸易商并没有将资金投向商品贸易中，而是投资其他行业（主要是房地产和股市）。此外，由于大宗商品贸易过程中涉及多个环节和利益相关方，包括上游供应商、仓储公司、物流公司、下游购买方等，资金方很难监管贸易商的资金用途。因此，为了规避挪用资金的风险，很多资金方不愿意为大宗商品贸易商提供资金。

四是确权难、估值难。动产确权不同于不动产（确权依赖于国家信用背书），其权属只能依赖于合同、发票、资金链等信息，无第三方权威机构登记。在质押登记方面，动产依赖于场外质押合同与工商简单登记，无法确保质押的唯一性和可追溯性。在货物安全保障方面，动产只能依赖仓库主体信用，然而仓库信用良莠不齐，而且商品估值也难，中国期货品种有限，非期货商品价格并无公允价格基准，估值比较困难。

为了解决以上痛点，腾讯云打造了融资易——动产质押区块链登记系统方案。具体实现过程如下。

一是实现仓单标准化、规范化和统一化。将纸质仓单转化为区块链仓单，有效地避免了仓单涂改、污损、遗失等问题，以往仓单格式五花八门，容易造成信息缺失和内容歧义，并且大量存在一物多单、假仓单，导致信用危机。

二是实现仓单信息记录的真实性、完整性和及时性。通过对仓储进行智能化改造，将与仓单记载货物关联的各类相关智能设备采集的数据、仓储监控中的视频数据等，动态实时地上链。例如，当货物进入仓库时，通过车牌识别、货物铭牌识别、重量传感器等技术，对进场货物进行识别和数据采集，结合标识技术（二维码、RFID、NFC等）实现一物一码、一物一跟踪的定点管理。

再利用智能视频监控等技术，对监管仓内堆积的货物的位置、形状等进行识别，当出现货物移动、叉车运行等情况时，能够完整记录并根据设定规则产生监管仓的参数告警，及时通知参与各方等。在此过程中的所有事件及数据，都会实时记录在区块链上，实现信息的难以篡改和可追溯，为仓单记载货物绘制充分的数据画像，从而实现仓单记载货物信息的真实、可信，如图10-17所示。

图10-17 车辆信息、货物信息、仓单信息等上链

三是区块链仓单可以实现货品的快速质押，其所有权根据业务规则，实现主体的变化，根据仓储方、质押人、担保方等多方的签名和授权，实现货品的快速质押，而资金方（包括银行、保理公司等）根据质押品来进行快速放贷，全质押流程业务可在区块链上快速地开展，加速整个信贷过程，更好地解决企业融资的问题。

整个系统由三部分构成，即区块链仓单登记管理主系统、仓储智能化及电子仓单子系统和物联子系统。区块链仓单登记管理主系统为系统的主模块，用于所有平台用户偏业务的功能的发起、管理、维护、操作，包含基本信息管理、会员管理、仓单管理、数据管理、外接系统管理与统计报表管理等功能，其主要功能模块为区块链管理模块、登录及认证管理模块等。

仓储智能化及电子仓单子系统，用于仓单上链、确认、流转、注销所有涉及区块链内容管理的偏技术功能，包含区块链节点管理、智能合约管理、货品溯源管理等功能，主要依托腾讯云区块链服务（Tencent Blockchain as a Service，TBaaS）系统后台管理功能实现。仓储智能化及电子仓单子系统简称"仓单二级系统"，为本系统的主要业务支撑模块，用于所有仓储企业涉及物联网设备智能化相关偏业务功能的发起、管理以及电子仓单的制作、预生成、注销等，对各仓储企业自有的 WMS 提供相关接口进行升级，以满足仓储智能化管理和区块链仓单生成的关键需求，包含电子仓单管理、仓储运营管理、货品标签管理等功能。

另外，物联子系统为本系统的主要技术支撑模块之一，用于对所有接入平台的摄像头、智能终端、定位标签等 AI、物联网设备进行运维管理。同时，该子系统也可根据功能需要对接入的各类物联网系统，如第三方电子地图系统、电子围栏系统、实时监控系统、视频点播回放系统、车牌识别系统、自动化盘点机器人系统、人员资产定位系统、室外定位系统等进行统一授权与管理。腾讯云融资易——动产质押区块链登记系统架构如图 10-18 所示。

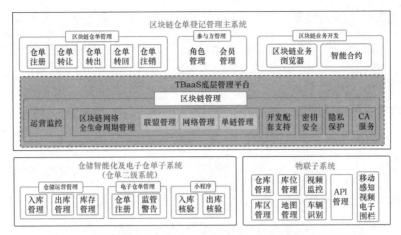

图 10-18　腾讯云融资易——动产质押区块链登记系统架构

其实施流程是从需求调研到产品设计，应用系统开发、硬件环境部署、软件环境部署再到系统测试然后到系统上线，部分流程如图 10-19 所示。系统在架构设计、满足业务需求及未来可扩展性、降低核心用户参与成本以及配置等方面，均做了系统的分析和全面规划，所采用的核心技术均为当前在区块链、物联网、人工智能领域相对领先和成熟的技术，并且充分考虑了大宗商品仓单业务的多样性，支持与不同外部系统的对接，具备良好的兼容性和扩展性。

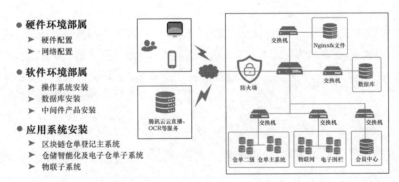

图 10-19　腾讯云融资易——动产质押区块链登记系统实施流程（部分）

该方案的应用带来了良好的社会价值和经济价值，疏通了资金进入实体经济的渠道，帮助实体企业解决融资难题，提升风控质量，提高融资效率，为金融机构提供可信仓单资产树立了区块链行业仓单创新标杆，助力大宗商品行业基础建设。该方案的具体价值如下。

一是高效的融资效率。借助物联网、区块链技术，实现各业务参与方、各环节信息互通；仓单电子化、链上化，解决仓单质押融资过程中纸质合同过多、审核慢和难的问题。

二是先进的风控手段。区块链带来可信的身份认证、数据透明性和不可篡改特性，物联网数据上链、全流程信息上链，降低风控成本。借助完整的技术手段对仓库进行监控；结合大数据、AI 技术，系统内嵌风控预警模型，实现风险的自动预警。

三是便利的仓单流通。仓单线上质押，全流程数字化管理，仓单质押与智能仓储管理进行联动，仓单智能合约化，保障仓单的可信、有序流通。

四是创新的业务模式。区块链 + 物联网 + 智能仓储的改造实现业务增信，实现多方的确权和协同，助力金融机构，切实解决中小企业融资难问题。

应用本方案后，佛山钢聚人仓储有限公司取得的效果，如表 10-2 所示。

表 10-2　采用腾讯云融资易——动产质押区块链登记系统的前后效果对比

	未采用腾讯云融资易——动产质押区块链登记系统	采用腾讯云融资易——动产质押区块链登记系统
入库工作量	手工录入，工作量大	减少 50% 入库工作量
加工填单工作量	人工递送，手抄结果	减少 35% 加工填单工作量
库存盘点工作量	10 人需要盘点一天	减少 80% 库存盘点工作量
业务流程管理	业务环节多，流程长，效率低	提高流程运转速度，管理效率大幅提升
供应链金融业务增长	业务增长缓慢，难以成规模扩展	规模化扩张，增长显著，前 9 个月供应链金融业务增长超过 15%
仓单可信度	仓单易假冒，可信度不高	信息难以篡改，多方共识，大幅度提升仓单信用效力
放款时间	3～5 个工作日	实时放款

应用上述系统后，该公司的入库工作量减少 50%，加工填单工作量减少 35%，库存盘点工作量减少 80%，仓库智能监管的货物占整个货物仓储量的 32%，前 9 个月供应链金融业务增长超过 15%，单一地区新增供应链金融客户 12 家，多工种协同操作，提高流程运转速度，管理效率大幅提升，操作流程更加规范，加快仓内货物周转速度，大幅度提升仓单信用效力，更好地解决了融资问题。

下篇

挑战与展望

第 **11** 章

区块链技术应用的挑战

虽然区块链技术有着独特的价值和优势，也能对供应链管理发挥出巨大的作用，但是区块链技术应用同样也有其问题与短板，面临的挑战包括开发与实施挑战、法律与监管挑战、安全与隐私保护的挑战、标准与应用的挑战等。本章从技术和应用两个角度，分析区块链应用的制约因素，也针对挑战提出了相应对策。

自 2009 年署名中本聪的文章发表以来，区块链一直是一个流行词，如今它已成为最具革命性的技术之一。区块链技术作为一种分布式账本，存储和记录由账本网络上的计算机验证的交易。区块链被誉为 21 世纪最有影响力的技术之一，要真正应用和实施却不那么简单。

往往在概念出现初期不明真相的"喧嚣"退去之后，才会迎来技术应用的真正时期。像所有的技术突破一样，区块链技术有其自身的一系列挑战，需要克服这些挑战才能加速应用进程。

就像本书前面章节阐述的一样，区块链技术已经在几乎所有领域留下了足迹，包括供应链管理的所有流程，以及农业－食品供应链、医疗健康供应链、汽车产业供应链、航空产业供应链、运输物流业等领域。区块链技术与大数据、物联网、人工智能等其他新兴技术相结合，将为整个人类带来全新的体验。

如果说本书前面章节介绍的是区块链的应用机会，本章介绍的则是技术本身所存在的问题和在供应链管理中应用的挑战。

11.1 区块链技术应用的问题与短板

本节主要介绍人们因一些误解和现实对区块链技术的质疑，基于此，人们对区块链的认知仍有待提升。本节还介绍了有关区块链技术应用的主要制约因素。

11.1.1 业界对区块链的认知仍有待提升

虽然区块链在技术本身不断进化的过程中应用场景已经比较丰富，技术应用的前景也是颠覆性的，但经历了几年时间的探索后，区块链当前还未被大规模地应用，其中也有对区块链的未来质疑的声音出现，企业对技术最初的热情也正被日益增长的挫败感打击。

从企业认知的角度，德勤新发布的区块链应用调查报告也说明了一定的问题。企业对区块链的认知逐渐从虚拟转移到现实。虽然越来越多的企业将区块链列入企业战略的前五位，但是在德勤2020年调查的1 488个样本中，认为区块链"很关键，已经列入前五位战略重点"的比例为55%，刚超过一半，如图11-1所示。

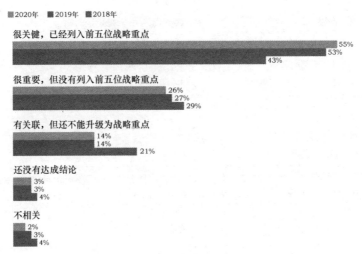

（资料来源：德勤，《德勤2020年全球区块链调查报告》，2020。）

图11-1 区块链在企业战略中的定位

认为区块链"很重要，但没有列入前五位战略重点"的占26%，相对之前两年的29%、27%有所下降，认为"有关联，但是不能升级为战略重点"的占14%，相对2018年的21%也呈下降趋势。当然，还有一部分"还没有达成结论"或者"不相关"，比例加起来在5%左右。

总体来看，大众和企业对区块链的认知逐渐回归理性，但鉴于系统的商业模式尚未形成，对区块链认知的提升还需要一个相对缓慢的过程。

11.1.2 区块链技术应用的主要制约因素

毫无疑问，许多商业领袖、组织和政策制定者已准备好采用区块链技术，本书前面的诸多篇幅也阐述了区块链技术应用的巨大潜力。尽管如此，仍有一些问题和短板，限制了区块链技术的应用。

新的数据表明主要的制约因素包括：代替或者修改现有信息系统困难，潜在的安全威胁，对敏感信息或竞争信息的担心，缺少清晰的监管规则，缺乏内部能力，建立联盟的挑战，负担沉重的关键环境，不确定的投入回报，缺少令人兴奋的应用，技术尚待验证，没有足够的资金，等等，如图 11-2 所示。

应用问题	认为问题是导入障碍的占比
代替或者修改现有信息系统困难	35%
潜在的安全威胁	34%
对敏感信息或竞争信息的担心	34%
缺少清晰的监管规则	32%
缺乏内部能力	31%
建立联盟的挑战	31%
负担沉重的关键环境	30%
不确定的投入回报	29%
缺少令人兴奋的应用	29%
技术尚待验证	27%
没有足够的资金	26%

（资料来源：德勤，2020 年，《全球区块链调查报告》。）

图 11-2　区块链应用的主要制约因素

从技术的角度，业界应用主要技术的障碍集中在以下几个方面。

一是计算冗余的问题。 虽然区块链技术还在快速演进过程中，计算机（矿机）的效率也在成百倍成千倍地提高，但因为账本系统的分布式特性，要求每个节点都应该拥有账本系统的副本，也就是所谓的共识机制。因此，系统需要一遍又一遍地经历相同的过程。这个过程的计算量随着区块链账本记录的增加而越来越大。实际上，这项技术的计算需求比集中式服务器的计算需求更大。这是因为每次更新账本时，所有节点都需要更新账本。

计算量的增加也源于技术本身复杂的签名验证过程。对于系统中的每笔交易，都需要进行私有 – 公共加密签名验证。系统使用椭圆曲线数字签名算法（Elliptic

Curve Digital Signature Algorithm，ECDSA）来确保交易发生在正确的节点之间。因此，每个节点都需要验证用户的真实性，这可能是一个棘手而复杂的过程。

也有一种被演讲、白皮书等广泛引用的观点，即区块链技术如同"货币"理论，存在"不可能三角"，即无法同时实现可扩展性（Scalability）、去中心化（Decentralization）、安全（Security）。区块链技术应用的具体限制有以下六点。

一是性能限制：吞吐量上难以超越中心化的应用。

二是扩展性限制：公链的带宽和算力无法满足日益增加的应用。

三是跨链限制：不同的链之间的合约无法跨链对接。

四是存储限制：节点的数据不断增加将带来存储问题。

五是同步限制：区块增加将带来节点同步的问题。

六是升级限制：除非区块链升级出足够数量的节点同意，否则会出现分叉。

二是可拓展性与互操作性。与计算冗余相关的是采用相关区块链的可扩展性和互操作性。尽管交易网络每秒能够处理数千笔交易而不会出现任何故障，但应用于比特币（每秒处理 3 ～ 7 笔交易）和以太坊（每秒处理 15 ～ 20 笔交易），处理交易的速度明显放缓，使得区块链无法大规模应用。

比特币的闪电网络和以太坊的 Plasma 可以被视为以象征性费用促进自发交易的扩展解决方案。对于大规模采用，区块链应该加速变得可行。

互操作性是需要解决的另外一个主要问题，这是很多公司和组织仍未采用该技术的核心原因之一。大多数区块链在孤岛中工作，不与其他对等网络通信，因为它们无法从另一个基于区块链的系统发送和接收信息。

为了解决这个问题，相关机构已经发起各种项目。Ark SmartBridges 架构可以用来弥合网络之间的通信鸿沟。该项目提供通用传输和通信，提供全球互操作性。

三是安全与私钥密码的保管问题。密码学是区块链技术的基础。所有区块链记录和网络上进行的交易，都需要拥有一个私钥。尽管其他用户可以看到公钥，但私钥仍然是隐藏的，因此更为重要。此外，所有区块链地址都会有一个私钥。

要保证加密资产的产权，就需要以多种方式保护私钥。主要的问题是，一旦私钥丢失，网络上的资金、加密的产业也就永久丢失，没有办法再恢复了。

四是企业内部能力和人才缺乏的问题。由于区块链是一个相对较新的概念，并没有多少有能力的开发人员能够使用它。因此，当企业尝试开发自己的企业区块链解决方案时，要找到一个有能力的团队来执行就变得困难。

为帮助企业应对这种情况，BaaS 提供商提供了很多服务。这些服务为高端开发人员和营销团队提供帮助，将区块链解决方案推向市场。

尽管取得了巨大的成就，但大多数人认为区块链仍处于发展中。区块链开发人员的需求量很大，区块链专家和开发人员的严重短缺是所有组织都非常关注的问题。区块链技术虽然基于现有的加密算法和程序语言开发，但培养区块链人才是一个没有办法加快的进程。因此，区块链人才短缺和企业内部资源约束，就成为区块链技术应用普及的短板和瓶颈。缺乏受过专业培训和技能熟练的开发人员来管理和应对点对点网络的复杂性，进一步导致开发速度缓慢。

五是系统集成与互操作性的问题。区块链与现有信息系统集成困难是其另一个主要短板。许多区块链技术无法与传统网络一起运作。虽然有跨链技术，区块链系统之间的互操作性仍是一个应用障碍。

实际上，区块链将取代传统网络，这看似是一个必然的过程。但是，如果要正确使用区块链，企业必须彻底摆脱其遗留网络，这是很多企业踌躇不前的主要原因。

六是法律的不确定性与标准的问题。为加快区块链技术的应用，不少人借助"区块链"进行非法集资和操作，使得大众对区块链技术的理解并不统一，也出现了"币圈"与"链圈"的争议。就技术本身而言，基于 PoW 的代币（Token，或称"通证"），是区块链技术的一部分，"币"和"链"并不可分。但现在各个国家政府对区块链以及虚拟衍生品的态度迥异，有明确禁止"虚拟货币"交易的，也有将"虚拟货币"纳入法定货币的。就 ICO 而言，由于没有一套适当的网络法规，缺乏监管带来 ICO 诈骗的例子并不鲜见，也造成许多人根本不信任区块链技术。法律层面的诸多问题尚待明晰和解决。

标准的滞后是制约技术应用的另外一个问题。区块链遵循什么标准是一个仍然没有答案的问题。尽管存在各种各样的网络，但还没有通用的标准。缺乏标准会产生互操作性不足、成本增加和机制困难等问题，使得大规模应用区块链技术成为一项不可能完成的任务。区块链技术没有标准版本，这也成为新开发商和投资者的应用障碍。

七是维持区块链系统运作的能耗问题。 为了确保每笔交易都得到有效验证，区块链需要经过共识过程。但是，共识过程需要付出巨大的精力才能形成每个节点。更不用说，所有节点都需要来回通信、要大量的计算能力来解决复杂的数学难题来处理、验证，以确保交易有效性、保护整个网络。

另外，工作量证明共识算法需要大量的计算能力，这增加了区块链系统的整体能耗。为了克服这个问题，以太坊的联合创始人提出了一个解决方案——将工作量证明转换为权益证明。通过这种机制，参与者在实践中不需要解决复杂的难题，从而减少了能量消耗。

能源消耗的问题限制了"虚拟货币"的发展，甚至有些地方的政府已经明令限制"挖矿"。不过，芯片和计算机等效率在快速提高，同样多个共识协议消耗的能量变得更少；能源短缺的问题总会随着人类技术的进步而最终得到解决。

八是对隐私和控制力的担心。 虽然加密算法能有效地保护隐私成为区块链技术的一个主要优点，但企业仍然担心会向大众或竞争对手透露敏感信息，会尽力维护其品牌价值。因此，许多组织并不热衷于将区块链用于企业业务。

在控制力方面的问题如下。企业需要一定的权威流程才能使用区块链技术，不幸的是，公共区块链无法在短期内提供控制力。私有链和联盟链的兴起，似乎同时提供了该技术的控制和分布式特性，更适用于企业应用。

九是成本效益问题。 区块链比其他基础设施便宜得多。但是，区块链系统开发应用也可能是一个高成本的解决方案。成本的高低取决于要添加的功能类型和企业的需求。更重要的是，大规模区块链系统的部署和开发需要大量资金的投入。新旧系统更换也需要大量资金的投入。采用 BaaS 可以减少资金投入，也能帮助企业制定可靠的区块链业务战略。

鉴于成熟的商业模式尚未形成，大小企业都在投入阶段，投入产出的问题还有待于随着技术成熟度的提高而得到商业性的验证。

11.2　区块供应链应用的挑战与对策

除了技术应用本身的局限之外，区块链在供应链上的应用仍有很多挑战。综合现有的研究资料[1]，以及中国信息通信研究院等主要研究机构的白皮书，区块供应链应用的挑战主要在于开发和实施、法律与监管、安全与隐私保护、标准与应用几个方面。

11.2.1　开发和实施

综合本书前面章节可知，供应链自身是一个多主体、多层次、多环节的复杂的网链结构，而供应链在不同行业中的应用，也有明显的行业属性。因此，区块链在供应链中应用的最大的挑战，来自如何将区块链技术部署到供应链中。

第一，基于区块链的供应链应用，要基于规范的供应链流程标准架构，将技术应用完整融入供应链管理流程中。而企业要建立规范的供应链流程本身就是一项巨大的挑战。供应链理念进入中国，虽然商业模式各有各的表述，但主要产业领域并没有形成明确的供应链管理流程。因此，必须按照供应链的流程架构，建立数据治理模型。区块链标准必须与所使用的供应链标准保持一致。

信息化的第一步是业务流程再造。一旦满足交易条件，交易自动发生，即交

1　Muhammad Rizqi Nur，Luqman Hakim，Yusuf Amrozi，Challenges in Using Blockchain for Supply Chain Management Information Systems，J Tiundip Juranl Teknik Industri 15(2): 82-92，May 2020。DOI: 10.14710/jati.15.2.82-92)。

易是完全刚性的，不存在反悔的可能。但是在现实世界中的业务或者交易，由于人的因素，经常会有多种意外以及例外情况，需要取消已经完成的交易，或者需要有更加多样化的处理方式。这种情况下，区块链过于刚性的智能合约方式就难以应对这富有弹性的现实社会需求。

第二，不同的行业供应链管理的侧重点不同，因此也给区块链技术应用带来了巨大挑战。 农业－食品供应链跨度大，链条长，对卫生和食品安全质量控制有严格要求；汽车、飞机等主要制造业供应商管理系统庞大、复杂，生产管理流程要求严格；医疗健康产业供应链有更严格的要求，物流运输方式应用的场景也不相同。

第三，区块链的自然适应性和可扩展性较低，物联网、人工智能和大数据分析等未来应用也需要考虑进来，很难将平台扩展到第三方，例如物流供应商。 实施智能合约并将区块链拆分为存储数据和执行合约的区块链可能是一种解决方案。与此同时，区块链系统开发也没有标准方法，大多数提议的框架也没有经过评估以设计真实系统。区块链复杂且难以实施，因此可能在开发或维护阶段加入不良的代码，这将成为黑客入侵的漏洞。

第四，系统需求与互操作性的限制。 供应链成员之间系统的互操作性不足也是一个主要的操作障碍。在供应链中，一个供应商可能不仅仅与一条供应链相连。这些供应链也可能有自己的系统。供应商可能不想受到来自不同供应链的不同区块链架构的挑战。这将导致碎片化和更高的复杂性，因为区块链系统需要相互连接。供应链和区块链的互操作性缺乏标准。由于"分叉"问题，互操作性不足也就更成为区块链技术应用的限制因素。

数据和信息在供应链成员中的共享也存在很多障碍。在传统的供应链中，每个成员都必须参与，否则它不会像预期的那样有效。但是，企业可能会将信息视为竞争优势，这使它们不太愿意分享这些信息。这种情况同样会出现在区块链系统的应用中。传统工具的使用和手工作业在供应链中仍然普遍。企业人力资源部门可能还没有准备好使用这项新技术。

系统需求还受到数据的完整性的限制。保持数据的完整性是区块链的强项，但它不能解决数据在进入区块链之前的错误问题，特别是如果数据是人工输入的。

数据也可能被篡改，这里的问题是区块链交易的不可变性。由于不可变性，错误可能是不可逆的，即使可以修复，旧的垃圾数据仍然存在并浪费存储空间。供应链中的数据质量普遍较差，但有了传感器和物联网设备的接入，可以有效提高数据质量。区块链中的数据可能是物理事物的数字表示，这意味着它必须与现实"保持一致"。

第五，性能与效率、投入与产出的挑战。现有的企业信息系统多种多样，但都必须功能足够强大才能运行区块链的繁重计算。存储也是如此，因为每个节点都需要存储区块链的副本。由于需要存储的数据量很大，因此对带宽也有要求。供应链可能需要跨越国家内部以及国家之间的技术差距，在发达国家和发展中国家更是如此，这可能是一个挑战。整合所有可能已经拥有自己的系统的各方的成本也可能很高。系统的成本甚至可能高于产品的价值，例如，食品追溯的成本高于食品本身的价值。

区块链需要巨大的计算能力和高带宽，既不简单也不便宜。这迫使区块链使用更便宜的验证方法，这可能会以集中化告终，从而失去一些主要好处。然而，在供应链中，一些中心化可能不是什么大问题。同时，现代供应链通常使用计算资源和存储量较低的物联网。尽管需要大量资源，但区块链的吞吐量（交易率）低，其效率仍然无法与中心化系统相比。

在比特币区块链上，比特币和以太坊每秒只能处理 3 ～ 30 笔交易，而 Visa 平均每秒可以处理 50 000 ～ 60 000 笔交易。有一些替代设计可以提高吞吐量，使用具有优化共识模型的许可系统将显著提高速率，以换取一定程度的开放性和安全性。

然而，即使一家公司的信息流动可能较慢，但公司之间的信息流动，特别是在新的区块链成员之间，可能会快得多。速度的下降并不全是负面的，它会倒逼企业进行技术创新。由于网络的链广播结构，完成每笔交易都需要相当长的时间，特别是对于公共区块链和智能合约来说。这也产生了系统分叉问题。在公共区块链上，创建一个区块需要 10 分钟，以太坊交易需要 3 ~ 10 分钟，而以 Visa 交易只需要片刻。时间成本高的主要原因是所使用的验证方法和参与者数量的增加。近些年效率问题已经在通过开发技术来解决，但仍然不太可能实现像中心化系统一样低的延迟。在不同的区块链中，联盟区块链在医疗保健系统方面的表现优于私有和公共区块链。但是，这样的效率并不能满足高交易率的供应链的要求。

第六，区块链应用人才的挑战。区块链技术是一门包含操作系统、网络通信、密码学、数学、金融等的多学科跨领域的技术，但是中国当前这方面的学习培训尚且不足。另外，区块链底层系统架构设计人才也需要掌握各种专业技能，具备充足的知识和经验，但目前也缺乏这类人才。

《2018 年区块链人才供需与发展研究报告》显示，在投递简历的求职者中，真正具备区块链相关技能和工作经验的存量人才仅占需求量的 7%。当前高校课程和社会专业培训课程体系相对落后，课程内容偏向于知识科普与产业应用指导，并未开设具有专业性和延展性的区块链专业课程。这些都体现了区块链当前应用人才缺乏的挑战。

第七，区块链技术应用需要得到管理层的高度重视才能够部署实施。从某种程度上说，最高管理层的支持是供应链实践成功的关键因素。然而，管理人员可能无法长期承诺支持采用新技术。缺乏意识和承诺将挑战资源分配和财务决策，而区块链成本高昂。缺乏所需的组织政策将使区块链难以被采用，因为区块链可能会改变组织文化。除此之外，区块链可能会改变组织的工作和协作方式。利用区块链实现自动化和消除中介将显著减少人为干预，从而减少工作量。然而，采用区块链也意味着需要新的角色、责任和专业知识。这些都必须得到管理层的高度重视。

综上所述，区块供应链应用的挑战，很难让参与者通过投入时间和精力来部署区块链系统。尽管它可能会提供巨大的未来竞争力和机会，但成本高且风险大。

11.2.2　法律与监管

区块链在从概念提出到技术发展的过程中，一直伴随着法律与监管的问题，在供应链中的应用，也受到制约和挑战。

（1）挑战 1：监管责任主体分散，监管责任难以划分

自 2017 年以来，中国出台了一系列针对"加密数字货币"的监管政策，用以遏制假借区块链名义开展的非法金融活动，既净化了市场环境，又在监管层面取得显著效果。

从供应链应用的角度看，监管的挑战主要体现为监管责任主体分散，监管责任难以划分。由于区块链是一个分布式的共享账本网络，没有中心化的参与者，因此，网络节点本身也是难以直接管控的，可从三个角度来分析。

从私有链来看，虽然私有链系统有多个节点，但其本质上是受一个法律主体控制的。因此，在私有链的环境中，节点的设立与其成员的法律关系通常完全兼容于当前的社会法律架构。

从联盟链来看，联盟链通常是在不同的法律主体之间搭建的区块链网络，并且在一些情况下，联盟链的网络是在不同国家、地区的主体间搭建的，这就会涉及现行法律对在不同国家设立的节点的适用性问题。

从公有链来看，通常公有链完全没有任何的节点准入限制，即任何人都可接入，因此上面谈到的问题可能都会出现。并且由于公有链几乎完全无责任主体，节点的监管难度大，法律属性及监管政策需全球多国协作共同推进。

（2）挑战 2：智能合约自动强制执行的法律有效性仍待商榷

区块链在供应链上的应用主要依赖智能合约，而智能合约作为"自动执行的程序"，仍然存在法律和监管问题。由于区块链上的智能合约可自动执行，并且其执行只依赖于智能合约中设置的条件，所以智能合约可以自动执行一些通常与具有法律约束力的合约相关联的流程。

基于区块链的智能合约因其"自动执行"和"中立"的特性，极大地节约了整体的信任成本，使得不同的主体在不互信和无中介的条件下实现协作，开启新形态的商业模式。然而，基于区块链的智能合约在真正的商业实践中，仍旧面临着很多严重的法律障碍。

（3）挑战3：数字资产的监管问题

由于在公有链代码的设计和运行中都包含相应的代币（或通证）设计，而这些代币的法律定义是什么、以何种方式监管、税收政策等都是需要规定的，这也涉及数字资产的监管问题。进一步分析如下。

一是数字资产的性质问题。作为价值激励的载体，数字资产与公有链密不可分。但实际上数字资产有着众多类型，也有着不同的划分标准。例如，澳大利亚金融市场管理局从金融监管的角度把通证划分为证券型、投资型、支付型、货币型及实用型。

二是数字资产的规范问题。由于数字资产天然具有匿名跨境流动的特性，因此很容易被用于非法交易，所以需要对账户、融资等方面进行监管和审核。

三是数字资产的税收问题。美国国家税务局（Internal Revenue Service，IRS）对公有链社区参与方，特别是交易参与方的纳税义务一直十分关注，并依照资本增值税法监管，出台了相应规定。

（4）挑战4：上链数据难以篡改带来隐私及内容监管风险

2018年5月25日，欧盟《一般数据保护条例》（General Data Protection Regulation，GDPR）正式生效。GDPR不仅适用于欧盟内的组织，而且适用于欧盟之外的向欧盟数据主体提供商品或服务或监控其行为的组织。GDPR的核心要求有数据最小化、对国际转让的限制和个人的擦除权利（即"被遗忘的权利"），但是这些核心要求与区块链数据难以篡改、难以删除的特性相冲突。由此，也会带来隐私及内容监管风险。

11.2.3 安全与隐私保护

区块链技术在供应链中的应用，实现了供应链伙伴之间的可信透明与安全共享，但安全与隐私保护仍然是技术应用的重大挑战。

（1）安全方面的挑战

第一，底层代码的安全性。 在原始区块链中，数据是透明的，每个人都可以访问数据，它就是这样设计的。但是，某些数据对供应链来说可能是机密，因此必须设置访问权限。区块链项目（尤其是公有链）为了能够提高项目的可信性，也为了让更多人可以参与进来，会开放源代码。开放源代码会让区块链系统更容易受到攻击者的攻击。攻击者通过锁定代码中的漏洞，采用添加虚假的时间戳、伪造 PoW 或 PoS、窃取账户数字资产等手段获利。从底层代码的角度，51% 攻击虽然在大多数情况下可能不可行，但可以控制整个区块链。当一方获得池中 51% 的权力并用它来控制区块链时，权力的种类可能因验证方法而异，对于工作量证明来说，51% 的计算能力就可以做到。

第二，密码算法的安全性。 区块链目前最常用的 ECDSA、RSA、DSA 等在理论上都不能承受量子攻击，因此也存在较大的风险，这也让越来越多的研究人员开始关注能够抵抗量子攻击的密码算法。

第三，共识机制的安全性。 当前的共识机制有 PoW、PoS、股份授权证明（Delegated Proof of Stake，DPoS）、PBFT 等，但是这些共识机制并没有有效地解决在开放节点环境下的安全问题。任何共识机制的安全都有其成立的条件，PoW 面临 51% 攻击问题和过度耗电的问题；PoS 面临大量代币被控制的风险；PBFT 只能保证恶意节点低于三分之一时的系统安全。

第四，智能合约的安全性。 虽然智能合约具备诸多优势，但一旦智能合约的设计存在问题，将可能带来较大的损失，因此智能合约的安全性也是区块供应链应用面临的挑战，需要通过安全审计智能合约和设定安全开发原则两方面予以应对。

第五，由于区块链节点的通信方式，避免双花（即双重支付）也是一个问题，所以用户在确定交易实际提交之前需等待一段时间。

最后，目前使用的密码学功能可能会在几年后被破坏，量子计算机的出现将会促使区块链技术做出新的改变。

（2）隐私保护方面的挑战

即使上链的信息是加密的，且存储的信息不敏感，匿名仍然并不意味着隐私能受到保护。人们可能仍然能够使用匿名数据推断信息，这可能是不需要的。这些信息在公共区块链中是透明的。除此之外，如果有人知道其他人的公钥，那么就可以知道其所有交易。

以医疗健康产业供应链为例，在医疗保健领域，健康记录被视为患者的财产，受法律保护。除了一些法律例外，这些记录应该随时可供患者使用，应在患者授权的情况下限制对记录的访问。访问也可以仅限于某些信息，例如仅诊断或仅处方。患者还应该能够撤销对其数据的访问权限，但区块链很难做到：系统不能强迫某人"忘记"用于访问数据的密钥，并且数据不能被擦除或编辑。

11.2.4 标准与应用

随着区块链在供应链中的应用从单一场景、单一环节向全供应链流程、全行业领域的拓展，区块链产品和服务市场的日趋饱和，区块链行业的企业面临日益激烈的商业竞争，区块链呈现出联盟化发展趋势。由于不同联盟链之间协议和共识的不同，跨链自由对接的权衡、区块链行业应用标准化的问题，被提上日程。

首先是区块链技术的标准化。2016 年 9 月，国际标准化组织（International

Organization for Standardization，ISO）成立区块链和分布式记账技术委员会（ISO/TC 307），加快推动区块链技术的标准研制工作。10 月，中国区块链技术和产业发展论坛编写的《中国区块链技术和应用发展白皮书（2016）》首次提出中国区块链标准化的路线图，并将区块链标准分为基础、过程和方法、可信和互操作性、业务和应用、信息安全五个大类。

2017 年 5 月，中国电子技术标准化研究院发布了《区块链参考架构》，提出要从四个具体方面推动区块链产业化进程。2018 年 1 月，中国区块链技术和产业发展论坛为《信息技术区块链和分布式账本技术参考架构》立项。同年 8 月，中国电子技术标准化研究院主办的《区块链参考架构》启动会议进一步明确了区块链技术领域相关的定义、概念、新增术语及术语释义，并规范了区块链和分布式记账技术的参考架构。

2019 年 5 月 7 日，可信区块链推进计划第三次全体会议，正式发布了 BaaS 标准《可信区块链：区块链服务技术参考框架》、安全标准《可信区块链：区块链安全评价指标》和《区块链电信行业应用白皮书》三项新研究成果。工信部多次强调要推进区块链重点标准制定，并筹建全国区块链和分布式记账技术标准化技术委员会，提出要积极参与国际标准化组织、国际电信联盟（International Telecommunication Union，ITU）等机构的标准化工作。2021 年 10 月 29 日，中国全国区块链和分布式记账技术标准化技术委员会成立，在北京召开了成立大会，建立了国家推动区块链技术标准的统一的权威机构。

其次是区块链行业应用的标准化。供应链上下游垂直延伸的深度和行业应用的广度使技术应用体系庞大且复杂。

笔者在 2018 年 12 月主持中国物流与采购联合会区块链专家委员会讨论区块链在供应链流程中的应用标准的时候，整理了区块链导入供应链的标准的制定路径，参会专家智链通创始人吴迪用思维导图记录了讨论的过程。区块链在供应链中的九大应用、区块链应用痛点、标准要素、区块链流程设计分别如图 11-3、图

11-4、图 11-5 和图 11-6 所示。

　　讨论会最后形成的共识是从场景和痛点出发，逐步建立应用标准。截至本书完稿之时，供应链应用的团体标准《食品追溯区块链平台基本能力要求》已经由中国物流与采购联合会区块链应用分会组织编写完成。该团体标准包括范围、规范性引用文件、术语和定义、基本能力要求、验证方法五个部分。

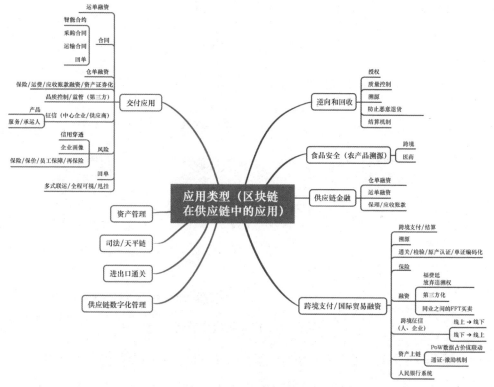

图 11-3　区块链在供应链中的九大应用

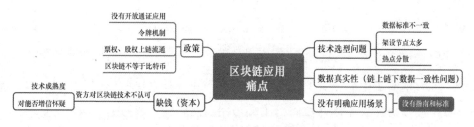

图 11-4　区块链应用痛点

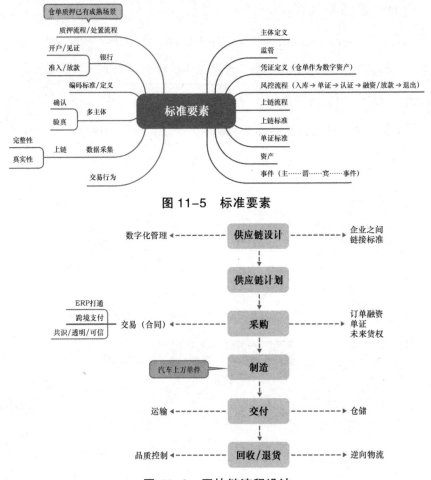

图 11-5　标准要素

图 11-6　区块链流程设计

从标准和行业应用的进程来看，根据《中国区块链标准蓝皮书（2020）》中的数据，截至 2020 年 12 月，中国已发布区块链/分布式账本技术行业标准 3 项、省级地方标准 5 项、团体标准 34 项。虽未正式发布区块链国家标准，但有 3 项标准正在加紧起草中。

2020 年是中国区块链标准化发展迅速的一年，既实现了行业标准零的突破，也在国际标准制定中取得多个"首次"，多个标准项目在国际组织中成功立项。未来 5 年，区块链在各个产业供应链中的应用标准的制定将成为主要行业协会的重点工作。

第 **12** 章

数字化时代与区块供应链的未来

数字化是人类文明加速发展的必然结果，基于隐私和安全的"密算体系"——区块链及其衍生产品的新架构更是对人类发展有着重要的价值。随着供应链向智慧化演进，供应链经济的新时代已经来临。随着区块链嵌入自我认知的供应链，供应链将在时空的物理空间和虚拟空间延展，星际旅行和元宇宙都给区块供应链带来了无限的想象空间。

科技和未来的趋势一直是笔者重点关注的方向和阅读的领域。一有机会到西雅图亚马逊的实体店，笔者都会买书，以利用好空闲时间。笔者买的书里面既包括《人类的未来》《时间的终点》这类未来科技方向的书，也包括一些技术或技术应用类书，当然也包括《第二次机器革命》《人类简史》《后谷歌时代》等从大尺度时空范围揭示科技、社会与人类文明进程的著作。从大尺度的时空视角看待科技革命和人类文明的进程，我们会对眼前的数字化进程、区块链与供应链相结合产生的影响有更加深入的认知。

数字化是人类文明加速发展的一个新的阶段，是机器智能在越来越多领域取代人的基础。区块链去中心化的安全和信任机制颠覆了互联网运行的基本哲学，开启加密经济新时代，重新架构经济与世界。区块链与供应链的融合，将使最具颠覆性的技术在最具发展潜力的领域创造不可限量的商业奇迹。

12.1　数字化与区块链的崛起

本节主要介绍数字化的力量，以及区块链的崛起，旨在阐明区块链技术应用会成为改变数字化进程的重要力量。

12.1.1　数字化的力量

从某种程度上说，指数级增长、数字化和组合式创新将会比工业革命以来的任何推动力都要强大，它们将永久地改变这个物质世界的运转方式。第一次机器革命与人类社会发展指数的转折点如图 12-1 所示。

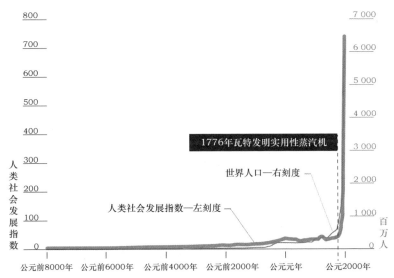

（资料来源：Erik Brynjolfsson，Andrew Mcafee，The 2nd Machine Age。）

图 12-1 第一次机器革命与人类社会发展指数的转折点

在瓦特发明蒸汽机之前的将近 1 万年里，人类社会发展指数几乎是平缓的。与其他人类发明不同的是，蒸汽机的发明使人类摆脱了人力、畜力的局限，进入机器时代，人类社会发展指数出现了接近 90 度的转折——技术进步呈现出加速的发展进程。埃里克·布莱恩约弗森、安德鲁·麦卡菲认为数字化革命将对人类文明的发展产生同样的革命性影响——计算机在使用人的理解力改变我们的环境，将人类文明带到一个全新的高度。

这背后的力量就是数字化进程的指数级增长、对数级增长，如图 12-2 所示。在阐释"指数级增长"时，笔者想到了国王和国际象棋发明者的故事：

国王想对国际象棋发明者给予任何他想要的奖赏。发明者说，只需要能够养活全家的大米就可以了。但是他提出了一个请求，即请求国王在国际象棋棋盘的第一个方格里放一粒米，之后每一个方格里所放的米粒数量都是前一格的两倍。国王同意了，但他意识到 63 次加倍的数量将会生成一个让人难以想象的庞大数字。

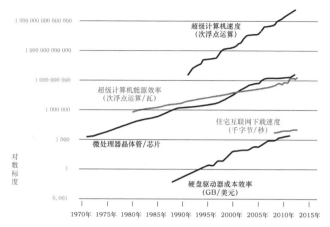

（资料来源：Erik Brynjolfsson，Andrew Mcafee，The 2nd Machine Age。）

图 12-2 摩尔定律的维度——数字化的对数级增长

从超级计算机的计算速度、超级计算机的能源效率、芯片处理器的速度，到互联网传输速度和硬盘的单位成本，数字化的进程在对数级的图表中仍然呈现出较大的斜率。

数字化的进程正在以超乎想象的速度发展，数字化的进程会影响经济、社会和关乎人类发展的其他领域。联合国秘书长安东尼奥·古特雷斯在联合国贸发会议上公布的 2021 年数字经济报告《跨境数据流动与发展——数据为谁流动》中讲到，新冠肺炎疫情加速了数字化转型的进程，预计 2022 年全球互联网流量将超过 2016 年之前的所有互联网流量。同时，数据是多维的，对它们的使用不仅对贸易和经济发展有影响，而且对和平与安全也有影响。

联合国数字经济报告引用预测数据表明，2022 年的全球互联网协议流量——国内和国际——将超过 2016 年之前的所有互联网流量。受新冠肺炎疫情的影响，2020 年全球互联网带宽增长了 35%，这是自 2013 年以来互联网宽带增长最快的一年。据估计，大约 80% 的互联网流量与视频、社交网络和游戏有关。预计每月全球数据流量将从 2020 年的 230EB 激增至 2026 年的 780EB。

快速的数字化进程带来数字经济的快速发展。根据 Statista 的预测，2025 年全球数字经济市场容量将达到 900 亿美元，2027 年达到 1 030 亿美元，如图 12-3 所示。

当人类文明进入数字化时代，随着所有事务的数字化，数据成为基础性战略资源，将对全球政治、经济、军事、社会产生全面且深刻的影响。数据作为资产和资源的属性会导致数字主权和数字治理的问题。区块链技术应用，从中心化到去中心化，将货币、信用等"编码化"，成为改变数字化进程的重要力量。

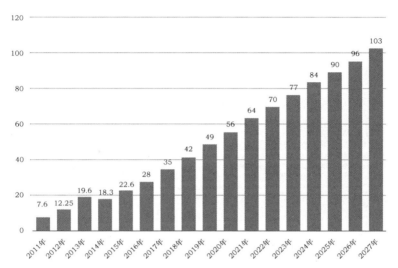

（资料来源：Statista 网站，单位：十亿美元。）

图 12-3　全球数字经济规模

12.1.2　区块链的崛起

2019 年 1 月 11 日，中国（深圳）综合开发研究院邀请了美国著名经济学家、未来学家、数字时代的三大思想家之一——乔治·吉尔德（George Gilder），请他介绍他的著作《后谷歌时代》。

供应学派经济学的代表人物乔治·吉尔德在 20 世纪 80 年代就曾在其畅销100 万册的《财富与贫困》中倡导"减税增加财政收入"。这本书和其观点也对中国产生了极大影响。在 20 世纪 90 年代，乔治·吉尔德成为互联网和新经济的倡导者，他在《通信革命》中阐述了从每一台个人计算机"微观宇宙"到由无数个人计算机互联互通所编织成的"遥观宇宙"的思想，很大程度上催生了谷歌、百度、脸书等几大中心互联网巨头。

关于其新作《后谷歌时代》，值得关注的是这本书的副标题——大数据的衰落与区块链经济的崛起。乔治·吉尔德明确地指出今日的中心化互联网必将被以区块链为代表的去中心化的互联网迭代。此外，他还对当前的大数据、区块链、人工智能、虚拟现实等科技与社会、经济、金融、人文以及人类竞争、价值创造等进行了深入的思考，其对区块链技术的思考和判断更是颠覆性的。

从区块链应用的进程来看，从概念到开源平台，从比特币到以太坊，从金融科技到供应链各个领域的应用，尽管存在诸多问题和挑战，但区块链正在随着人类认知的进步从虚拟走向现实，区块链将对现有的经济社会产生巨大的影响，有望重塑人类互联网活动形态。

一方面，"虚拟货币"正在成为一个资产类别。投资银行高盛集团的全球研究报告[1]对此做了一个专题——伴随着区块链技术而产生的"虚拟货币"已经演化成为一个新的资产类别。

为应对疫情、刺激经济而实施的宽松财政政策，使美国通货膨胀率达到了历史新高，而比特币等"虚拟货币"的储值功能再次被市场追捧。"虚拟货币"的价值表现与黄金的走势出现了越来越相似的迹象。根据统计网站数据[2]，比特币2021年10月24日总市值为1.148万亿美元，在2021年4月5日，"虚拟货币"的资产总额已经超过了2万亿美元，如图12-4所示。

另一方面，从技术应用的角度，区块链技术应用市场也在以较快的速度增长。根据财富商业洞察网站[3]预测，全球区块链市场规模在2021年为46.8亿美元，2028年将达到1 041.9亿美元，年复合增长率达到55.8%。从中国市场来看，区块链技术应用案例也越来越丰富。本书所关注的供应链领域，就是区块链技术最具潜力的应用领域之一。

1　Goldman Sach，CRYPTO: A NEW ASSET CLASS?，Global Macro Research，ISSUE 98，May 21。

2　Statista网站。

3　Fortune Business Insights网站。

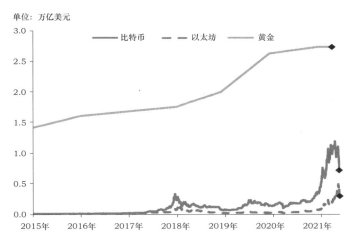

单位：万亿美元

（资料来源：Goldman Sachs，2021。）

图 12-4　"虚拟货币"的市场价值

12.2　供应链经济的新时代

本节主要介绍供应链向数据化演进，以及供应链经济在各个层面，包括微观经济层面、宏观经济层面、社会层面和可持续发展层面等的积极影响。

12.2.1　供应链的演进

在大数据、物联网、人工智能、区块链技术快速应用的过程中，供应链的基本结构和产业生态也在发生改变。

首先是数字化对供应链基本结构的影响。随着所有流程的数字化，以及大数据开始在所有供应链流程中的同步应用，供应链结构从顺序执行的"串联"模式，转变成动态互联的"串联 + 并联"模式，如图 12-5 所示，从流程之间的跨越联通，到流程之间、供应链伙伴之间形成网链结构，形成了开放互联的供应链体系。

这种开放的数字化供应链体系，一方面把物流形态的供应链过程形成数字化的"镜像"，使供应链计划、采购、制造、交付、回收等流程与支持流程实现全过程可视化和跨流程的数据共享，另一方面，将更高水平的供应链网络化共享。德勤咨询公司把这种开放互联的系统称为数字化供应网络（Digital Supply Network，DSN）。一方面 DSN 整合来自许多不同来源和地点的信息，创建一个虚拟世界，作为物理世界的镜像；另一方面 DSN 结合传统和新型方式，既可以向用户提供有关供应网络的综合观点，又能迅速针对不断变化的情况做出响应。

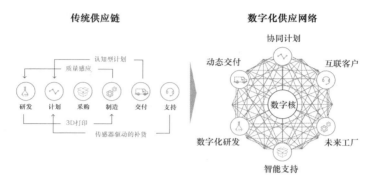

（资料来源：Deloitte，COVID-19：Managing Supply Chain Risk and Disruption，2020，也见 Deloitte，The Rise of the Digital Supply Network - Industry 4.0 Enables the Digital Transformation of Supply Chains。）

图 12-5 从"串联"到"串联 + 并联"的供应链结构演进

供应链的数字化首先打破了供应链不同流程和功能各自的"谷仓"，使供应链的每个环节、每个参与者都接入网络，实现了端到端的全过程可视、协作、反馈、敏捷和优化。更为重要的是，数字化供应网络能够预见供应链风险和断裂，并通过重新整合有效减少供应链断裂的冲击，化解供应链断裂的风险。

供应链的数字化伴随着 5G、AI、3D 打印、机器人、区块链等技术应用，打通了供应链基本流程，实现了流程一体化。比如：3D 打印使研发和制造流程实现了二合一；质量传感器可以在制造流程将缺陷信息反馈给研发流程；认知型计划可以将交付过程反馈给计划流程；由传感器驱动的补货技术应用可以把支持流程的需要实时传递给计划流程。而区块链的应用，在研发、采购、制造、交付等流程带来了更可信的数据、更透明的跟踪过程、更高的交易效率，这些具体应用将在本章后续几节中详细讨论。

基于"数字硬核"的数字化供应网络体系，整合了数字化研发动态交付、协同计划、客户互联、未来工厂、智能支持等功能，形成了动态调整的业务环境。数字化供应网络依据企业的战略中心将略有不同，但都需要与企业的业务模式深度协同，嵌入业务体系。

笔者在最近几年的演讲中经常讲到供应链的"新四化",即数字化、智慧化、绿色化和编码化（代码化），说的就是大数据、人工智能、绿色低碳技术和区块链对供应链的颠覆性影响。而疫情引发的供应链阻断、波动以及极端天气等自然灾害造成的更多的复杂性和模糊性，导致供应链在这样一个"乌卡"[1]（VUCA）世界需要在短期内以最佳方式压缩成本来提高效率，并在此基础上保持足够的韧性和可持续性。

在过去几年全球供应链大会的讨论中，风险和韧性建设一直是热门话题。越来越多的企业被卷入自然灾害等外部冲击中。而今，新冠肺炎疫情危机引发企业从根本上重新评估其供应链结构性缺陷。为了应对现在和未来出现的危机和供应链中断，企业需要清楚地了解供应链风险并实施相关措施，例如情景规划、备份库存、安全库存、必要时灵活生产或组件重新布线。

因此，供应链在数字化和绿色化双重作用下向下一代的演进决定了供应链的可生存性和可存活性。图 12-6 说明了数字化和可持续性的演进对供应链进化程度的作用过程。

在供应链演进的过程中，可持续性进程和数字化进程对驱动下一代供应链起到关键的作用。可持续性进程主要受到三维底线的相关性转移和作用机理影响，包括从关注经济变量到关注生态体系再到以社会为中心，最后到由生态伦理主导的未来，现有的供应链还远远没有达到综合可持续实施阶段。与此同时，可持续性将成为企业未来做任何事都必须考虑的因素之一。

虽然到目前为止数字化和可持续性是分开发展的，但它们将通过共同塑造供应链的未来愿景而逐渐融合。由于数字解决方案经过了市场的考验，可随时应用到供应链中，因此供应链将继续向生物智能和自主解决方案演进，以应对具有社会责任感的新生态。

1　维基百科的解释：VUCA是Volatility（易变性）、Uncertainty（不确定性）、Complexity（复杂性）、Ambiguity（模糊性）的缩写。VUCA这个术语源于军事用语并在20世纪90年代开始被普遍使用，随后被用于从营利性公司到教育事业的各种组织的战略新兴思想中。

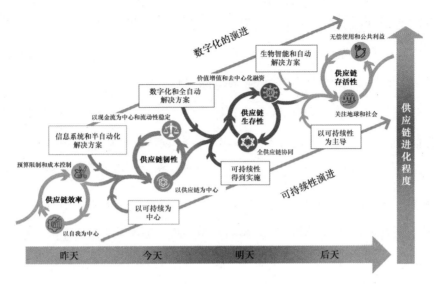

（资料来源：Erik Hofmann，Daniel Langner，The Rise of Supply Chain Viability – Digital Solutions as a Boosting Role，White Paper，Institute of Supply Chain Management，University of St. Gallen，© ISCM-HSG 2020。）

图 12-6　供应链演进的层次及其关键因素

　　聚焦生态和社会责任的目标将日益占据主导地位，甚至将迫使未来的供应链越来越多地将可持续性和数字化发展融合在一起。这形成了供应链存活性结构，它侧重于在经济发展、负担能力、公共卫生、社会公平和污染排放等方面对社会和人的直接影响。

　　供应链的演进以及相关性和必要性的转变也伴随着财务重点和目标的演变。虽然成本削减和预算限制在过去很突出，但现金流导向、流动稳定性、价值增值将使供应链可生存，并且需要在遥远的未来通过无偿使用和公共利益来适应日益增长的社会和道德关注。

　　供应链的演进也伴随着业务重点、影响和目标的转变。供应链需要从以自我为中心转变为开放边界，以在供应链中和跨供应链之间建立协作，从而具备可生存性。

　　为保证供应链的可生存性和商业价值，未来的供应链需要专注于价值增值和对社会产生直接的积极影响，与保护地球生态结合。

12.2.2 供应链经济时代

作为经济活动的一部分，从物流到供应链的演进，使供应链"嵌入"所有产业领域和所有商业过程，同时也随着技术进步，对经济社会和人类活动所有方面产生着重要的影响。面对逆全球化的挑战，特别是新冠肺炎疫情对产业链供应链格局的重大影响和冲击，供应链在微观经济层面和宏观经济层面所产生的作用和影响更加突出。按照麻省理工学院教授尤西·谢费（Yossi Sheffi）在2020全球供应链上合峰会发表的观点，"新冠肺炎疫情凸显了着供应链前所未有的机遇——在全球危机中服务人类，并在这个世界谋划新的未来中扮演更加重要的角色"。随着人类对供应链活动的依赖性的增强，可以说我们已经进入供应链经济的时代。

2018年，《哈佛商业评论》发表了两名学者关于供应链经济的文章。其中列举了基于2013年的数据的美国供应链经济的规模，如图12-7所示，并对供应链经济做了分类分析。

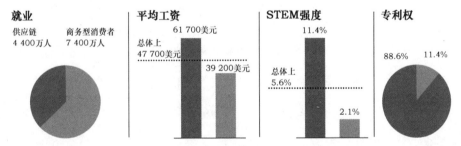

（资料来源：《哈佛商业评论》，2018。STEM代表Science（科学）、Technology（技术）、Engineering（工程）、Mathematics（数学）。）

图 12-7　美国供应链经济规模

由图12-7可知，2013年美国供应链经济规模在就业人数方面为4 400万人，平均工资为6.17万美元，STEM强度达到11.4%，专利权占比为88.6%。

与传统的供应链经济强调制造业而非服务业的分类方式不同，该文将高薪的供应链服务工作与低薪的主流工薪阶层工作区分开来，使供应链经济包括许多不同的职业，从运营经理到程序员，再到卡车司机。更进一步说，在供应链服务类别中，该文确定了供应链交易服务的子类别——跨区域销售的服务，如工程、设计、软件发布、云计算和物流服务等。自1998年以来，服务类的就业指数一直高于制造类，如图12-8所示。这种增长可能反映了过去几十年许多大公司从制造到服务的演变，包括IBM、英特尔、戴尔和通用电气等。因此，服务供应链概念的引入强化了供应链经济的价值和对整个经济体系的影响力。

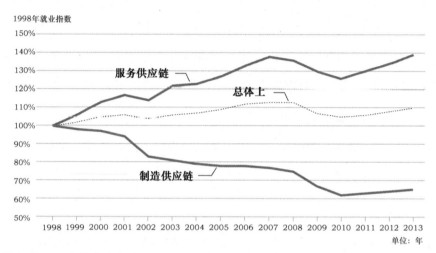

（资料来源：《哈佛商业评论》，2018。）

图12-8　服务供应链就业增长

实际上，供应链经济所包含的范畴更广。从供应链管理服务的范畴来看，供应链经济既包括微观经济层面，也包括宏观经济层面，还包括社会层面和可持续发展层面。下面具体分析。

（1）微观经济层面

从微观层面看，供应链经济包括提高客户服务水平、降低运营成本、缩短现金循环周期等核心手段。

一是供应链的"7R"原则，保证将恰当数量的恰当产品在恰当时间和地点以恰当条件和成本交付给恰当客户。

二是在降低运营成本方面，例如零售商依靠供应链来快速交付昂贵的产品，以避免在商店中长时间存放该产品；降低生产成本——制造商依靠供应链将材料可靠地运送到装配厂，以避免可能导致生产中断的材料短缺；降低总供应链成本——制造商和零售商依靠供应链管理者来设计以最低总成本满足客户服务目标的网络，特别是在新冠肺炎疫情暴发之后，供应链安全与风险控制成本、供应链韧性建设成本都成为供应链总成本的一部分。

三是改善财务状况，缩短现金循环周期。 提高利润杠杆——企业重视供应链管理者，因为他们有助于控制和降低供应链成本，缩短现金循环周期，提高利润。与此同时，借助供应链管理提高资产利用率，减少持有固定资产——企业重视供应链管理者，因为他们减少了供应链中工厂、仓库和运输车辆等大型固定资产的使用。如果供应链专家可以重新设计网络，将仓库从 10 个减少到 6 个，企业将减少 4 个仓库的建造和持有成本。在增加现金流方面，供应链管理者加快了产品流向客户的速度。

（2）宏观经济层面

从宏观层面看供应链经济，供应链成为经济增长的基础，创造了大量的就业机会，还能有效提高人们的生活水平。

一是供应链成为经济增长的基础。 拥有高度发达的供应链基础设施，如高速公路体系、庞大的铁路网络、众多现代港口和机场，使经济社会能够以低成本运行，是产品和服务实现交换的手段。事实上，大多数欠发达国家和发展中国家的共同点是缺乏供应链基础设施或供应链基础设施非常落后。

二是供应链创造了大量的就业机会。 如今的社会，某种程度上已经离不开物流和供应链管理。从快递员到供应链网络工程师，供应链管理已经成为新的职业。不论是快递员还是供应链专业人员，他们在设计和运营社会中的所有供应链，并管理运输、仓储、库存、包装和物流信息。因此，供应链领域有很多工作岗位。

三是供应链管理有助于提高人们的生活水平。 不论是普通商品还是温控商品，商品运输、流通和消费环节成为主要的成本来源。多层次的批发体系既使消费者成本大增，又让生产者没有得到应有的收益。供应链体系可以让消费者以较低的成本购买到更多的产品和服务，从而提高人们的生活水平。

（3）社会层面

从社会层面看供应链经济，供应链在社会管理中扮演着重要的角色。

一是供应链管理确保人类生存。供应链管理帮助人类维持生活——人类依靠供应链来提供食物和水等基本必需品。输送管道的任何故障都会威胁到人类的生命。例如：2005 年，卡特里娜飓风导致的洪水淹没了美国路易斯安娜州的新奥尔良，使居民无法获得食物和干净的水，因此必须对居民进行大规模营救，在救援工作的第一个周末，运送了 190 万份餐食和 670 万升水。供应链管理知识和能力可用于支持医疗任务、开展救灾行动和处理其他类型的紧急情况。无论是处理日常产品流还是处理意外的自然灾害，都需要供应链管理专家努力工作，诊断问题，创造性地解决供应链中断问题，并找出如何尽可能高效地将基本产品运送给有需要的人。

二是供应链管理改善人类医疗保健——人类依赖供应链来提供药品和医疗保健。在医疗紧急情况下，供应链管理的效率可能关乎人的性命。例如，医疗救援直升机可以通过将事故受害者快速运送到医院接受紧急医疗救治来挽救生命。此外，由于出色的供应链执行，医院将提供治疗所需的药物和设备。

三是供应链保护人类免受极端气候的影响。人类依靠能源供应链为家庭和企业提供电能，用于发光、发热和制冷。

（4）可持续发展层面

供应链管理在大幅度减少污染排放和发展可持续经济方面发挥着重要作用。在主要发达国家，运输物流的排放量约占总排放量的 30%。所有产品的包装和产品运输都离不开供应链，但所有活动产生的排放和污染也与供应链有关，其中主要的是二氧化碳燃料排放和泡沫塑料类废弃物。供应链的优化设计可以有效提高车辆利用率，使用可回收塑料有助于有效控制污染。绿色物流与供应链体系建设，是一项庞大的系统工程。特别是供应链碳足迹记录计划可以形成物流和生产企业排放的正式记录，可以改变排放记录和交易的形式（这方面的内容足够再写一本书了）。

综上所述，对供应链经济的深入分析，可以从上述不同层面，以经济学的视角形成供应链经济学体系。笔者相信供应链经济学将成为应用经济学的一个主要研究领域。

12.3 区块供应链的未来

本节主要讲区块供应链的未来，包括自我认知的区块供应链，以及星际旅行、元宇宙与区块供应链的未来。

12.3.1 自我认知的区块供应链

2017 年，IBM 发布了一个研究报告，题为《欢迎来到认知供应链》。这个"未来已来"的报告强调了科幻电影和文学的未来主义渲染已经成为现实，机器人现在正在装备和自动化认知供应链。下一个技术浪潮——AI 已经开始解析从大量设备和云应用程序流入的操作数据。这种技术还利用高级算法来创建产品、流程和系统，使供应链更有适应性，能够自我学习和认知。

面对未来，以前由人创造的信息将越来越多地由机器生成，包括传感器、RFID、仪表、执行器、GPS 等所有机器生成的数据。可认知的供应链会自行计算库存，纸箱和托盘将自动检测里面的货物、检测和报告操作状态信息；整个供应链进入互联状态——不仅是客户、供应商和一般的 IT 系统，还包括用于监控系统的部件、产品和其他智能对象的供应链。广泛的连通性将使全球供应链网络能够协同规划并共同做出决定。供应链将变得更加智能，高级分析和建模也会帮助决策者应对更为复杂和波动性更大的风险和约束。更智能的系统甚至会自动做出决策，提升供应链响应能力，大幅度减少人工干预的需要。

从供应链数字化进程看，数字供应链之旅分为三个阶段：连接、预测和认知。从连接角度来说，许多公司已经进入互联阶段，还有一些公司已经处于整合机器学习并转向数字供应链的预测阶段。连接和预测阶段为品牌商和零售商带来了重大进展，但认知阶段是最激动人心的阶段。

认知型供应链可以分析供应链生态系统内所有类型的数据，包括内部数据（如销售点、材料库存、在制品和入库货物）和外部数据（如天气预报、市场趋势）。基于集成的连续计划和连接的执行模型，AI 具有建立网络编排的能力，通过使用算法辅助决策和自动化执行成倍地提高供应链响应速度。

认知型供应链是 AI 与供应链的结合。在认知型供应链的应用中，机器学习正在成为运营技术组合中的主流。AI 可以更加准确地预测新产品需求，有助于确定新产品的推出和上市计划。当需求信号改变时，AI 可以确定不断变化的需求行为并优化库存水平和补货计划，以支持产品生命周期管理的连续循环。

AI、区块链与供应链的集成如图 12-9 所示。

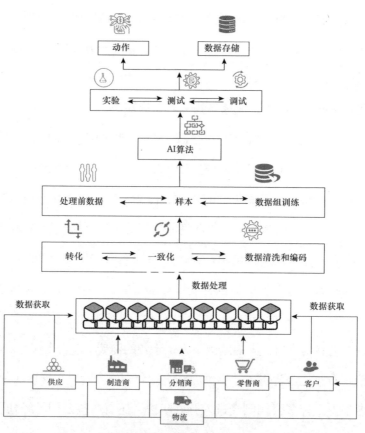

（资料来源：Dhruman Gohil and Shivangi Viral Thakker，Blockchain-integrated Technologies for Solving Supply Chain Challenges，KJ Somaiya College of Engineering，Mumbai，India。）

图 12-9　AI、区块链与供应链的集成

通过所有供应链成员和数据源获取数据，所有数据通过规范化、编码和转换进行适当的处理和分割，从数据集中删除不需要的数据，然后根据执行和报告要求对分段数据集进行训练。对数据集施加 AI 算法，然后对数据进行实验，针对特定输出进行训练，将得出的输出与实时数据和报告进行比较，并采取必要的动作，如果有结果不符合要求的输出，则会进行模型重新校准。

区块链和 AI 在供应链中的集成有助于相关主体分析大量数据并做出更好的决策。AI 和区块链的集成有助于增强数据安全性，这使得所有制造商都可以通过带有私钥的数字签名来获得对供应商提供的所有原材料和组件的信任。在区块链上记录 AI 系统的决策过程，既能提高透明度，又能帮助相关主体获得公众信任以及更好地理解机器人的决策。

AI 与区块链技术的集成，会使智能化的分布式自治组织能够自动和快速验证供应链中不同利益相关者之间的数据、价值、资产转移过程。将 AI 技术应用于基于区块链的商业交易，可以通过整个流程的自动化来帮助完善供应链。

由 AI 支持的自然语言处理（Natural Language Processing，NLP）技术将扫描所有供应链文档，例如合同、采购订单、与客户或供应商的聊天记录以及其他重要单证，以确定反馈的共性，来优化供应链，进行持续改进。去中心化的算法和应用程序可以通过区块链与 AI 在现实世界中的集成来开发。

当 AI 平台和技术与区块链集成时，可以识别数据模式和进行预测分析，包括预测未来需求、从销售点系统捕获数据、预测销售模式、提前识别潜在问题、处理网络流量等。它还有助于管理库存数据，以发出有关库存清理的警报。它可以通过分析区块链服务器上所有供应链成员先前处理的所有数据来帮助确定库存补货再订购的正确时间。

制造商可以使用连接到 AI 的机器学习算法来减少高度定制化产品中使用的组件和零件的供应链延迟。区块链在供应链金融领域发挥着重要作用，因为所有交易都在区块链上进行处理和存储，服务器由参与供应链的所有利益相关者提供。

借助 AI 有助于管理所有供应链运营过程，并通过其数据分析算法，支持所有利益相关者跟踪费用支出、企业财务绩效。这种集成根据供应链中涉及的组织分析所有交易，可以提前预测资金需求，为即将需要的运营费用提供资金筹集计划。

智能数据驱动决策可帮助所有利益相关者和供应商实时做出正确的决策。将 AI 算法应用于基于区块链的交易可以通过整个流程的自动化和寻找新的收入来源来帮助供应链重构。 AI 程序和物联网设备可帮助供应商、制造商、物流提供商和分销商通过预测分析改进供应链运营，从而监控供应链中所有成员的所有需求。AI 算法和区块链集成减少了供应商的工作量。

AI 驱动的智能合约可以通过分析提高常规智能合约的有效性。AI 可以分析过去的合同并为未来的合同更改提出建议。预测性维护是区块链与 AI 集成的重要优势。安装在机器上的 AI 算法可以减少机器维护的不确定性，并通过标准输出提高生产质量和效率。

12.3.2　星际旅行、元宇宙与区块供应链的未来

为什么你还没有开始星际旅行？答案是因为物流成本太高了。

《纽约时报》畅销书《思维的未来》的作者加来道雄在他的另外一本书《人类的未来》(*The Future of Humanity*)中，预测了人类如何改造火星和进行星际旅行。人类走出太阳系需要第五次技术浪潮，需要纳米飞船、激光帆、冲压喷气聚变发动机、反物质发动机技术。具有创新学习能力的机器人将为人类建设定居点，量子驱动的自我意识机器人会帮助人类建立和维护一个星系级的文明。延续了他对脑科学发展方向的研究，加来道雄认为，人类的终极命运是星际存在，虽然肉体会随着基因技术而改变，适应宇宙生活，但星际旅行可以将数字化的人类思维送到星际的尽头。从长久来看，数字化永生可能是人类探索星际的最有效的方式。

星际旅行将使人类的供应链活动扩大到宇宙空间，供应链的基础设施将以星

球为基地，供应链的运载工具将以火箭为基础，供应链的运行方式将以更大的时间半径为尺度，人类的供应链活动将在有形的物理空间无限扩展。

与此同时，我们还注意到一个向虚拟空间的拓展，这就是元宇宙中的区块链与价值链。在数字化的虚拟空间，也存在着供应链和价值链。换句话说，区块供应链向区块价值链的概念拓展。

元宇宙的概念来自尼尔·斯蒂芬森（Neal Stephenson）1992年出版的科幻小说《雪崩》（*Snow Crash*）。当时元宇宙指的是人们可以在虚拟空间结识朋友、参观不同的地方、购买东西、工作和参加在线共享的各类活动。该概念可以使用3D虚拟和增强频谱创建新的互联网。元宇宙涉及许多技术：区块链网络、加密网络、"数字加密货币"、扩展现实（Extended Reality，XR）、包括AR/VR在内的混合现实、NFT等。

元宇宙相当于一个虚拟世界，在这个世界中，除了你自己之外，所有交互都是虚拟的，包括土地、头像、建筑物、艺术品，事实上，名字也可以使用"加密货币"在线购买。不久之后，区块链技术将使我们能够探索不同的环境，在这些环境中，一个人可以与另一个人进行虚拟互动、参加活动、参观景点和建筑物，甚至购买商品和服务。区块链技术有助于创建一个梦幻般的虚拟空间，用户和企业都可以从中受益。

Beamable公司的创始人乔·拉多夫（Jon Radoff）分析了元宇宙的七个层次，如图12-10所示，其中包含了元宇宙价值链的概念。

元宇宙构造的七个层级分别是体验、发现、创作者经济、空间计算、去中心化、人机互动、基础设施。

第一层是体验层。在体验层，体验不仅是参与，还是打造内容复合体的社区。曾经的客户只是内容的消费者，现在他们还可以是内容的创造者和放大者。

第二层是发现层。发现层将人们引入新体验的"推"和"拉"的过程，这是一个庞大的生态系统，也是许多企业最赚钱的生态系统之一。

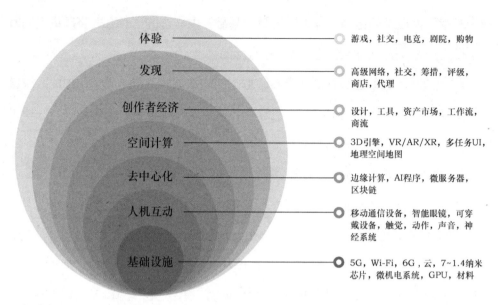

（资料来源：Jon Radoff，Metaverse Value Chain。）

图 12-10 元宇宙的七个层级

第三层是创作者经济层。这一层包含创作者每天用来制作人们喜欢的体验的所有技术。一方面创作者的数量呈现出爆炸式的增长，另一方面创作者手下的元宇宙的体验变得越来越具有沉浸感、社交性和实时性。

第四层是空间计算层。空间计算提出了混合现实／虚拟计算，它消除了物理世界和理想世界之间的障碍。

第五层是去中心化层。区块链技术将金融资产从集中控制和托管中解放出来。随着 NFT 和区块链的出现，去中心化市场和游戏资产应用程序的创新将形成浪潮，成为元宇宙中价值体系建立和运行的根基。

第六层是人机互动层。智能手机、可穿戴设备、生物传感器的出现，使计算机设备越来越接近我们的身体，将我们变成半机械人，成为进入元宇宙的接口。

第七层是基础设施层。基础设施层包括支持元宇宙运行的设备，将它们连接到网络并提供内容的技术，如 5G、6G 传输设备，功能越来越强大和更小巧的硬件——3 纳米以下及更高工艺的半导体，支持微传感器的微机电系统（Micro-

Electro-Mechanical System，MEMS），紧凑、持久的电池等。

从人们寻求的经验到使之成为可能的支持技术，由创作者驱动并建立在去中心化基础上的未来元宇宙的愿景，形成了元宇宙内部的价值链体系。区块链技术推动了虚拟世界价值储存、交易和价值实现的过程，成为虚拟世界价值链过程的核心手段。

许多运行在区块链技术上的新平台使用NFT和"加密货币"来构建、拥有和"货币化"创新的去中心化资产。在区块链技术之前，元宇宙是不完整的，因为一切都存储在中心化网络中。得益于区块链作为数字资源在全球范围内工作的能力，加密使去中心化成为可能。

同时，元宇宙产生的各种各样的、大量的二级和三级数据，也能通过区块链作为可追溯的数据，成为元宇宙AI的好材料。此外，元宇宙也能通过利用AI和区块链技术打造可以让所有参与者更加安全、自由地从事超越现实世界极限的社会经济活动的数字虚拟世界。可以说，AI和区块链技术有望在不断扩大的元宇宙世界中发挥重要作用，而区块链与元宇宙价值链的结合——区块价值链，将成为元宇宙世界运作的核心机制。

后记

对科技和未来的关注，一直占据着我比较多的读书时间。如果有机会到西雅图亚马逊的实体店去，我都会买几本书，以利用好频繁旅行的机上时间。

就像我在最后一章说过的一样，最近几年读的书，既包括《思维的未来》《人类的未来》《通向量子力学的旅程》《时间的终点》这类未来科技的书，也包括《精通比特币》《精通以太坊》《R语言与数据科学》《企业的数字科学》等数字技术和技术应用专业书籍，当然也包括《第二次机器革命》《人类简史》《明天简史》《后谷歌时代》等从大尺度时空范围揭示科技、社会与人类文明进程的著作。在大尺度的时空视角看科技革命和人类文明的进程，会对眼前的数字化进程、技术进步等影响有更加深入的认知。

写一本区块链与供应链相结合的书，三年前我就曾经列过一个大纲，但真正动笔写一本这样专业性很强的书，确实需要很大的勇气。我参与运输、物流业务运作到研究、跟踪供应链的演进已经30多年了，这一直是我的"主业"，但系统说明区块链如何在供应链全流程、全领域应用，首先需要对技术有认知，其次要掌握更大范围、更深层次的应用情况，最后也需要大量的时间和精力的投入。这相当于写一篇博士论文，既要有自己的思想、架构体系，又要走到行业的最前沿。我是朝这个方向去努力了——首先感谢读者读这本书，给我支持和鼓励。

要感谢的人确实很多。当我把书的初稿发出去征求意见的时候，我收到了很多鼓励和点赞。首先要感谢著名经济学家樊纲教授欣然答应作序，他从供给和需求的视角，看到了技术应用对创造技术需求的价值。感谢中国物流与采购联合会蔡进会长给本书写序，他基于多年的行业研究和专业沉淀，强调了区块链技术对推进物流与供应链行业进步、产业创新的重要意义。感谢中国企业家俱乐部理事长、招商银行原行长马蔚华为本书作序，他从企业家拥抱数字化转型的角度，阐述了本书对推进区块链行业深度认知的价值。感谢中国物流与采购联合会区块链应用分会及刘舞凤、潘海宏秘书长，授权我引用部分区块链产业应用蓝皮书中的案例。感谢中科院先进院研究员、博士生导师曲强教授为本书给予了技术支持。感谢教育部高校物流类专业教学指导委员会主任委员黄有方教授，他怀着激动的心情给我写推荐语。感谢给本书写推荐语的万向控股肖风副董事长、中国通证数字经济研究中心刘以雷理事长、原招商局集团胡政董事副总裁、一汽物流集团邱枫董事长、腾讯云区块链李力总经理、京东物流程岩副总裁、中国航空综合技术研究所蒋家东总工程师、顺丰控股陈飞董事副总经理。本书在写作过程中，也直接或间接引用了诸多同行的研究成果，在此一并表示感谢。能够完成此书，也要感谢我的同事和团队，他们承担了大量繁重的研究咨询工作。感谢我的家人的一贯支持和鼓励。这些都是我前进的动力。最后要特别感谢人民邮电出版社的编辑们，他们为本书更好地呈现在读者面前，做了大量细致深入的工作。本书能够作为"十四五"规划出版物之一，也离不开他们的贡献。

　　学无止境，贵在坚持。每次创作都是一个巨大的考验。就像跑一个全程马拉松，其过程之艰难痛苦令人难以想象，但这样一种经历可以让自己"回味"很长时间。这种过程的体验，也让自己感到渺小和知识的不足，也让自己下决心学更多的东西、写更多的东西。感谢读者的包容，也欢迎大家批评指正。也许我注定就是在路上的一个行者。

王国文

2022 年 1 月 20 日

于深圳银湖